| 全 …… 教学指导丛书 |

丛书主编：赵亚夫

小学科学有效教学

丁邦平 / 主 编　彭 香　王思锦　叶宝生 / 副主编

XIAOXUE
KEXUE
YOUXIAO
JIAOXUE

北京师范大学出版集团
BEIJING NORMAL UNIVERSITY PUBLISHING GROUP
北京师范大学出版社

图书在版编目(CIP)数据

小学科学有效教学/丁邦平主编．—北京：北京师范大学出版社，2015.5(2025.9 重印)

(全国中小学有效教学指导丛书)

ISBN 978-7-303-18820-8

Ⅰ.①小… Ⅱ.①丁… Ⅲ.①科学知识－课堂教学－教学研究－小学 Ⅳ.①G623.62

中国版本图书馆 CIP 数据核字(2015)第 072297 号

出版发行：北京师范大学出版社 https://www.bnupg.com
北京市西城区新街口外大街 12-3 号
邮政编码：100088

印　　刷：北京虎彩文化传播有限公司
经　　销：全国新华书店
开　　本：730 mm×980 mm　1/16
印　　张：12.75
字　　数：228 千字
版　　次：2015 年 5 月第 1 版
印　　次：2025 年 9 月第 5 次印刷
定　　价：40.00 元

策划编辑：李　志　　　责任编辑：周　鹏
美术编辑：焦　丽　　　装帧设计：焦　丽
责任校对：陈　民　　　责任印制：马　洁

全国中小学有效教学指导丛书

编　委　会

总 序

在很久以前，有一所为了应付新世界的变化，以造就英雄为教育目的的动物学校。教学目标便是克服所有动物与生俱来的缺点。为此，学校设置了跑、跳、爬、飞、游泳等课程，期望把每一种动物都培养成全能型动物。学校的办学理念是：大家都是英雄！谁也没有弱点！因此，每个进学校的动物都必须修完全部课程。

鸭子是游泳能手，飞行水平也就刚刚及格，跑的能力极差。于是，它必须拼命地加课以强化跑的技能，直到它把脚都跑烂了，跑的成绩仍长进不大。不过，学校认为，这个成绩还可以接受。但是，鸭子愈加担心，因为它可能再也没有什么可以骄傲的强项。

兔子是另一个类型。它跑得极快，可不会游泳。老师要它拼命地练习游泳，由于过度训练，最终导致它精神崩溃。

松鼠爬得飞快，却没有飞行的本领。老师不让它爬到树上，而是飞上树。在飞行课上，它一再受挫，使自己最后的一点自信也丧失了。同样的老师，还超负荷地训练了马，让马专注于爬行。结果，马在爬行课上勉强得了个C的成绩。然而，由于过度训练爬行，马最擅长的跑，成绩却是个D。

鹰是个问题学生。在爬行课上，它最终打败了所有对手立于大树的顶端。但是，取得这样的成绩，并不是老师教的——尽管老师总是对它严加管教，它却始终坚持自己的方法，才保持了骄人的成绩。

草原鼠没有上这所学校，因为学校没有打洞的课程。结果是，它们依然能够把自己的后代个个训练成专门打洞的能手。再后来，还创办了自己的私立学校。①

显而易见，动物学校是失败的。究其主要原因：一是它的教育目的和理念是空想的，以致教学无效；二是它的教学目标是学生不可能做到的，即便

---

① Fred Stopsky, Sharon Shockley Lee, Roy Tamashiro. *Social Studies in a Global Society*. Delmar Publishers Inc., 1994. 3

有低效的例子，也是耗费了太多的教育成本，本质上依然是无效教学。

要彻底告别动物学校，深挖学科教学内涵，提高教学质量，需要推进和实现有效教学。从操作的角度简单表述有效教学，可以用“简洁、多样、生成、意义”八字概括。“简洁”是指教学目标简单明了，该引导学生做什么、做到什么程度一目了然；教学设计结构明朗、层次清晰，怎样引导学生去做、做了或可发生的结果一目了然。“多样”是指营造开放的学习环境，引导学生多角度、多方面地进行探究活动。“生成”是指多样化的学习活动，理应促成学生的独立思考和自我建构，既然有效的教学活动的出发点和立脚点都在学生身上，教学活动本身就是引发学生提出问题和解决问题的过程。“意义”是指教学生成的结果是有意义的，即学生的进步或发展能够显见于他们的表现，既包括时下的外在行动，也包括潜在的内化过程。

我们强调把握有效教学的核心标准和操作规程，希望一线教师在实践中自我创新。为此，在编写体例方面，采用更适宜培训和自修的学习板块，帮助教师们对有效教学有更为整体的认识，以便自觉地去超越固有的教学观念，把教学中蕴含的行动智慧与力量还给学生。在编写方法方面，由问题切入、案例指引、策略运用、教学建议构成具体内容，以便教师们更容易从操作的层面理解有效教学。我们期望这套丛书，能够让教师们一看就懂、一用就灵。

我们对丛书编写强调“一个意图”和“三个视点”。

“一个意图”是为教师们“减负”提供一条途径。当然，“减负”不是不要学习，而是减去不必要的学习负担，包括各种有形的和无形的压力和无效工作，其目的是提高教学质量。为此，这套丛书力图做到：(1)精选问题和案例，尽可能减少教师们在探索有效教学过程中的困难，强化有效教学的核心观念；(2)纠正过度备课、过度使用资源和活动的现象，尽可能帮助教师们找到简便易行、效率高、效益好的办法进行教学；(3)理论结合实践，尽可能通过小文本读物呈现丰富且实用的内容，使之成为有学习价值的“备案图书”。

“三个视点”是“速成”“速立”“速用”。“速成”，即让教师们能够很快掌握有效教学原理；“速立”，即让教师们能够运用有效教学原理，进行有效的教学设计，做一个有效教师；“速用”，即让教师们能够运用各种有效的学习指导技能，完成学生的有效学习。

赵亚夫
2015 年 3 月

目 录
CONTENTS

第一章

小学科学有效教学的模式与实践探索

引言：基于研究的小学科学有效教学

从20世纪初期建立近代学制以来，我国小学科学教育经历了百余年的历史。清朝末年，小学科学的学科名称是“格致”，进入民国时期，小学科学常以“自然”或“常识”为学科名称进入正式课程中。但是，小学自然课或常识课在许多学校并未实际开设。不开设的原因既有客观方面的，也有主观方面的。客观原因是缺乏科学教学的条件，教师难以胜任自然课的教学；主观原因主要是教育部门的领导或学校的校长没有认识到小学自然教学的重要性，把自然课当作可有可无的学科，这种现象至今仍在一些地方存在着。20世纪60年代以前，西方发达国家也基本如此，但它们从那时起开始了课程与教学改革，这比中国早了20多年。

我国小学科学教育的改革始于20世纪80年代初期。当时，小学自然学科的课程与教学改革，在人民教育出版社生物自然室副主任刘默耕先生的领导下，借鉴了美国哈佛大学兰本达(Brenda Lansdown)教授的小学科学教育的“探究—研讨”教学理论。这次改革有两个显著特点：一是推进了小学科学课程内容的现代化，即小学自然课的教学内容由原先侧重于自然常识(尤其是动植物常识)扩展到自然科学的各门分支学科；二是推进了小学科学教学理念的现代化，即借鉴了美国20世纪60年代以来科学教育改革的经验，注重科学过程和方法的教学，尤其是借鉴了兰本达的小学科学教育的“探究—研讨”教学法。在刘默耕先生的推动下，我国小学自然教学改革中涌现出第一批自然学科特级教师，例如，北京市应飞老师、上海市李子平老师、天津市路培琦老师、浙江省章鼎儿老师等。这些特级教师把小学科学教学当作终生追求的事业和专业，在自己的课堂教学中开展了系统、深入的实验和研究，达到了德艺双馨的崇高境界。从此，基于研究的小学科学教学在我国开始扎下根基。

自2000年我国基础教育课程改革以来，小学自然课(或常识课)更名为小学科学。这不仅是学科名称上的变化，更是学科教学理念上的全面更新。2001年教育部颁布的《全日制义务教育科学(3~6年级)课程标准(实验稿)》(以下简称《科学课程标准》)指出："小学科学课程是以培养科学素养为宗旨的科学启蒙课程"，其基本理念是：科学课程要面向全体学生；学生是科学学习的主体；科学学习要以探究为核心；科学课程的内容要满足社会和学生双方面的需要；科学课程应具有开放性；科学课程的评价应能促进科学素养的形成与发展。[①] 这对全体小学科学教师提出了专业化的要求，即要求教师学会在课堂教学过程中进行系统、深入的研究，进行基于研究的小学科学有效教学。事实上，课程改革十余年来，经过新课程培训和课堂教学实践改革，已有越来越多的小学科学教师加入到基于研究的小学科学有效教学的行列。

一、兰本达教授与"探究—研讨"教学法

当我们提到"基于研究的小学科学有效教学"这一观点时，首先让人想起的是美国哈佛大学教育研究院的兰本达教授。兰本达教授原本是英国伦敦人，曾在瑞士和伦敦的大学学习理科。1931年，她移民到美国纽约，先后在该市道尔顿学校和城乡学校(两者都是受著名教育家杜威的教育理论影响很大的学校)执教，在那里教10岁的儿童。后来，兰本达获得了科学教育博士学位，从20世纪40年代起，她在纽约城市大学布鲁克林学院和哈佛大学教育研究院先后任副教授和教授。20世纪40年代至60年代，她开始探索小学科学教育新的教学理论与方法，在著名的《科学教育》期刊上发表了多篇与"探究—研讨"教学法相关的论文，并最终与两位同事合著了《小学科学教育的"探究—研讨"教学法》一书(1971年出版)。1974年，已经是70岁高龄的兰本达教授开始自学汉语，准备到中国传授她的小学科学教育"探究—研讨"教学法。从1977年开始，她多次访问中国，1982年5月，她应邀来到北京师范大学，系统地讲授了"探究—研讨"教学理论和方法，又先后在北京市两所小学亲自上示范课。1983年，《小学科学教育的"探究—研讨"教学法》一书由人民教育出版社出版发行，成为当时我国小学自然学科改革中的教师必读书。

无论是兰本达教授自己在北京上的示范课，还是20世纪80年代一批优

---

① 教育部．全日制义务教育科学(3～6年级)课程标准(实验稿)．北京：北京师范大学出版社，2001

秀的小学自然学科教师依据“探究—研讨”教学法进行的教学改革试验，都可以说是“基于研究的小学科学有效教学”的有益探索。那么，什么样的科学课才是基于研究的小学科学的有效教学呢？从兰本达教授在1989年为我国“小学自然教学”(后更名为“科学课”)撰写的《那边山里有珍宝——简评中国小学〈自然〉教材、教法的改革》一文中，我们可以看到她的基本观点。她说：“一节好课往往能看到孩子们生气勃勃，积极勤奋，专心致志地与教师合作，而教师能够自如地观察孩子们的探究与研讨，很有把握地了解孩子们知道了什么东西。”[①] 1982年5月，在北京师范大学的演讲中，她认为：“归根到底，教育的成果是表现在学生身上所起的变化。教育之所以存在的理由也就是为了引起学生的变化。”[②]

怎样才能上好科学课呢？换句话说，怎样的科学教学才是有效的科学教学呢？

我们认为，教师需要参与教学研究，需要在教学实践中进行科学教育理论的学习，并以自己的实践丰富和发展科学教育理论。只有这样，其教学才能是真正有效的教学。事实上，兰本达教授本人从一位小学教师成长为大学科学教育教授和国际知名的科学教育专家，她本身就为我们树立了“教师成为研究者”的良好榜样。

今天，我们读到的兰本达的“探究—研讨”教学理论和方法，既饱含着她自己及其同事长达半个世纪的丰富的科学教学经验，也可以看到美国教育家杜威、瑞士心理学家皮亚杰和苏联心理学家维果茨基的哲学和心理学理论对她的深刻影响。可以说，兰本达的小学科学教育“探究—研讨”教学法，是以今天我们所知晓的建构主义学习理论为基础的探究式教学理论与实践的早期形态。

兰本达早在1955年在布鲁克林学院任教时就提出：“小学科学教学的一个重要功能就是保持儿童的好奇心。这种好奇心往往被那些只向儿童灌输正确答案的教师所扼杀。因此，小学科学教师应当懂得如何以及何时不向儿童提供答案，而要学会帮助儿童通过自己的努力寻找答案。”[③]为此，兰本达从20世纪50年代起结合自己所教的小学科学教学法课程，积极探索让儿童通过

---

① [美]兰本达．那边山里有珍宝——简评中国小学《自然》教材、教法的改革．陈明凤，陈伟，译．姜允珍，校．课程·教材·教法，1992(2)：10

② [美]兰本达．社会结构，思想方法，教学方法：它们之间的相互关系．胡梦玉，译．课程·教材·教法，1983(1)：60

③ N. S. Washton，P. Brandwein，B. Lansdown，Jr. W. Goins，A. Raskin，H. S. Spielman. What should be the subject-matter competency of science teachers. *Science Education*，1956(5)：393

自己的努力寻找答案的新的教学法，这就是她和同事们经过多年研究而提出的“探究—研讨”教学法。

“探究—研讨”教学法与今天我国课程改革所提倡的探究式教学在本质上是一致的。但翻译成中文，兰本达在“探究—研讨”教学法中的“探究”与我们今天所理解的探究不尽相同。兰本达所说的“探究”(原文是 investigation，翻译为“探索”或“调查”也许更贴切)，实际上仅指学生自己探索由教师提供的有结构的材料的活动，因此，其“探究”可以说是狭义的，或者说是有特定含义的。而她所说的“研讨”(原文是 colloquium，亦可翻译为“讨论会”)也有特定的含义，即指对学生探索过的材料进行详细的讨论。“探究”和“研讨”两者结合起来，才接近于我们今天所说的完整的“科学探究”或“探究式教学”。

兰本达的“探究—研讨”教学法从理论基础来说，可以归类于下文中论述的建构式探究教学。兰本达在《小学科学教育的“探究—研讨”教学法》一书中，以及她的讲学和论文中，多次论及建构主义学习理论的先驱人物皮亚杰和维果茨基的有关理论。她尤其注重维果茨基的活动理论、思维与语言关系的理论、儿童科学概念发展的理论。例如，在《“探究—研讨”教学法的优点(下)》一文中，兰本达说：“按照苏联心理学家 L. S. 维果茨基的说法，思维和语言产生于不同的根源。他指出，可能存在没有语言的思维和没有思维的语言，而教育的作用就是把思维和语言联系起来，使它们彼此丰富，而且结合成为一个整体，从而形成概念。孩子们在摆弄操作材料时，许多发现进到了他们的头脑里，但只是些不明确的、片段的、易变的前语言信息。当孩子们一旦分享了他们的发现时，通常会争相把他们的思维活动转变成语言，这一过程使思维活动被‘说出来’，而‘说出来’的思维活动又会影响后面的语言。孩子们用他们自己的语言表达不同的概念发展水平。这些概念发展水平能够编成代码并进行分析，于是也就可以做出统计和比较。”①

在我国教育传统中，教师历来重视让学生掌握知识，科学教师也不例外。问题是，在当今科学技术发展日新月异、“知识爆炸”的时代，我们应当采用什么方法让学生掌握知识？是靠死记硬背掌握知识呢？还是通过探究发展学生的科学思维去掌握知识？显然，兰本达主张通过探究培养学生的科学思维来掌握知识。这集中体现在她重视形成科学概念上。如何促进学生形成科学概念呢？兰本达批判了传统的科学教学方式，认为传统的教学方法是促使学生“猜想老师心里在想什么”的方法，这也与我国当前小学科学课堂上出现的

---

① [美]兰本达．“探究—研讨”教学法的优点(下)．张良顺，译．姜允珍，校．科学启蒙教育，1987(4)：3

“伪探究”的方法相似。她说：“孩子们观察老师的示范(看别人动手做)，或者按照别人的指示处理材料，或者逐渐领会教科书中的要点，但是，这不是真正的自由探究，只是为了证实他们已经知道的，或者老师和书本要他们知道的东西。”① 而在她的“探究—研讨”教学法里，“为了形成概念，材料经过精心地选择，它所包含的自然现象间的某种关系是十分清楚的。在研讨会阶段，让孩子们有机会表达他们的思维，并使自己表达各种观察到的情况所用的言辞跟自己的思想相互作用，一起参加探究实践，与研讨的人的言辞和思想相互作用，这样就能形成概念。后续材料是与概念有关的，用来解决研讨时出现的没有回答的问题和矛盾。”② “概念的作用是重要的，它让孩子们把他们的前语言思维转变为语言，并用他们自己的话讲出来。在确定‘有结构’的材料，并把这些材料按一定的次序介绍给孩子们的时候，材料必须经过选择，这样，当它们被操作时，某些现象就会被揭示出来，并且这些现象都与科学概念有关。例如：要了解动物与环境的相互作用，就要为不同的动物提供不同的环境来供孩子们探究。对蜗牛这种动物，可以提供不同的食物，或将它置于经过选择的地方：光亮的—黑暗的，潮湿的—干燥的，粗糙的—光滑的。这样，相互作用的概念会清楚地呈现。所以，当孩子们描述他们的探究时，他们就会注意到这些相互作用，进而概念就开始形成。”③

在帮助学生形成概念时，“探究—研讨”教学法的“研讨”环节非常重要。兰本达指出：“当研讨会进行到高潮阶段，孩子们就会学着给小组提出许多基本事实和想法，而给小组或大的集体提出事实和想法必须进行综合和归纳。开始，这些事实和想法的联系总是表面的，例如，‘蛇和海龟都有鳞片’。后来，经过类推，联系更抽象：‘钢琴的弦由细到粗，就好像用花盆当钟，小的发出的声音高，大的发出的声音低。’发现某种模式来表达这些关系就会形成高水平的思维，许多需要动脑筋的工作就需要这类思维方式。然而，这种思维方式是无法‘告诉’孩子的；它正是我们提供的这种发现的机会的副产品，我们安排那种学习情境导致这种机会。最后，孩子们就建立了包含大量资料的概念。”④

---

① [美]兰本达．“探究—研讨”教学法的优点(上)．张良顺，译．姜允珍，校．科学启蒙教育，1987(3)：3

② [美]兰本达．“探究—研讨”教学法的优点(下)．张良顺，译．姜允珍，校．科学启蒙教育，1987(4)：3

③ [美]兰本达．“探究—研讨”教学法的优点(下)．张良顺，译．姜允珍，校．科学启蒙教育，1987(4)：3

④ [美]兰本达．孩子们从探究—研讨法里学习什么．张良顺，译．允珍，朝晖，校．小学自然教学，1988(1)：7

最后，需要指出的是：小学科学探究式教学是否有效，还要从整个小学阶段科学教育培养出什么样的人来判断。这就涉及小学科学教育的目的。如果说基础教育阶段科学教育的目的要服从于教育的一般目的，那么，科学教育的目的，正如兰本达所言，就是“造就具有新思想的未来公民”①。“希望让孩子们经过多年的教育学会一种思想方法，这种思想方法与他们生活的社会相适应，在生活中，在将来，都会自行探索、创造，利用已有的智慧解决面临的新矛盾、新问题。”②

二、小学科学有效教学的主要模式：探究式教学

当前国际科学教学改革中，探究式教学是被各国政府和科学教育界大力倡导的一种主流的科学教学方式。探究式科学教学并不是指一种具体的教学方法(兰本达的“探究—研讨”教学法则可以说是一种具体的科学教学方法，如前所述，它属于探究式教学)，而是指教师在理解“科学探究”基本精神的基础上，在自由创设的、有结构的、能促进学生认知与情感发展的教学情境中，让学生自己动手、动脑活动而主动获取科学知识和发展探究能力的一种教学方式。探究式科学教学属于这样一种教学：它要求师生在教学中运用科学过程与方法做科学——做类似于科学家们在科学研究中所进行的那种真实的科学探究，由此“获取知识、领悟科学思想以及理解科学家们是如何研究自然界的”③。以这种方式进行的科学教育应当包括科学素养的三个层面：学科学(learning science)、学习做科学(learning to do science)和理解科学(learning about science)。④ 这三个层面分别涉及科学概念与知识、科学过程与方法、科学精神与科学本质，三者共同构成了探究式科学教学的整体构架。

对待探究式科学教学，人们往往采取非此即彼的态度，即要么是探究式科学教学，要么是传统的授受式教学。其实，探究式科学教学不应当被看作一种铁板一块的教学方式，它既有基于不同哲学理念或教育思想的区别，并因此而呈现出不同的类型，同时在探究程度上也存在很大差异。根据国际科学教育界对探究式科学教学理论与实践的长期研究，我们可以从理论上区分

① [美]兰本达．造就具有新思想的未来公民．林培育，译．小学自然教学，1988(6)

② [美]兰本达．“探究—研讨”教学法的优点(下)．张良顺，译．姜允珍，校．科学启蒙教育，1987(4)：4

③ National Research Council(NRC). *National science education standards*. Washington, DC: National Academy Press, 1996. 23

④ Hodson, D. *Teaching and learning science: towards a personalized approach*. Buckingham: Open University Press, 1998. 5

出三种不同类型的探究式科学教学方式，即发现式探究教学、接受式探究教学和建构式探究教学。这三种探究式科学教学都强调让学生自己主动学习(active learning)科学、深度理解科学知识和发展探究能力，都涉及学科学、学习做科学和理解科学三个层面，但它们在科学哲学基础和教学实践形态上不完全相同。区分探究式科学教学的不同类型，有助于科学教师正确理解探究式科学教学，并促使他们根据自身的条件、教学内容的特点及学生的具体情况，选择适合自己班级的探究式科学教学方法。

1. 发现式探究教学

发现式探究教学在实际的课堂上究竟是什么样的？请看下面法国小学科学“动手做”项目中探究教学的一个案例。

容积概念①

4～6岁幼儿班的一位老师建议做一个与水有关的自由活动。她提供给孩子们一个盛满水的盆，一些形状不同但体积相等(1升)的容器，另一些形状相同但体积不同的容器，一支透明的水管，一个漏斗等，让孩子们自己操作。这项活动的目的是要孩子们学会观察各种发生的情况：倒水、摇动、装满水或又倒空，以此来比较不同的水平面。

课堂像个手工作坊车间：一个孩子独自将水从一个容器倒到另一个容器，老师并不关注他。过一会儿，他拿着两个体积相等的瓶子来到老师面前，一个是圆锥形的，另一个是圆柱形的，都装满了水。他说：“老师，这两个瓶子是一样的！”刚开始，老师以为孩子搞错了，因为容积的概念是再大一点的孩子(7岁)学的。在反驳他之前，老师问：“为什么？”

孩子把老师拉到水盆前，向她展示他可以将水从一个瓶子倒到另一个瓶子，并又一次说：“它们是一样的！”老师被孩子这种早熟的观察能力惊呆了，她进一步鼓励他：“两个瓶子可以装满体积相等的水，再试一遍。”孩子又开始了无数次的实验。

发现式探究教学是基于美国著名心理学家布鲁纳倡导的发现学习而形成的探究教学方式。从学生学习的角度看，发现式探究教学就是发现学习，但是因为我国不少人错误地把发现学习与探究学习视为两种完全不同的学习方式，所以这里有必要加以澄清，说明发现学习实际上也是一种探究。

20世纪60年代，发现学习曾在国际科学教育界风行一时，对各国科学教

① ［法］乔治·夏尔帕．动手做——法国小学科学教学实验计划．黄颖，苏文平，安延，译．北京：人民教育出版社，2003：2～3

学改革产生了积极的影响。但我国当时由于种种原因没有引进发现学习理论，直到改革开放后的20世纪70年代末期和80年代初期，布鲁纳的课程与教学思想包括发现学习思想才开始被介绍过来，但对发现学习思想的了解也主要限于教育理论界，在学校科学教育实践中影响甚微。

发现式探究教学的哲学基础是所谓“客观主义”(objectivism)哲学观。这种“客观主义”哲学观有两个要点：一是来自古典经验主义的心智“白板”说(在这一点上，发现学习与接受学习是一致的)，即儿童通过自己的主动探究而获得经验，就像在他们心智的“白板”上进行了刻画一样，学习就由此而发生了；二是假设知识是外在的、客观的，必须通过学生的探究来(再)发现它们。

发现式探究教学有如下特征：(1)把儿童看作科学家，儿童是中心，他们自然地发展；教师只提供学习的环境和条件，起促进作用，而不是直接提供知识，因此，教师不干预儿童的学习；(2)强调学习的过程，认为“认识是一个过程，而不是一种产品”，因而在教学过程中学生是积极、主动的知识探究者，而不是消极、被动的接受者；(3)强调内在动机在促进学生深度学习中的作用，淡化以奖励、表扬等外在手段促进学生学习；(4)强调直觉思维，提倡教师在教学中帮助学生形成丰富的想象，多用形象思维。总而言之，发现式探究教学强调的是学生主动地“学”，而非教师积极地“教”。

从发现式探究教学的上述特征中，我们既可以看到它对科学教学改革的价值，也不难看出它的不足之处。它对科学教学改革的主要价值在于：强调学生主动学习，并重视科学学习与科学探究的过程，以及在此过程中形成的技能和方法，这对培养创新型人才具有不可忽视的价值。其不足之处在于：未能区分学生课堂上的科学探究与科学家的科学探究，由于偏重“过程”(方法)而造成了轻视“结果”(知识)的弊端，忽视了教师在教学过程中的主导作用。20世纪60年代末期，欧美国家的科学教师在教学实践中对发现学习进行了调整，于是出现了“有指导的发现学习”(guided discovery learning)，以避免原先发现学习的一些问题。尽管如此，发现学习的哲学观仍然是有问题的，它强调科学知识是纯客观的，排除了人的创造性和想象力在科学知识形成中的作用。或许正是这个原因以及新的学习理论的产生，20世纪80年代中期以来，国际科学教育改革不再流行发现学习的话语了。

2. 接受式探究教学

与发现式探究教学不同，接受式探究教学主要是通过书本(一般为教科书)学习或上网查询科学资料等方式探究问题，旨在让学生获得系统的科学知识和探究能力。接受式探究教学的理论基础可以追溯到美国另一位著名的认知心理学家——奥苏伯尔提倡的有意义的、主动的接受学习理论。接受式探究教学与传统的授受式教学不容混淆：前者追求对学习内容的深度理解，因而是在有意义的学习的基础上形成的带有探究式一般特点的教学方式；后者是基于机械、被动学习的一种教学方式，即课堂上主要由教师讲授，师生之间和生生之间很少互动，教师的教仅仅是一种信息传递，学生则被动接受这些信息，甚至没有进入学习状态。

接受式探究教学与纯粹的授受式教学不同。纯粹的授受式教学在我国科学课堂上历来占主导地位。它是长期以来传统教育思想在教学上的反映，其主要作用是使教师有计划、有步骤地把教科书上的知识传递给学生。授受式教学的弊端在科学教学上日益显现：按部就班地传授知识，忽视了科学探究的过程；忽视对科学本质的正确认识和对科学精神的关注与培养，使学生养成唯科学主义的态度；不利于学生积极主动地学习科学，尤其不利于他们创新精神和创新思维能力的培养。为了克服授受式教学的这些缺陷，奥苏伯尔区分了不同形式的接受学习：有意义的接受学习与机械的接受学习(死记硬背)；主动的接受学习与被动的接受学习。他提倡有意义的、主动的接受学习，摈弃机械的、被动的接受学习。据此，我们在这里把有意义的、主动的接受学习称为“接受式探究教学”。

接受式探究科学教学对我国优秀科学教师来说并不陌生。例如，北京市教育学院石景山分院地理教研员、特级教师王能智先生，20世纪80年代就在地理课上进行了接受式探究教学的实验，并取得了极大的成功。王先生将学习分为三个层面：一是针对知识的接受学习；二是针对技能的体验学习；三是针对实践的探究学习。这三个层面的学习“不是先完成第一层面的学知识再进入第二层，然后第三层，而是要在全部教学中同时包含三个层面的学习”，是“让学生在常规的教学里就有探究活动”。据此可以说，王先生进行的教学改革实际上就是接受式探究教学的实践，是一种“基于研究的有效科学教学”。

接受式探究教学在真实的课堂上又是什么样的？让我们来看看王能智先生教中学地理的一个案例。

初试探究性学习[①]

我国中学地理教材在编排体例上可以表述为“总—分—总”。前一个“总”，是对地理常识总的概述；中间的“分”是将中国地理分成八大区具体讲解；后一个“总”是总结和总复习。

王能智讲前一个“总”，没有节省时间，因为这些基本常识是学生要攻下

① 王宏甲．中国新教育风暴．北京：北京出版社，2004：70～72

地理这门功课必须使用的工具。但中间的八大分区他就不讲了，他把八大章分成八个大问题，让学生用前一个“总”里讲过的方法解这八大题。

具体怎么操作？首先设置问题，比如，讲黄土高原，书上有的内容就不讲了，只给出一个问题：黄土高原怎么改造？

“让我们说黄土高原怎么改造？”学生问。

“是呀，为什么你们不能考虑？”

学生们表现出的惊讶有点类似于当年王能智听到王树方校长叫他自己编写地理教材时的惊讶。现在王能智也很认真地说：“改造黄土高原，这对专家也是个有挑战性的历史性难题……”学生们忽然受到很大鼓舞，某种东西开始在心灵深处萌动。

怎么解答这个“对专家也有挑战性”的问题呢？

“同学们可以自由组成一个个学习小组。”王能智说到这儿，课堂上的气氛已分外活跃。

……

课本里写着的黄土高原，王能智没有讲，现在变成了学生们踊跃去看、去分析、去使用的材料。这些材料显然不足以解答“如何改造”的问题，学生们的思维和探究就超出了课本，一种前所未见的效果出现了。

经过积极准备，发表见解的新课是在同学们的期待中到来的。他们比成年人敢想，带着大人也想不到的“解决方案”到课堂上发表，你可以想象那是他们多么愿意上的课。这里有他们极大的兴趣和快乐，你听——

“我们认为，改造黄土高原，有一个快起步的办法。”一个小组的某同学获准首先发言。

大家都听着，想知道怎样叫“快起步”。

发言的同学说：“黄土高原全改成发展牧业，不种粮，光种草，三年就起来了。”

大家笑了。

“你们别笑。种草发展牧业，羊毛比粮食值钱，有三年，牧业经济就起来了。”

“但是，谁给他们粮食吃呢？”有同学忍不住发问。

“我们计算过了，黄土高原每平方千米有300人以上，没粮怎么办？我们不是社会主义大家庭嘛，其他农业区的农民可以供粮，这还可以促进那些农业区商品粮经济的发展。”

质疑和讨论就这样在教室里爆发出来。主讲的同学并不慌乱，他还举英国“圈地运动”为例，说英国以前是个农业岛国，圈地养羊以后，发展毛纺织业，于是农业的英国变成了工业的英国。

王能智听着听着，感动了。不论学生讲的“快起步”是否合理，学生们的视野、知识和想象力，都以超出老师预想的速度发展起来了。

讨论仍然热烈，有同学提出了“稳步发展”，即先控制水土流失，培养植被，一步步改造……也有同学提出了“全面发展”，即不能单靠农牧业，要大力发展西部工矿业等。

从这个案例可以看出，王能智先生的接受式探究教学并没有完全废除讲授，而是把讲授与学生的主动探究结合起来。在学生进入探究过程后，王先生首先通过设置未知的问题激发他们的好奇心和学习兴趣。其次，王先生让学生自由组成学习小组，采用合作学习的方法让学生探究课堂上形成的问题。为了回答这个问题，学生必须超越教材上的知识范围，主动学习更多的有关资料，这充分体现了有意义的接受学习的特征。最后，王先生组织学生把课外收集到的资料运用于课堂讨论(甚至辩论)中，这既培养了学生批判性思维的能力和语言交流能力，同时也使学生深化了有关知识的学习，而且是学生主动地学习。

3. 建构式探究教学

与上面两种探究式教学有些不同，建构式探究教学比发现式探究教学更重视教师的正确干预作用，比接受式探究教学更强调学生的主动建构和师生的积极互动。建构式探究教学在实际的课堂上究竟是什么样的呢？让我们再次来看法国小学科学“动手做”项目中的另一个案例。

真正的调查研究[①]

在幼儿园，老师提供给孩子盛满水的盆和孩子们认识的各种材料，让他们说出名称：橡皮泥、纸、木头、金属制品等，然后提问：最近你拿它们做什么了？关于这些东西，你知道些什么？(这些都是开放性问题，目的在于引出儿童原有的相关观念，促使儿童建构新的理解，这是建构式探究教学的主要特点。)

随后，孩子们分成几个小组。当他们能够区分开这些材料，并能较熟悉地使用它们时，老师会向每个人提出问题，引导他们找出一条思路，把一个想法具体化。

老师让孩子自己比较他们的实验：你能做一只会漂的小船吗？你有什么发现？你想找些什么？哪些东西是不同的？你跟你的小伙伴做得一样吗？(教师的这些提问实际上就是在进行学习性评价，这也体现了教师的主导作用。)

① [法]乔治·夏尔帕．动手做——法国小学科学教学实验计划．黄颖，苏文平，安延，译．北京：人民教育出版社，2003：41～43

孩子们行动了起来，观察、模仿或质疑。(主动学习，建构理解。)

接着，大家再一起来做同一件事，这样可以讨论自己所做的和所见的有何意义。

通过提一些最简单的问题，孩子们可以做很多事，而老师就像乐队的指挥。孩子们首先发现某些形状和材料的东西会漂浮，有些则会沉底。接着他们用自己的语言阐述思想，指出形状和材料之间的关系。例如，球形橡皮泥会沉底，而扁形橡皮泥则会漂浮；小塑料杯会漂浮，而同样材料的硬币则会沉底。(教师发挥了促进学生学习的作用，指导学生主动学习。)

在上述案例中，孩子通过摆弄物品和装置进行力所能及的调查研究，从而得到问题的答案，但他一个人做不到这一点。根据老师的问题，孩子在操作的同时进行解释、论证、画图，并与其他人进行交流、辩论，讨论自己的观点。这样，他就经历了获取知识的四个重要步骤：提出准确的问题；进行调查研究；回答问题；交流自己的所见、所思。这四个步骤并不是按先后顺序线性出现的，而是反复出现，互相融合。[①] 这样的探究式教学充分体现了建构主义所主张的“支架式”教学的思想。

建构式探究教学是基于建构主义学习理论的探究式科学教学。它与发现式探究教学一样都反对直接传授知识，提倡在情境与活动中进行科学教学。建构式探究教学以建构主义的哲学认识论为理论基础，这与发现学习和接受学习共同赖以为基础的“客观主义”哲学认识论迥然有别。同时，建构式探究教学中，教师在教学过程中所起的作用也与发现式探究教学和接受式探究教学中教师所起的作用不同(表 1-1)。

表 1-1　三种探究式科学教学方式的比较

维度	接受式探究教学	建构式探究教学	发现式探究教学
理论假设	学生心智是一个“白板”或“容器”，教师通过教学往上面刻画或往里注入	学生具有自主学习的心智，“教育即自我教育”	学生心智是一个“白板”或“容器”，通过教学让学生自己往上面刻画或往里注入
知识观	知识是客观的、外在的，学习是主动接受知识的过程	知识是个人在主体经验上主动建构的结果，学习是主动建构知识的过程	知识是客观的、外在的，学习是主动发现知识的过程

① [法]乔治·夏尔帕．动手做——法国小学科学教学实验计划．黄颖，苏文平，安延，译．北京：人民教育出版社，2003：43

续表

维度	接受式探究教学	建构式探究教学	发现式探究教学
教学观	教学即教师有意义地讲授、学生有意义地学习的过程	教学是教师与学生一起共同建构知识的过程	教学即教师提供良好的学习环境和条件，学生自主学习、发现知识的过程
师生观	教师是主导，学生是主体	教师积极干预学生的学习，教师与学生分担学习的责任	教师是向导、促进者，学生是中心

从上可见，建构式探究科学教学有以下主要思想：(1)基本假设是承认学生(包括婴幼儿)有主动学习的心智(mind)，教育在本质上是自我教育；(2)提出新的知识观，即知识是学生主动建构的，不是被动接受的；(3)提出新的教学观，即教学不是教师在“传递”知识，而是提供“支架”(scaffolding)让学生自己建构知识；(4)重视学生原有经验和知识对理解新的科学事实和概念的作用(积极方面)或干扰(消极方面)，并以此作为教学的起点；(5)提倡“以学生为中心”的教学，因此，教学过程中教师需要先引出学生原有的相关观念(或前概念)，在学生兴趣和前概念的基础上开展“支架式”教学，同时也重视教师在学生学习过程中的积极的“干预作用”(这一点与发现式探究教学不同)；(6)鼓励在教学过程中进行“学习性评价”(assessment for learning)，使其成为有效教学的有机组成部分。

第二章

有效科学教学与学生科学理想的培育

引言：播下学生心中科学理想的种子

理想是什么？理想是人们在实践中形成的、有可能实现的、对未来社会和自身发展的向往与追求，是人们世界观、人生观和价值观在奋斗目标上的集中体现。理想有正确和错误之分。正确的理想是符合社会发展规律的理想；错误的理想是违背社会发展规律的理想。

几乎每个人在懵懂的少年时期都会被问及这样一个问题："你的理想是什么？"回答是各种各样的："我要当科学家！""我要当军人！""我要做医生！""我要当旅行家！""我要当老师！""我要当宇航员！"……

无论当时的答案是什么，无论现在我们是否实现了那个理想，那都是我们在少年时期为未来的人生播下的一颗叫作理想的种子。

理想的种子会有很多，这些种子伴随孩子们的成长，在学校的学习中，在与社会的接触中，这些种子会慢慢生长变化，当然有的也会消亡。

作为科学教师，我们都希望自己就是为孩子们带来科学理想的种子并将其撒播出去的人。不过我们是否问过自己，科学理想的种子在哪里？该怎样播种？

我曾经跟多位拥有科学理想的老师交谈，帮他们寻找能够给予学生的科学理想种子。

一、星空中探寻科学理想的种子

仰望星空[①]

我仰望星空，
它是那样寥廓而深邃；
那无穷的真理，
让我苦苦地求索、追随。

我仰望星空，
它是那样庄严而圣洁；
那凛然的正义，
让我充满热爱、感到敬畏。

我仰望星空，
它是那样自由而宁静；
那博大的胸怀，
让我的心灵栖息、依偎。

我仰望星空，
它是那样壮丽而光辉；
那永恒的炽热，
让我心中燃起希望的烈焰、响起春雷。

谈起北京市海淀区中关村第二小学(以下简称“中关村二小”)的科学教师朱戈雅老师，就让我想起温家宝总理于 2007 年 9 月 4 日发表于《人民日报》上的这首广为人知的诗——《仰望星空》。星空的深邃、广大、神秘让我们内心充满对宇宙、对科学的崇敬。充满魅力的星空吸引着众多喜爱观星的人，朱老师就是其中之一，她在学校成立的“星云社”天文观星社团，已经成为一个孩子们向往星空、满载科学理想的方舟。

2013 年，我有幸结识了朱戈雅老师。几次接触后，我惊奇地发现，一颗热爱天文的种子不知何时被种入我心中，尽管我还不太会照顾它，但我感受到了这颗种子的强大，感受到了拥有这颗种子的孩子们的幸福与快乐。以下是访谈笔录。

---

① 温家宝．仰望星空．人民日报，2007-09-04

笔者：朱老师，您好！上次您在房山区关于中关村二小天文活动的报告让我们很多老师和教研员感受到了您所带领的星云社天文观星活动的魅力，我都开始喜欢上天文活动了。今天，我想跟您聊聊您所钟爱的观星活动与学生科学理想的话题。

朱戈雅老师(以下简称“朱老师”)：观星活动是我的爱好，也是我的工作，但是这与学生的科学理想有怎样的关系，我思考得还不多。

笔者：我认为学生在我们的科学教育中，除了会学到科学知识、形成探究能力以外，他们还会形成热爱科学的情感，并产生进一步在实践中认识世界的愿望。当学生们在科学范畴内某一方面有了稳定的追求的时候，我认为这就是学生形成了自己的科学理想。而这种理想的形成，有一部分来自我们科学教师的言传身教。例如，您用您热爱的天文观星活动转换成教学活动，并影响了学生，让他们也能够将这项活动作为自己主动去做好的一件事情，这就是他们要去努力实现的理想。

朱老师：我明白了。教师的科学理想是学生建立科学理想的基础，这个观点我承认。最近我也在回顾我观星活动的历程，最初在我的生活中并没有观星这个活动，也没有这个理想存在。那是2005年到了中关村二小以后，学校需要我们每位老师有一个学生社团活动，比如航模、无线电等，那时候我选择了观星。

笔者：那时候您对天文有多少了解?

朱老师：那时候我就是一个菜鸟，一切都是从零开始的。可以说，当确定了这个活动作为我教学中的一个内容以后，努力做好观星这个活动就成了我的理想。就像刚才说的，理想就是在实践中形成的、为之努力追求的东西。最初，我为了能够掌握观星的知识与方法，报名参加了区里组织的相关培训，每一次的培训活动，我都要跟专家们请教很多不懂的问题，培训之后也要与专家保持联系，有问题就请教。当我真正开始观星并学习拍摄星空照片的时候，我才感受到观星的乐趣也是用辛苦换来的。观星是有条件的，首先是夜晚，这使得我要利用更多的业余时间；其次是远离城区光污染，每次观星都要到很远的郊区，人迹罕至的地方是我们良好的观察场所。这样的环境并不是每个人都愿意去的。我现在很高兴的是，我的学生甚至家长都能够跟我一起吃这个苦，享受其中的快乐。

笔者：在您说的过程中，我感受到了您在实现自己科学理想过程中的艰辛。另外，我还发现了您的理想已经结出了果实，传播给孩子甚至家长。在实际教学中，您有没有用您在实现理想过程中的方法来影响教学活动，让教学活动更加行之有效?

朱老师：应该说是有的。首先，我觉得我在教学工作上有一个很大的特点，就是从学生的角度出发，希望每一个学习活动都充满乐趣，这也是我在学习天文知识时的方法。比如，认识星座，这是一个比较枯燥的事情。天空中共有88个星座，虽然不需要学生们都记下来，但是要熟知的也不少。为了便于记忆，我就先给学生们讲星座的神话故事，让他们有兴趣听下去，通过故事的情节建立起星座图形的内在联系。还有，我和学生们都有一个天文名字，我叫"火星"(Mars)，学生们的天文名有"天津四""辇道增七""五帝座一""轩辕十四""刍藁增二""毕宿五""参宿四"等。每次上课，学生们都期待讲到他自己的那个星座，这让他们对星座的学习充满了乐趣。

笔者：天文名字？这个真有意思，我都想有一个自己的天文名字了。兴趣就是形成理想的一个基础，有了兴趣才会有动力为实现理想而努力。我看您最近的微信，在和学生们做一个"啃天书"的活动，这个名字很有意思。这是怎么回事？

朱老师："啃天书"其实就是看书学习，这也有点自嘲的意思。最初学习天文的时候，看书是获取知识的很有效的方法，但是一旦拿起书本，就像看天书一样，有很多不懂的东西，需要一点一点地积累各方面的知识才能理解，真的就是一点一点"啃"下来的。到目前为止，我家里有70多本天文书籍，它们都被我"啃"过了。看书作为重要的学习方法，我需要把这种方法传递给学生们，让他们在这样的情境下学会学习，但又要让他们有乐趣地学习。所以，我利用暑假组织了集体活动——"啃天书"，每个学生选一本书，每天要把看书的照片发在朋友圈里，互相督促。活动效果很好，还有好几位家长也参与进来了。学生们还写了"啃天书"的总结。

笔者：您实现理想的过程已经在学生的身上再现出来，我认为这就是教师的科学理想在帮助学生形成科学理想，并帮助他们把这个理想稳固下来，发展起来。

朱老师：我想是的，现在很多学生都热衷于看书。前面说了，野外观测活动是很艰苦的，我经历过这份艰苦，并得到了美丽的星空图片，我也会让学生体验这份艰苦和魅力所在。这两年我们成功组织了河北省怀来县，北京房山区云居寺、房山区云居寺滑雪场、平谷区、密云县石塘路等多地的郊外观测活动，最多时参加人数(包括学生家长)达50多人。由于是在远离城区的地方，夏天虫咬，冬天冻人，观测持续到凌晨三四点钟，学生们都坚持下来了，这让我为他们骄傲。

笔者：我觉得学生们长大以后也会因为这个事情而骄傲的，因为他们为此付出了努力，这是一生都值得回忆的事情。

朱老师：天文观星活动也会影响我做事的态度。它让我做事更有计划，有耐心去等待事物的发展，有能力承受失败和挫折。野外观星活动需要严密的计划，所有准备工作都要做好，每一个用具都要备齐，任何一个疏漏就会让活动难以进行甚至全盘失败。拍摄活动更是一个需要耐心和毅力的过程，一张星轨照片的制作就需要几百张照片的拍摄量，没有自动化工具的帮助，都要靠人工实现。学生们就要在很长时间里，静静地仰望天空，静静地等待，对设备的一丝轻微的碰触都会让所有工作前功尽弃。有时候失败是在所难免的，如果放弃，理想就成了泡影，承受失败和挫折就成了学生们的必修课。我的一个学生写了篇文章，记录了一次失败的拍摄活动。他能够面对失败和挫折，并分析其中的原因，我认为他在成长。

笔者：在您的讲述中，我找到了您追求科学理想的过程，发现了您在用您实现理想的过程和方法影响学生们，让学生们也孕育自己理想的种子。我相信您的学生们一定会让这颗理想的种子在他们的内心生根发芽。

卢梭在《爱弥儿》中说："问题不在于教他各种学问，而在于培养他有爱好学问的兴趣，而且在这种兴趣充分增长起来的时候，教他以研究学问的方法。这确实是所有优良教育的基本原则。"为使学生受到优良的教育，教学就要遵循这一基本原则。

朱老师教学的精彩不是在课堂 45 分钟里，而是在学习过程中用自己对理想的追求潜移默化地影响学生，给予学生一个精彩的学习过程。拥有科学理想的老师并不一定最初就意识到理想的存在，更难以意识到自身追求理想过程中形成的方法、能力甚至情感态度对教学的有效影响。教师需要做出更多的总结与梳理，挖掘其中的教育价值。

二、飞翔于天际的理想

在一次聊天的时候，我听闻一位年轻的科学老师十分了得，当有一只鸟凌空飞过，在未看到踪迹只留下一声鸣叫的时候就能准确说出鸟的名称。我当时觉得十分神奇，于是有了拜访这位观鸟达人的愿望。

在 2013 年一次去南京学习的活动中，我有幸与观鸟达人——北京市东城区和平里第四小学科学教师刘春燕同行，并在她的指导下做了平生第一次观鸟活动，领略了此项活动带来的乐趣，感受到这又是一位怀揣科学理想种子的人。这也促成了一次面对面的访谈，让我有机会去寻找学生们需要的科学理想种子。以下是访谈笔录。

笔者：见到刘老师就让我想起在南京您指导我观鸟的经历。印象最深的是，当我用望远镜看到一只鸟的时候，您就已经开始询问我那只鸟是不是脖子后面有斑纹，并告诉我如果有斑纹就是“珠颈斑鸠”。我当时就觉得很奇怪，您是怎么做到那么快就能抓住一只鸟的特征，并去识别它的呢？

刘春燕老师(以下简称“刘老师”)：这也是通过学习、实地实践练习才慢慢形成的。我是在2003年大学三年级生态课做小课题研究的时候开始接触观鸟的。

笔者：十年的观鸟经历，您在观鸟的圈子里应该也是“老人”啦！我是否可以认为，这十年中，观鸟不光是一种爱好，还是您追求尽善尽美的一种理想存在呢？

刘老师：应该是的。十年中为了观鸟，我阅读了很多相关书籍，并与各行各业的观鸟爱好者进行交流，这都是为了提升自身的水平。

笔者：我很想了解，您的观鸟生涯让您形成了哪些特殊的能力？这些能力是否对您的教学产生了影响，使教学产生了良好的效果？

刘老师：我确实将观鸟活动引入了我的学生活动中，学生也非常喜欢。至于说能否影响教学，我还说不好，但是我觉得在我的教学中，有两点是我比较关注的。一是记录的方法。我发现三年级的学生在做观察记录的时候，如果我不对记录方法提要求，他们就只会用文字记录，而不用画图的方法。

三年级的学生文字表达能力还是比较弱的。他们用文字表达的时候，难以将被观察事物的特征准确地表达出来，这是这个时期学生的特点。画图是弥补文字表达不足的良好方法；另外，画图能够更加直接地表现出事物的形状、位置关系、颜色等方面的特征，这样的记录更加真实。在我的课堂上，我都会要求学生们掌握用画图的方式进行观察记录。当然，画图配以适当的文字会更好。

野外动植物的观察活动，在记录的时候很重要的一种方法就是绘图。绘图用于记录动植物的外貌特征，并用于今后的识别。在我们的观鸟活动中，画出鸟的形体、羽毛颜色都是基本功。

笔者：这样，我们就找到联系了，您在观鸟活动中形成的能力，其实是在影响着您教学中的行为。我认为观鸟活动让您对学生在科学课的学习过程中表现出来的方法上的问题，有了高于其他科学教师的敏感度。

刘老师：我认可您这个分析，它们之间确实具有一定的关联。在教学中，我关注的第二点是学生观察能力的培养。三年级的学生要在课堂上观察很多事物，掌握观察方法是十分重要的，但是我们的学生往往没有意识到自己观察能力的不足，我希望通过一些观察活动让学生意识到这一点，并主动寻求观察事物的良好方法。我有这样一个做法，我曾经带领学生做过一个“我是照相机”的观察活动。我让学生们把自己当作照相机，观察三次静态事物，每次观察10 s。第一个10 s观察后，就开始画图记录并交流。学生们发现，在第一个10 s内，每个人获取的信息都不相同，有的多，有的少，他们发现这与他们在10 s内观察的方法有关系，于是就提出下一个10 s的观察重点在哪里。在后面两个10 s的观察时间里，他们会重复这个观察、记录、分析的过程。这时，观察记录与实际事物的特征越来越接近，你会发现他们在有目的地观察，开始掌握有序的观察方法，而我并没有告诉他们什么，都是他们自己在活动中发现的。

笔者：这真是一个好方法，这又让我想起了南京的观鸟活动。同样的观察时间里，我看到的就是一只鸟，而您却能够快速从外形、颜色来做出判断。

刘老师：是的，观鸟的时候，鸟可不是老老实实地站在那里让你看，很多时候都是短短的几秒钟，机会稍纵即逝。而就在这几秒钟里，我们要快速观察鸟的各种信息，与头脑中的信息进行比对。可以说，观鸟锻炼了我在短时间内通过观察获取最大量有效信息的能力。

笔者：观察和记录都是科学课上学生最基础的能力，这两点抓好，科学课的教学效果提升就有了很好的保障。

在与刘春燕老师的这次交流中，我真实地感受到，她在追求科学理想的过程中形成的能力，使得她对科学课教学中学生表现出来的问题有了更高的敏感度。她能够敏锐地发现问题所在，并以自身的认识来设计教学方法，以促进学生观察、记录能力的发展。

案例指引一：爱上鸟儿

每个孩子都是热爱生命、热爱大自然的，对于自然中的动物有着浓厚的喜爱之情。在首师大版《科学》教材中，有《动物世界》一课。每次上到这节课时，我会给孩子们补充一节自编教学内容《北京的野鸟》。

课程最开始，我会问：“孩子们在北京都看见过什么样的鸟儿，能说说它们的样子吗?”他们会说：“乌鸦全身都是黑色的；喜鹊是黑白相间的；麻雀是小小的。”随后我出示几张鸟儿的照片，让他们认认哪个是乌鸦，哪个是喜鹊，哪个是麻雀。照片上的鸟儿让孩子们犹豫不决，他们不断地比较这些看上去很相似的鸟的细微差别，再和自己记忆中的鸟做比较。不少孩子感叹：“要是窗口站一只就好了!”有一次，我在班里让孩子们辨认麻雀的时候，刚好窗外房顶上落了一小群麻雀和喜鹊。孩子们特别激动，都站起来向窗外张望，几个小脑袋挤在窗户边，教室里一下子就热闹起来，不时有人说出他看到的鸟儿的特征："麻雀脸上有个点儿，这只是麻雀，肯定的！"第一个找到答案的孩子满脸都是得意的表情，一直不断重复着"是我先发现的，是我先发现的！"

乌鸦、喜鹊、麻雀，这些看上去好像天天见到的鸟，却从来没有被注意过。通过这么一个游戏，孩子们的热情一下子就高涨起来。不经意间，最初级的观鸟活动就已经促使学生们开始运用观察、比较的方法了。

这之后，我会问他们在北京市区的公园里能看见多少种鸟。孩子们有猜20种的，有猜50种的，有个别胆大点儿的会猜有100多种的。当我告诉他们在天坛公园一年就可以看见170多种鸟的时候，他们觉得真是太不可思议了！我告诉他们，一些鸟会一直待在北京，这样的鸟叫作留鸟，我们通常看到的乌鸦、喜鹊、麻雀就是留鸟，除此之外还有长得像鸽子的斑鸠们，一种很可爱的小型猫头鹰，还有很难见到的雉鸡等。然后，我会给他们讲什么是候鸟、夏候鸟和冬候鸟，什么是旅鸟，北京的旅鸟什么时候出现在北京，都有哪些鸟是旅鸟等。每种鸟都配照片讲解，有的还有视频或者叫声的录音。每当讲到他们在语文课中学到过的鸟时，教室里就会响起他们的背书声和之后一串串爽朗的笑声。下课的时候，我会被他们围住，每个人都争先恐后地跟我讲曾经在什么地方看见过我今天讲的某种鸟，或者告诉我今天才知道"两个黄鹂鸣翠柳"的黄鹂原来那么大个儿，而且叫声也不都那么好听。我知道，他们已经开始爱上鸟儿了。

案例指引二：认识鸟儿

校本课程的开设为我的观鸟课程提供了很好的平台，我给孩子们介绍关于观察鸟的相关知识、望远镜的使用方法、观察注意事项、记录要点等，还有根据生活环境来做的鸟的分类，常见的鸟的介绍。每次讲解一种鸟的时候，我都会给他们一张记录单，让他们记录相关的信息，并且可以按照自己的喜好装饰记录单(见图 2-1)，最后装订成册。很多孩子都买了资料夹将记录单保存起来。

图 2-1　学生的野鸟记录册内页

在我讲完几种鸟之后，学生自发地组成小组，搜集某一种他们感兴趣的鸟，并制作电子课件(见图 2-2 和图 2-3)，在校本课上为其他同学讲解。

图 2-2　五(2)班《灰喜鹊》PPT 演示文稿

图 2-3　五(1)班《珠颈斑鸠》PPT 演示文稿

案例指引三：感受鸟儿的魅力

走出教室，带领学生到大自然中亲身体验，去发现、观察、欣赏自然状态下的鸟儿。感受到自由生命所展现出的绚丽多姿，以及鸟儿与环境之间的和谐统一，孩子们对大自然的热爱油然而生。

爱鸟会的组建让我有了一批小鸟迷，我利用周末带他们到公园里去观察鸟。同时，也邀请家长一同参与，不仅孩子们越来越喜欢观鸟，家长们对活动的兴趣也越来越浓厚。每次观鸟，都是与鸟儿、与自然的一次交流。某次观鸟结束后，一个孩子的妈妈跟我说，她现在觉得麻雀也特别可爱，忍不住要多看一会儿。我想，这就是自由生命的魅力吧，没有人不会被吸引。

许多孩子用自己的方式表达他们对鸟儿的热爱之情，还有孩子在自己的评价手册中记录对鸟的观察和感受(见图 2-4)。

五(1)班 李纳也《小椋鸟》

六(6)班 刘雨辰《红嘴蓝鹊》

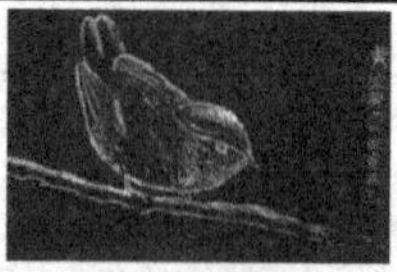

四(6)班 田雯《黄腰柳莺》

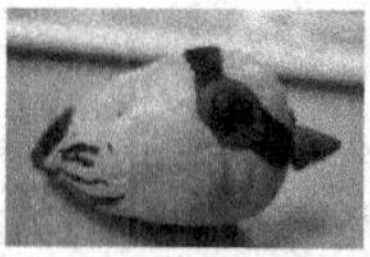

四(2)班 吴若一《黑枕黄鹂》

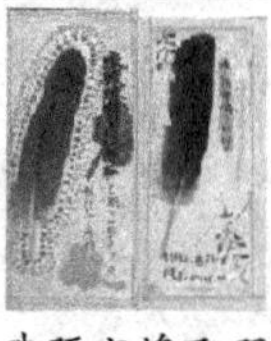

珠颈斑鸠飞羽标本书签

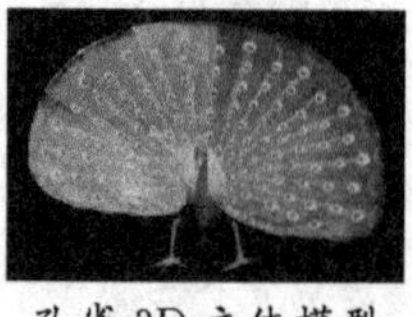

孔雀 3D 立体模型

田汉墉《长耳鸮》拍摄于天坛公园

刘美鸥《大杓鹬》拍摄于辽宁盘锦

图 2-4　孩子们记录的鸟

每次观鸟，我都让孩子们及时做记录，记录日期、天气、鸟种、数量、鸟的特征和行为、周围的环境等。通过观鸟活动，许多孩子的观察力和表达力都有了很大的提高。孩子们经常在日记中提到鸟的特点、行为，用他们的语言将小鸟描绘得妙趣横生。有个孩子是这样记录黄雀的。

“黄雀生气勃勃，是种美丽的小鸟。虽然它们只有麻雀那么大，但是身上的羽毛绚烂多彩。它头上戴了一顶黑色的“帽子”，翅膀上的橄榄绿色和胸部的浅黄色中各有一些黑黑的细纹，翅尖和尾尖的黑还夹杂着有规律的白色条纹，就像水面泛起的层层涟漪。

“它既胆大又机警。如果你在一米开外不打扰它，它会大模大样地吃果子或玩耍，完全不把你放在眼里。但在它吃果子时，不会像其他一些小鸟一样，不假思索地大快朵颐，什么都不看。黄雀吃食前，总要东张西望地看上一会儿，等几十秒，确定没有危险了，才蹦蹦跳跳地来到花旁，小心翼翼地啄上两口。

“它有时活泼机灵，有时却非常死板。当它在花丛中活蹦乱跳时，轻盈的身体翩翩起舞，好看得很。相反，黄雀做事让人觉得很死板。它啄花时，不啄完这朵，绝不啄下一朵，它一定先啄花瓣再啄花心，然后再去找下一朵花。它总是一丝不苟的。

“这真是一个生气勃勃的小精灵。”

案例指引四：保护鸟儿

开展观鸟活动，目的是触发学生心灵对自然美的渴望，点燃学生爱鸟、爱自然的激情，从而意识到生态保护的重要性，激发其热爱大自然的情怀和对自然环境负责任的态度，树立正确的环保观念，并且能够针对现状积极地提出意见、建议，逐渐树立为改善野生动物生存环境做贡献的情感态度。随着对鸟儿的观察，越来越多的孩子意识到了动物保护的重要性。

“它先向下直落了几层楼的距离，然后扇动双翅，借助上升的气流飞了起来。我终于松了一口气，它越飞越高，越飞越远。当它正要消失在我视线中时，小燕子又朝我飞来了，它在空中回旋疾飞，高声鸣叫，好像是同我告别，又好像是同我致谢。看着它矫健的身影，我开心地笑了。”这段蕴含深情的文字摘自学生田汉墉的日记，日记中提到的小燕子是他和家人在2013年夏天救助的一只普通楼燕，而这段日记正是描述的成功救助后放飞的瞬间。孩子的感情是最纯真的，试问如果不是对鸟真心的热爱，一个孩子怎么会流露出这样的感情？

三、孕育于山之巅的理想

走进北京小学广外分校的科学教室，在贴满学生各种科学活动记录的墙壁上，赫然挂着一幅北京市地图。这幅地图上插着很多写有名称的图钉，上面写着红螺三险、南北梯、十八蹬、海坨山、后河、猫耳山等。不要以为这是在讲地理知识，其实这是以走遍京城周边山峰为初级理想的“驴友”周大为老师的“驴行图”。

“驴友”是对户外运动自助旅行爱好者的称呼，也是爱好者自称和尊称对方的一个名词，因为驴子能驮能背，吃苦耐劳。我跟周老师是十几年的好朋友，知道她喜欢旅游，但旅游与“驴友”还是有一些差别的。毕竟，旅游追求的是放松、休闲、享受，而“驴行”对于我这样的人来说简直就是自虐。但凡旅游区为方便游客出行的设施，例如，平整的台阶、漫道、缆车，“驴友”们都不放在眼里，他们需要的是与大自然100%的亲密接触，乐于在大自然中放松身心，享受用腿丈量山峰的乐趣。“痛并快乐着”用来描述“驴友”绝不为过。周老师原本是享受旅游的人，悠闲、放松是她乐此不疲的，能够放弃这些而投身于“驴友”的行列，让我刮目相看。几次工作中的交谈，让我发现此人也是拥有科学理想种子的人，遂择日访谈之。以下是访谈笔录。

笔者：周老师，您好！现在您有一个新的头衔——“驴友”，您怎么成为“驴友”的呢？

周大为老师(以下简称“周老师”)：我一直很喜欢旅游，但是当我接触到“驴友”的时候，我发现“驴行”给了我新的感受——挑战自己的极限，享受每一次挑战成功后的快乐！

笔者：那我可不可以认为，成为“驴友”并成为一名资深“驴友”是您的一个理想呢？

周老师：是的，为了成为“驴友”，我做了很多努力，学习专业知识、参与“驴行”实践都是必需的。另外，为了增强身体素质，体育锻炼也成了我日常必做的功课。

笔者：看您的“驴行图”，我知道您已经在北京周边很多山上留下了足迹。我很想知道这样的活动是否对您的科学课的教学工作、对您的学生的学习带来了帮助呢？

周老师：其实任何一个与科学有关的活动都会带给我们很多相关的知识。比如，在山里活动，我们需要时刻关注天气状况，识别天气并做出预判就是很重要的能力。我开始对这方面的知识了解得并不多，但是在活动中，经过“驴友”的互相交流，特别是与当地老乡们学习，我了解到了很多判断天气状况的方法，这个知识在教学中都会用得上。

不光如此，我觉得“驴行”还带给我很多课上不容易获得的东西。就拿

2013年我带着学生们做的“莲花河水域调查”活动来说，“驴行”的经历给了我很多帮助。“驴行”是团队活动，人员的调配、组织管理以及路线的规划都是十分重要的。虽然多年的教学经验让我能够组织好课堂教学，但是外出考察的组织经验还真都来自“驴行”。莲花河距离学校很近，即便这样，在学生外出之前，我也要以他们的安全为核心，选择前往莲花河的路线，这是外出考察必做的准备。前队、收队以及领队的人员都要确定，分工明确。要让学生们知道，考察也好，外出游玩也好，做好计划是活动安全、顺利进行的保障。只有做到这点，学习活动才能展开，学生才能有兴趣参与完整的活动过程。

笔者：那天的外出考察我也参加了，当时我就觉得学生做事井井有条，原来功夫都下在前面了。

周老师：“驴行”的过程中，我有更多的机会观察自然环境，借助已有的一些科学知识，我会系统地观察当地的生态系统，这与单纯的欣赏景色是不同的。这一点恰恰让我在这次活动设计上有了灵感。在科学课的教学过程中，我们都会尝试获取学生的初始想法(即前概念)，从中寻找建立认知冲突的点，以设计教学、提升学习效率。面对一个水域考察活动，哪里有冲突呢？我试着做了一次前测。首先，我了解了目前莲花河的状况。随着北京市城市改造，莲花河已经被改造成一条城市景观河，水质得到了很大的改善，早已不是以前臭气熏天的样子了。在此基础上，我采用问卷的方式询问学生们对这条河流现有的认识。我发现学生们一致认为这条河被污染了，气味难闻，垃圾遍地。学生们凭空想象出来的莲花河景观，让我意识到虽然他们也生活在莲花河附近，但是他们并没有关注这条河，更没有主动地观察过它。缺乏对生活环境的关注，是目前学生们的基本状态。前测的结果成为学习的起点，我希望在后期的实地考察中，学生发现自己的想象与现实之间是存在差距的。

笔者：经常亲近自然会让我们留意大自然的每一个角落，每一处改变，学生们没有那么多关注自然、关注生活环境的经历，凭空想象出来的景象误导了他们。

周老师：对，学生们就在这样的想象中展开了对莲花河的调查。他们走到河边，发现河水并不臭，岸边没有生活垃圾，河水清澈见底。当时学生们就议论开了，这并不是他们想象中的臭河。为了验证河水的污染状况，学生们通过水样的各种指标检测，最终不得不承认莲花河拥有二级饮用水水质的现实。

笔者：用事实说话，这是科学课上应该给予学生的基本行为准则。

周老师：活动并没有因为得到了数据而结束，一个小插曲让我发现了这样的实践活动带给学生们非常有价值的东西——社会责任感。事情是这样的，在我们观察河水的时候，岸边一个出水口突然开始放水，腥臭的气味随之而来。学生们一下子被眼前的场景激怒了，开始谴责排放污水的行为。在取了这段水域水样并检测后发现，这段水域的水样确实被污染了，尽管还不严重，但是这也激起了学生们保护环境的热心。随后，学生们在排水口找到了管理部门留下的标记牌，上面写有办公电话，经过电话问询，学生们知道了这个排水口排放的是生活污水，有专人管理，定时、定量在尽可能减少污染的情况下排入河道之中。问题有了答案，学生们稍稍放心了。

笔者：这样的事情在课堂里是不会发生的，走近自然才会让学生们看到真实的环境，调动起他们关注自然、热爱自然的心。

周老师：学生们当时的行为让我这个“驴友”有着极强的共鸣。在“驴行”的过程中，我们会欣赏大自然的魅力，崇敬大自然的力量。同时，当我们看到自然环境的改变，特别是有些人为地对环境的破坏而依靠大自然的力量又难以恢复的场景，我们也十分愤慨。“驴友”们虽然没有能力去改变什么，但是去关注、去宣传对自然的保护也是献上一份爱心。在这次活动后期，学生们开始思考如何更好地保护莲花河，并尝试提出自己的合理化建议，提交给相关部门。在这样的活动中，学生不光获得了科学知识、科学方法，还得到了更多的情感教育。他们开始关心环境，开始体验为环境、为社会要付出的那份责任感。

笔者：这样的活动丰富了科学教育的内涵。我想，这样的一个水资源调查活动，不同背景的教师做的设计一定会有不同。一般的设计可能就是到河边取水样，做好数据记录，回来做分析就行了，单纯的实践活动而已。而您有作为“驴友”的背景，有您眼中对自然环境的视角、对自然环境的关爱，才使得这次教学更有深度。学生们发自内心地对环境的关注，就有可能使得他们去为改善环境而努力，这就是我们科学教学给予学生的一颗科学理想的种子。

亲近自然的周大为老师用“驴友”做事的态度和对待自然的方法去改变科学课的教学，让学生在实践中学会做事，学会面对自然。最可贵的是，周老师希望学生们在亲近自然的过程中像她一样，建立起自身对环境、对社会的责任感。责任感是一个人应该具有的基本素养之一。

这一章虽然在讨论学生的科学理想，但我们更关注播撒理想种子的教师，我们希望科学教师都能找到传递给学生们科学理想的种子。

以文中三位老师为例，其实科学理想的种子并不难找，往往会经历以下三个阶段。

第一阶段，寻找。我们首先要为自己找到一个能为之努力的科学理想。它可能来自工作中，可能来自生活中，也可能来自兴趣爱好中，无论来自哪里，都需要我们努力才能实现它，并在这一过程中锻炼自己。

第二阶段，孕育。在实现这个理想的过程中，我们要深入思考这个过程给予自己哪些与科学教育相关的信息。

第三阶段，播撒。从上述三位老师的教学活动来看，她们都能够将实现自身理想过程中形成的有用信息应用到教学中，去影响学生们，为学生提供科学理想的种子。

心理学研究表明，儿童时期是理想的萌芽时期，理想主要与生活和兴趣相联系，而且不稳定；少年时期是理想的形成时期，理想大都与未来的职业相联系；青年时期是理想的发展时期，理想具有概括性，是以科学原理为依据，以社会需要为前提的一种较高水平的社会理想，而且比较稳定。小学阶段的教育正好处于理想不稳定的儿童期和理想形成的少年期。如果科学教师能够用自己实现理想的经历来影响学生们，这种身体力行的教育将帮助学生选择一个可能影响终身并受益于此的科学理想。

正如俄国车尔尼雪夫斯基所言：“要把学生造就成一种什么人，教师自己就应当是什么人。”

第三章

小学科学概念的定义特点和有效应用

引言：理解概念的定义方式是帮助学生有效建构科学概念的重要基础

小学生的科学学习过程，就是其科学认识过程。个体的人的科学认识发展过程重演着人类的科学认识过程。[①] 因此，小学生的科学认识特点与人类早期的科学认识特点相似，即小学生的科学认识是从可感知的科学事物的外部特征为基点获得科学概念，具有形象性和直接性的特点。心理学对概念的研究，提出了概念的双层表征观点，即概念的表征分为原型和核心成分。原型在知觉上是显著的，但对概念的成员资格并不具有完全的诊断意义。核心成分则对确定概念的成员资格更具有诊断性，但倾向于隐藏起来，不那么明显。[②] 逻辑学对概念的研究，针对概念的定义方式提出了内涵定义、外延定义和语词定义三种定义方式。科学概念是小学生科学学习的主要内容，具有重要作用。对于小学生来说，如何习得概念的核心和原型？其习得科学概念的特点和方式是什么？这些都需要小学科学教师依据小学生的科学认识特点，根据概念的定义方式，有效地帮助学生建构科学概念。

案例指引一：认识骨和骨骼[③]

1. 认识骨骼——摸骨。

师：现在我们大家都知道人体中有骨骼，那你们说说我们的骨骼在哪里？

---

① 叶宝生，曹温庆．哲学重演律对儿童科学教育的启示．首都师范大学学报(社会科学版)，2011(2)：52

② 陈刚．自然学科学习与教学设计．上海：上海教育出版社，2005：116～117

③ 本案例节选自北京市大兴区采育镇第一中心小学李长征老师的课堂实录

生：我认为在我们的肉里。

师：谁来想办法让大家感受一下？

生：老师，我摸到了(伸出手臂，一边捏，一边说)。

师：好，那我们就一起来摸一摸自己的骨，看看你有什么发现？

(学生摸自己的骨。)

生 1：我能感受到腿骨很长、肋骨很硬……

生 2：老师，我感受到了头骨很硬。

生 3：老师，我摸到肋骨是一根一根的。

师：刚才，我们通过摸，感受到了自己的骨，还发现了骨的形状不同。

2. 认识骨骼——数骨。

师：同学们，刚才你们摸到了自己身体的骨。下面，你们再摸一摸，认真数一数，看看你们能发现多少块骨。我们可以四个人分工合作，每一个人数不同部位的骨，然后大家加在一起。

(学生再一次摸自己的骨，边摸边数并记录。)

(学生汇报自己小组的数骨结果。)

组 1：102 块。

组 2：97 块。

组 3：136 块。

组 4：112 块。

组 5：108 块。

组 6：142 块。

师：同学们，刚才你们数骨的结果都不一样，你们觉得有什么问题？

生 1：我们小组在数骨的过程，有的骨分不出来，不知道是一块骨还是两块骨。

生 2：我不知道头骨是不是一块骨，我觉得下巴和头骨不是同一块骨。

师：非常好，你们能发现问题非常好。我们隔着人体的皮肤和肉确实不容易观察骨。随着科技的进步，人们可以通过 X 光拍摄出人体骨的图像，这样就便于人们观察了。(出示 X 光片，见图 3-1。)这是一副完整的人体骨架，称为骨骼。(板书)下面，我给每个小组发一张，你们再仔细观察一下人

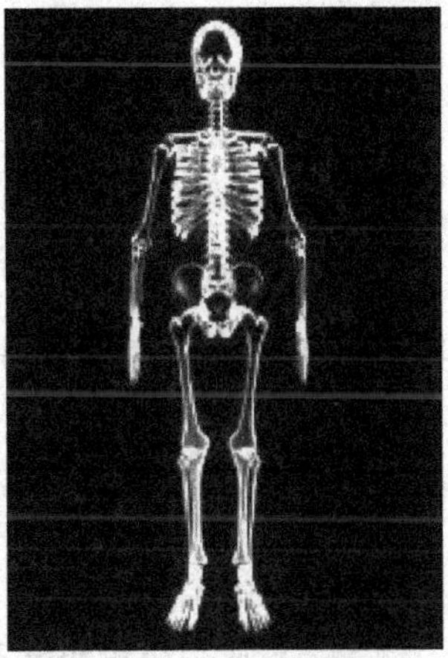

图 3-1　人体骨骼的 X 光片

体的骨骼，数一数，看看你们有没有新的发现。

（学生继续分组数骨。）

师：下面你们来汇报一下自己小组得出的结果。

组 1：184 块。

组 2：178 块。

组 3：182 块。

组 4：186 块。

组 5：186 块。

组 6：184 块。

师：我们刚才又数了一次骨，你们有什么发现？

生 1：我们发现了更多的骨。刚才，手掌这一部分，我都分不出来，通过 X 光片，我发现有 24 块骨。

生 2：老师，我也发现了，可以看到更多的骨。

生 3：我还有一些骨看不出来，例如，头部的骨。

师：X 光片已经能使人们比较清楚地观察骨，但是更科学的方法应该是解剖。（出示人体骨骼模型，见图 3-2。）这是人们根据人体的实际骨骼结构制作的人体骨骼的模型。现在你们再来观察一下，看看刚才不能看清的骨，现在是不是可以看清楚了。

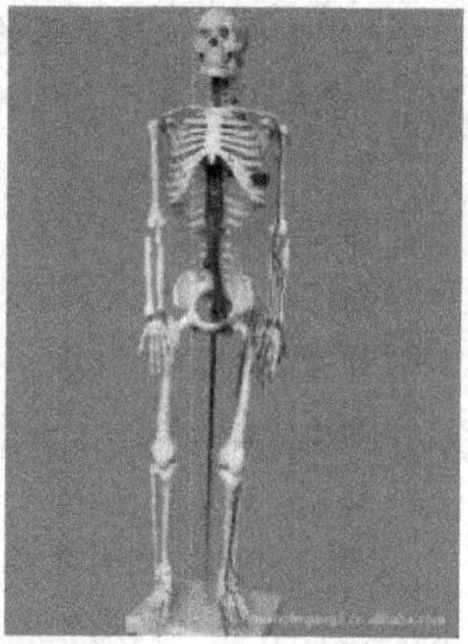
图 3-2　人体骨骼模型

（学生以小组为单位，观察人体骨骼的模型。）

师：你们看清楚了吗？上面我们通过观察 X 光片观察骨、数骨，你们的结果已经很接近人体骨骼的实际数目，但是有一些骨，我们仍然看不到。经过人们解剖人体，认真观察，发现我们人体骨骼一共有 206 块（板书）。下面，你们观察一下人体骨骼的模型，看看人体的骨骼可以分为几个部分。

（学生观察骨骼模型。）

师：哪个小组说一说你们的分法？

组 1：我们小组分为四部分，即头骨、脊椎、上肢骨、下肢骨。

组 2：我们分为头骨、脊椎、肋骨、上肢骨、下肢骨。

组 3：我们小组同意第一组的说法，分为头骨、脊椎、上肢骨、下肢骨。

师：刚才大家的分法，我基本同意。我们可以把脊椎和肋骨称为躯干骨，上肢骨和下肢骨称为四肢骨，这样，人体的骨骼分为头骨、躯干骨和四肢骨三部分(板书)。

案例指引二：地形与地貌[①]

1. 导入环节。

教师提出问题，引发学生思考。

(1)同学们，你们都到过哪些地方旅游呢？你们知道当地属于什么地形吗？

(2)地球表面高低起伏，有的平坦，有的陡峭，有的一望无际，有的层峦叠嶂，我们把它们统称为什么？(地形。)

【设计意图】本节课以“旅游”为话题导入，它贴近学生的生活，能够引起学生的兴趣。

2. 学习新课。

环节一：认识五种常见的地形。

教师展示五种常见的地形的图片。

第一种：高原(见图 3-3)。

图 3-3　高原

学生观察高原特征，得出结论：比较平坦，常常与高山相连，这样的地形称为高原。

① 本案例节选自北京二中亦庄实验学校李稳老师的教学设计

第二种：平原(见图 3-4)。

图 3-4　平原

学生观察平原的特征，得出结论：很平坦，常常与河、海相接，这样的地形称为平原。

第三种：盆地(见图 3-5)。

图 3-5　盆地

学生观察盆地的特征，得出结论：四周有山，中间呈低洼地势，像盆似的，这种地形称为盆地。

第四种：丘陵(见图 3-6)。

图 3-6　丘陵

学生观察丘陵的特征，得出结论：是山，但不高，山头也不尖，经常成群存在，这样的地形称为丘陵。

第五种：高山(见图 3-7)。

图 3-7　高山

学生观察高山的特征，得出结论：凸起很高，很多还很陡峭，这样的地形称为高山。

总结：具有第一组图片所呈现特征的地形为高原；第二组为平原；第三组为盆地；第四组为丘陵；第五组为高山。

【设计意图】教师在课堂上展示了大量地形的图片，让学生通过间接观察感知五种不同的地形，建构对地形的认识。

案例指引三：云、雾和雨①

1. 导入。

(1)出示云和大雾的美丽景色的图片(见图 3-8 和图 3-9)。

图 3-8　云

图 3-9　雾

(2)谈话：这是自然界中的什么现象？说说它们有什么相同点和不同点。

预设：学生会说“这是云和雾的图片”，在追问中可能说出“云和雾都是‘白气’”，云在高空、雾在低空，位置不同。

(3)提问：你想知道有关它们的什么方面的知识？

预设：学生可能最关心“云和雾是怎么产生的”，还有可能会问到“云和雾是什么”。

(4)谈话：下面我们就通过实验，研究云和雾是什么，它们分别是怎样形成的。

2. 新授。

(1)打开杯盖，如图 3-10 所示。

(2)请同学们看看杯口处有什么？你认为这是什么？说说理由。

图 3-10　打开盖子的烧杯

① 本案例节选自北京市大兴区亦庄镇第一中心小学李杰老师的教学设计

预设：有些学生可能会回答是“水蒸气”；有些学生会说是“白气”。

复习“水蒸气”的概念，区分出“水蒸气”和“白气”的不同点。

(3)讨论“白气”是怎么形成的。

预设：学生可以根据学习过的“水蒸气”的概念，得出“‘白气’不是水蒸气”的结论，为建构“白气”的概念做铺垫。

(4)请同学们在杯口处放上一块冰，看看有什么现象发生。

学生能够观察到烧杯口的“白气”基本消失了，当把冰放到烧杯口后，出现很多“白气”。学生分析“白气”产生的原因，可能讨论出“白气”是由水蒸气遇冷凝结成的小水滴。

在原有“水蒸气”的概念基础上，建构出“白气”的概念。

(5)教师总结：杯子里的水蒸气在杯子外遇到冷空气，凝结成很小的水滴。因此，“白气”不是水蒸气，而是液态的水，我们把悬浮在空气中的液态水称作小水滴。

3. 认识雾的形成。

(1)提出问题：雾和“白气”有什么关系？雾在一天中的什么时候容易形成？

预设：学生可能回答“雾是‘白气’”；学生可能会回答“雾在冬天的早上容易出现”。

在“白气”的概念基础上，建构“雾”的概念，雾是空气中的水汽遇冷凝结成的众多小水滴。

(2)教师追问：冬天的早上为雾的形成创造了什么条件？

预设：学生可能会回答“冬天的早上最冷，是一天中温度最低的时候，空气中的水蒸气遇冷形成雾”。

(3)讨论：我们知道了雾是怎么形成的，雾又是怎么散去的？

预设：学生可能会说“雾在太阳出来后会散去。因为小水滴受热后又会变成水蒸气了。水蒸气是无色的，所以空气变透亮了”。

(4)教师播放雾形成的视频资料。

4. 认识云的形成。

(1)教师提问：我们知道了雾是怎么形成的，在天空中还有什么和“白气”有关？

预设：学生会回答“云”。

学生在已有的“白气”和“雾”的概念的知识基础上，建构“云”的概念和“云”的实质。

(2)讨论：云是怎么形成的？

预设：学生能得出“云是水蒸气在高空遇冷形成的小水珠”。

认识云和雾的相同点：都是水蒸气遇冷形成的小水滴。

5. 认识雨的形成。

(1)按照图 3-11 组装实验装置并观察雨的形成的模拟实验。

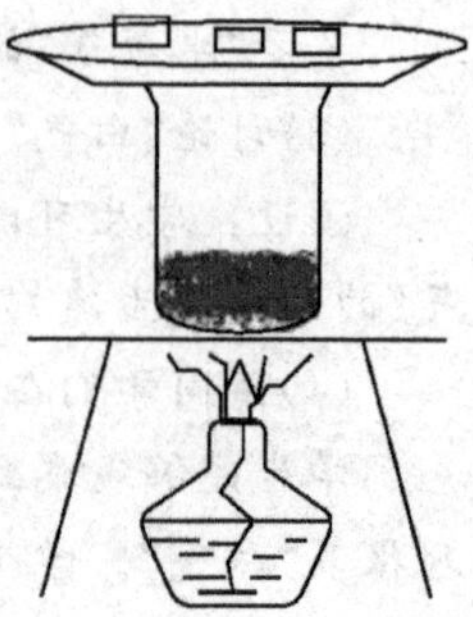

图 3-11 组装实验装置

学生组装实验装置并观察实验现象。

预设：学生能观察到水滴掉下来的现象。

【设计意图】通过实验认识小水滴聚集成大水滴直到掉落的过程。

(2)根据观察到的现象组织学生讨论雨的成因。

预设：学生可能会讨论出“雨是天空中大量的小水滴汇聚成大水滴掉落下来形成的”。

(3)提问：雨和云的关系是什么？

预设：学生可能会回答“云是小水滴，雨是大水滴”。

(4)教师提问：小水滴是怎么变成大水滴的？

预设：学生能回答“相互碰撞融合成的大水滴”。

(5)教师总结云的形成原因，如果云中无数小水滴碰撞、合并，会发生什么事情？

预设：学生可能回答“会下雨”。

思考：案例指引一“认识骨和骨骼”，学习“骨”和“骨骼”的概念，但是阅读下来会发现没有“骨”和“骨骼”的定义。通过“摸骨”“看骨”(X 光片、人体骨骼模型)，感受骨、骨骼，得到对骨骼的认识，这种学习概念的方式，就是实指定义。案例指引二“地形与地貌”，学习五种地形的概念，通过间接观察五种地形的特征，列举像图片组特点的地形来判断。这种学习与理解概念的方式，是列举定义。案例指引三“云、雾和雨”，学习“雾”“云”“雨”的概念，通过调动学生已有经验和观察、实验，得出：“雾”是水汽在低空凝结成的小水滴；“云”是水汽在高空凝结成的小水滴；“雨”是云中的小水滴碰撞、聚集、合并，变成大水滴下落形成的。这属于属加种差定义中的发生定义。从中可以看到儿童学习的科学概念有其阶段性特点，其学习科学概念的方式也就具有儿童性。小学科学教师把握科学概念的获得方式，可以帮助小学生有效学习科学概念。

一、用指认的方式习得概念

科学上的一些概念，例如，鱼类、鸟类、热、光、电、磁等，在人类的科学认识上有本质性认识，但是对于小学生而言，还只能认识这些概念的原型，即外部表征。因此，采用指认的方式获得这些概念的大量原型，并将这些原型储存在大脑中，能够在具体情境下进行辨别和识别。这种指认的方式就是实指定义。实指定义，即通过用手指着某一个对象，从而教会儿童去认识事物和使用语言。实指定义属于外延定义，而外延定义是通过列举一个概念的外延，也能够使人们获得对该概念的某种理解和认识，从而明确该概念的意义和适用范围。[①] 确切的概念并不是学生能够表述的。

例如，"热"的概念表述为："物质运动的一种表现。其本质是大量实物粒子(分子、原子等)的混乱运动(热运动)，这种运动越剧烈，由这些粒子组成的物体或体系就越热(即温度越高)。"[②] 此概念揭示了"热"的运动本质，也就是概念的核心。儿童开始学习"热"的概念，微观粒子是无法感知的，不能将微观粒子的运动与宏观热现象联系起来。因此，首先获得大量关于"热"的原型，即火、冷水、热水、冷热不同的物体、冷气、热气等，然后感知热的产生、热的传递、热平衡及热的测量(温度)等。

这类概念的教学，首先调动学生的生活经验，学生相互之间列举概念原型的例了；教师通过实物、视频、图片扩展提供更多的原型的例子；学生在获得丰富的原型的基础上获得对此类概念的理解。像"生物""各种性质的运动(生命运动、地质运动、化学运动、天体运动)"等，都适合用指认的方式，使学生获得对概念的理解。

二、用列举的方式习得概念

有些科学概念的核心没有清晰的指示或小学生还无法感知其核心，可以通过列举符合概念的例子来获得对概念的理解。这种用列举的方式习得概念的方法就是概念的列举定义法，列举定义属于外延定义。如果一个概念所指的对象数目很少，或者其种类有限，则可以一一列举出来，又称穷举定义。如果属于一个概念的外延的对象数目很大，或者种类很多，无法穷尽地列举，于是举出一些例证，以帮助人们获得关于该概念所指称的对象的一些了解，这就是列举定义。[③]

---

① 陈波．逻辑学十五讲．北京：北京大学出版社，2008：84

② 袁世全，冯涛．中国百科大辞典．北京：华夏出版社，1990：855

③ 陈波．逻辑学十五讲．北京：北京大学出版社，2008：85

例如，“地形”概念，“我们看到的陆地地形主要有平原、高原、山地、丘陵和盆地”，列举典型的地形，理解地形概念。又如，“太阳系”的概念，“由行星、行星的卫星、小行星、流星、彗星等构成太阳系”，列举太阳系的具体成员，理解太阳系的概念。再如，“哺乳类”的概念，以家兔的生育为例，说明胎生，出生后到发育成熟期用乳汁喂养，从而理解哺乳类动物的概念。

用列举的方式习得概念，从而获得对概念的理解。完全用列举的方式可以习得的概念，局限性大。因此，列举定义的方式常常与其他习得概念方式结合使用，列举定义对概念理解的作用更为凸显。

三、通过语词说明习得概念

科学是对自然世界无止境的探索过程。考察科学技术发展史，不断有新事实、新规律、新方法产生。因此，要对这些新出现的认识成果给予指称，对其含义进行说明或规定。这种概念的习得，就是语词定义，即对某个语词人为地规定某种意义，也叫作规定性语词定义。语词定义揭示了语词本身意义的定义。它没有揭示概念的内涵和外延，只是对表达概念的语词意义做了定义。

方法性规定，例如，“纬线”的概念，“与地轴垂直并且环绕地球一周的圆圈；赤道是最大的纬线圈。”还有像经线、经纬网、等高线等。命名性规定，例如，鱼的结构中各部位名称(头、鳃、鳞、鳍等)。像鸟的身体结构(各部分名称)，心脏的结构(动脉、静脉、心室、心房)，人脑的结构(大脑、小脑、脑干)，霉菌的结构(菌丝、孢子囊、孢子)等，都是命名性规定。纪念性规定，例如，力的单位“牛顿”、频率的单位“赫兹”“伦琴射线”等，都是以科学家的名字命名，具有纪念性。划分性规定，例如，“青春期”概念，“青春期是人从童年到成年的过渡期，是指从生殖器官开始发育到成熟阶段。”“年”的概念，“地球绕太阳运动一周为一年”。像“生命周期的各个阶段”“月”“天”“每天24 小时”等，都是这类规定。

这种语词性概念，不要简单地作为科学规定告知学生，在教学中要明确其指称的意义或定义的目的，使学生顺畅地理解和正确使用。

四、从科学事物的功能和作用角度习得概念

有些科学概念，是从科学事物的功能和作用方面揭示其核心的。这种习得概念的方式称为功用定义。功用定义属于内涵定义中的属加种差定义。内涵定义，即揭示一个概念的内涵的定义。而一个概念的内涵，则是该概念所代表、指称的对象的特有属性或区别性特征，通过这些属性或特征，能够把

这类(或这个)对象与其他的对象区别开来。内涵定义的主要构成是属加种差定义。属加种差定义是先找出被定义概念的属概念，然后找出它与同一个属下的其他物种之间的区别，简称“种差”，并以“被定义项＝种差＋属”的形式给出定义。功用定义就是以某种事物的特殊用途作为种差的定义形式。[①]

例如，“土壤：陆地表面能够生长植物的物质。”土壤的属概念是物质，与其他物质的区别是存在于陆地表面具有能够生长植物的功能。例如，“脑：人的各种活动，主要由神经系统控制，脑是控制中心。”脑的属概念是控制中心，与其他控制中心的区别是具有通过神经系统控制人各种活动的特殊功能与作用。生物学上的很多概念是通过功能与作用揭示其内涵的，例如，“繁殖”“胃”“小肠”“肌肉”等。

由于小学生的认识特点具有形象性与直接性特点，原型列举可以使儿童更好地感知。为帮助学生更好理解概念内涵，功用定义经常与列举定义结合运用。例如，“电源：提供电的装置叫电源。发电机、电池都是电源。”发电机、电池的列举，可以将“装置”“电源”具体化，帮助学生理解电源。例如，“营养物质：有蛋白质、脂肪、糖类、无机盐、纤维素等。可以为生命提供必要的物质和能量，在促进人体生长发育和维持身体健康方面发挥重要作用。”营养物质的属概念为物质和能量，其特殊功能是生命必需的，促进生长发育和维持身体健康。而同时列举出蛋白质、脂肪、糖类、无机盐、纤维素等，使“营养物质”具体化，帮助学生理解“营养物质”概念。像“消化系统”“呼吸系统”等，都可以将功用定义与列举定义结合使用。

对于以功能与作用作为种差的概念的学习，要明确概念的上位概念，即属概念，要设计观察或实验，揭示该概念所要表达的特殊的功能与作用。尤其是提供明确概念外延的具体例子，将功用定义与列举定义结合起来，更好地理解概念和把握概念。

五、从科学事物的发生、来源角度习得概念

有些科学概念，是从科学事物的发生、来源方面揭示其核心的。这种习得概念的方式称为发生定义。发生定义也属于内涵定义中的属加种差定义。发生定义就是从被定义概念所指称的事物的发生、来源方面揭示种差的定义形式。例如，“转动：物体绕一个固定轴的运动叫作转动。”转动有明确的属概念“运动”，其独特的发生方式是绕固定轴运动。但发生定义经常没有明确的属概念，其强调独特的发生机制或方式、特殊的来源。“风：空气的流动形成

① 陈波．逻辑学十五讲．北京：北京大学出版社，2008：82～83

风。”“种子：一般存在于果实的内部，它可以繁殖出新的植物体。”“陆地的表层：岩石和土壤构成陆地的表层。”“运动(机械运动)：判断一个物体是运动的还是静止的，首先要选择某个其他物体作参照物，并假定这个参照物是静止不动的，再根据物体相对于参照物的位置是否变化判断物体是否在运动。”这些定义方式都是这样。

发生定义也经常与列举定义结合使用。例如，“病毒：病毒是没有细胞结构的生物。病毒单独存在时，处于非生物状态。只有侵入并寄生在活细胞中时，病毒才能够繁殖。繁殖出的新病毒从细胞中释放出来，同时将细胞摧毁。”“行星：有的不能够自己发光，像地球那样绕恒星转动，我们把这种星星叫作行星。我们熟悉的水星、金星、火星、木星等都是行星。”“器官：人体内不同的组织按照一定的方式组成了器官。人的眼睛、耳朵、鼻子、胃、肠、心脏等都是器官。”更多的像“恒星”“卫星”“两栖动物”“爬行动物”“食物链”“细菌”“系统”等概念，也是这样定义的。

科学事物的发生方式和其来源，是小学生更容易感知和理解的，用发生定义的方式获得小学科学概念是最多的。从科学事物的发生、来源角度习得概念，要设计观察、实验，呈现发生方式或明确其来源，揭示发生方式或来源的特殊性。尽管如此，小学生对有些概念，尤其是概括性强、抽象程度高的发生方式或来源，理解难度大，需要列举具体符合概念的例子来帮助认识。也就是要将发生定义和列举定义结合使用，习得这类概念。

六、从科学事物的性质或特征属性角度习得概念

有些科学概念，是从科学事物的性质或特征方面揭示其核心的。这种习得概念的方式称为性质定义。性质定义也属于内涵定义中的属加种差定义。性质定义就是从被定义概念所指称的事物性质或特征方面揭示种差的定义形式。①

例如，“光源：能够发光的物体叫光源。”光源的属概念是物体，其特殊的性质是能够发光。又如，“水：透明的、无色、无味的液体(没有固定形状，可以流动)。”水的属概念是液体，与其他液体的区别是透明的、无色、无味的。由于透明的、无色、无味的多种特征要同时存在才符合水的概念，这种定义也称为合取定义。再如，“湿地：不论是天然的，还是人工的；不论是持久的，还是暂时的；不论是停滞的，还是流动的；不论是淡水的，还是半咸水、咸水的水体，凡是沼泽地、湿原、泥炭地，包括低潮时水深不超过 6 米

---

① 王海传，岳丽艳，陈素，李征坤．普通逻辑学．北京：科学出版社，2013：38

的水域，都属此列。”湿地的属概念是水域，符合定义所描述任一种特征就是符合湿地概念。这种多种特征符合其一就符合概念的定义，又称析取定义。合取定义与析取定义就是充当种差的是事物的一些属性。对这些属性，合而取之，缺一不可，为合取定义；选而取之，数者择一，为析取定义。[①] 像空气(占据空间、可流动、有压力、可充满所在空间)，天气(生活中常用阴、晴、冷、热、风、降水等来描述天气)就可以分别看作合取定义与析取定义。

同样，为促进概念的理解，性质定义也经常与列举定义结合使用。例如，“温度：物体的冷热程度，用温度计测量。”冷热程度为温度的性质，列举出温度计作为测量手段，由人体的感知觉过渡到科学测量，促进学生对温度概念的理解。再如，“导体：像铜、铝、铁等容易导电的物体称为导体。”还有“遗传：花生种子会长成花生，蝴蝶产的卵最后会变成蝴蝶，母兔生下来的都是小兔子……生物繁殖生长的后代总是和自己十分相似，这就是遗传现象。”这些都是将性质定义与列举定义结合使用的。

由科学事物的本质属性对概念下定义，是小学生最难理解的，往往要转化成由科学事物的关键性属性或特征对概念下定义。同时，为适合小学生的认知特点，要结合具体符合概念的例子，用列举的方式帮助小学生对性质概念的理解。

科学概念是对科学事物本质的揭示，应该从内涵上定义。实指定义、列举定义，都是外延定义，严格讲都不是概念定义。但是这些外延定义，对小学生理解概念和习得概念具有重要作用。实指定义是最不严谨的，但通过这种方式使小学生获得大量概念的原型，可以进行辨别和识别，是后续科学认识的基础。列举定义也不能揭示概念的核心成分，但其易于感知的特点能有效地帮助学生理解概念。发生定义、功用定义、性质定义，属于内涵定义，在小学科学概念习得过程中，大量地与列举定义相结合，显示出小学生概念形成的形象性特点。在小学科学概念教学中，教师要区分不同性质的概念，有针对性地采用不同的概念习得方式，促进小学生对科学概念的理解，为将来的科学学习奠定基础。

---

① 王海传，岳丽艳，陈素，李征坤．普通逻辑学．北京：科学出版社，2013：39

第四章

有效科学教学的课堂管理

引言：有效的课堂管理是实现良好学习效果的前提

我们对科学课堂有一个愿景："我们的课堂充满民主的氛围，同学们在这里自由地表达观点，热情地帮助别人，面对困难勇敢地挑战，并且有自己独特的感受。在卓有成效的教室里，是井井有条的秩序为学生提供了良好的学习环境。学生们在学习；注意力集中；彼此合作与尊重；表现出很好的自律能力；努力完成课堂任务。所有材料都齐备；就连教室内的课桌椅都是为学生的学习而摆放的；到处充满了安静而积极的气氛。"这样的课堂在我们看来是激动人心的，每一天我们都想和孩子们经历与众不同的生命历程，一起见证我们的成长。有效的课堂管理是实现这一愿景的前提。

一、有效课堂管理的意义、作用和特征

研究表明，影响学生学习效果的因素有28种之多，其中，课堂管理是决定学生学习效果的首要因素。[①] 课堂管理在课堂教学整个环节中起着重要作用。课堂管理是对课堂中诸多因素进行有效的调控，采取适宜的方式与策略，以师生的互动为中介，以学生的自我调控为基本目的，最终促进课堂教学目标顺利实施的过程。课堂管理的核心就是提高教师自己的课堂教学质量和效益，为学生的发展乃至终身发展奠定基础，强调教师应以现代教育思想为指导，通过优化课堂教学结构，调动学生学习的积极性，充分发挥课堂上每一

---

① [美]黄绍裘，黄露丝玛丽．如何成为高效能教师．美国伊仑奈克斯翻译公司，中文在家，译．北京：中国青年出版社，2011：84

分钟的效益，高质量地完成课堂教学任务。学生比教师更希望拥有一个管理良好的课堂，因为这样的课堂带给学生始终如一的、可靠的安全感。当教师和学生都知道将发生什么的时候，教室里就不会有任何惊讶和叫喊了。当学生怀疑教师没有章法时，他们很快就会开始不遵守课堂纪律。

举个例子，即使你知道如何做鱼香肉丝、宫保鸡丁，也无法成为一个成功的饭店老板。而成为饭店老板，你必须懂流水经济、卫生条例、用工条例以及员工与顾客的关系。如何做鱼香肉丝、宫保鸡丁是你需要知道的最后一件事，你需要知道的最重要的事是如何经营和管理一个饭店。也就是说，你即便能把光合作用的来龙去脉了解得一清二楚，也不一定能成为一名优秀的小学科学教师，你需要知道的最重要的事是如何把一个课堂管理好。

课堂管理涉及教师在组织学生、安排场地、分配时间和选择教学内容过程中所做的所有事情，目的在于使学生学习能顺利进行。课堂管理技能在决定教学成败上起着至关重要的作用。因此，课堂管理技能是非常关键和基本的。假如一个教师在课堂管理技能方面有所欠缺的话，是不会取得多大成就的。

一个管理良好的课堂是由一整套程序和惯例来构建的。程序和惯例构建起了课堂，使得种种课堂活动能轻松有序地进行。这些活动包括阅读、记笔记、参与团队合作、班级讨论和游戏以及生成课堂资源。一个优秀的教师能使每位学生在所有的课堂活动中都积极参与、相互合作。

管理良好的课堂有哪些特征呢？举个例子，你希望一家百货商店是管理良好的。当你被问到这句话的含义时，你通常会举出以下几个特征：环境舒适，干净整洁；商品丰富，容易接触；员工做事效率高，不拖沓，态度友善，文化水平高，有涵养。同样，在餐馆、公园、剧场、医院，你也做过同样的事。事实上，你或许已经不止一次地说过："如果换我来管理这个地方，我将会以截然不同的方式来做事，我会做得更好。"

既然这样，如果你管理一个课堂，你又会做些什么呢？你所做的就叫课堂管理。一个管理良好的课堂应包括以下特征：(1)学生们专心致志地学习，尤其是在教师的指导下；(2)学生知道自己的期望是什么，且一般来说很成功；(3)相对来说，时间浪费得少了，混乱和教学中断也少了；(4)课堂环境以学习为导向，并充满了轻松宜人的氛围。①

① [美]黄绍裘，黄露丝玛丽．如何成为高效能教师．美国伊仑奈克斯翻译公司，中文在家，译．北京：中国青年出版社，2011：88

二、如何建立一个程序良好的课堂并指导学生遵守

课堂上的首要问题不是维持纪律，而是缺乏程序和常规。优秀的教师教会学生怎样负责地遵守课堂程序，而新教师往往强行让学生听从他的安排。如果教师每天都忙于强制推行规则的话，下班后就会觉得疲惫不堪。有太多的教师并不是在教学，而只是“涉及”或“做”一些活动。一旦出现问题，他们就进行管教。课堂上发生的绝大多数行为问题可归因于学生没有遵守一定的课堂程序和常规。原因主要有三点：一是教师没有预想到课堂上将会发生什么情况；二是教师没有教学生如何遵守课堂程序；三是教师没有使用课堂程序来管理课堂。因此，学生就不会遵守事实上并不存在的课堂程序。学生必须从一开始就知道他们在课堂学习环境中要“做”什么。纪律要求他们应当如何遵守，程序和习惯教导他们应当如何行事和学习，程序和习惯提供保障。

(一)如何建立一个程序良好的课堂

1. 把课堂程序解释清楚

规则应在全班进行讨论，让学生知道，规则并不是命令或惩罚。制定规则的目的是设定限度或界限，就像比赛中设定的维持比赛秩序的规则一样。

明确的规则能够保证课堂的一致性。学生们更希望了解规则、后果和奖励，而不愿有一位临时随意改变规则或增加规则的教师。规则要在问题发生前设定，这样就使全班了解教师在课堂上期望什么行为。如果在问题发生后才制定规则，这使得规则带有惩罚性的感觉。

规则是用于设定限度的。学生需要感觉到有人在管理他们并对他们的学习环境负责，这个人不仅设定限度还积极维持。课堂必须是一个安全并受保护的地方，在这样的环境中，学生才能毫无顾虑地学习知识。优秀的教师知道课堂上通常会有什么活动，并提前为每一个活动制定程序。开学之初，教师就要把程序公布出来或发给学生。在教学过程中如果出现了新的活动，教师也应该把相应的程序公布出来。

例如，让课堂安静的程序。教师解释：当我举手或听到铃声时，程序如下：(1)不再做任何事情，原地定住；(2)转身，面向我，看着我；(3)准备好听指令，我有话要说。

2. 违反规则要承担后果

违反规则必须承担后果。有些规则即使违反了，现在的许多教师也不会对违反者实行任何惩罚，这使得有些学生认为他们可以不遵守这些规则。在有责任感的成年人看来，这是很难接受的。后果是指一个人遵守或违反规则

所引发的结果。后果并不是指惩罚，而是指一个人做了某事后会发生什么事情。例如，吃得过饱，酒后驾车，在禁止停车的区域停车……每个行为都会产生一定的后果。努力学习，节约，有爱心……这些行为同样会产生一定的后果。帮助学生了解，如果他们违反了某个规则，他们不是在受惩罚，而是他们有意识地选择了违反某个规则并接受由此引发的后果。因此，最好多花些时间来讨论后果而不是规则。让学生明白，他们的行为或选择会产生后果，人生就是一系列后果，后果可以是积极的，也可以是消极的。

(二)如何指导学生遵守课堂程序

1. 坚持民主的课堂管理方式

根据皮格马利翁效应，教师的期望可有效地激发学生的学习热情和学习积极性。因此，教师应平等对待每位学生，关注、了解学生，并给学生适度的期望、适时的鼓励，支持和参与学生的正常活动，激发学生对学习活动的热情，从而调动课堂氛围。

在课堂管理中，教师能与学生和谐沟通，对学生和善且有幽默感，领导方式民主，课堂上对学生以表扬、鼓励为主，不滥用惩罚……这些都能促进师生关系的和谐，从而形成健康、和谐的课堂氛围。另外，在课堂教学中，教师针对认知、情意与动作技能等不同学习领域，实施不同的教导方式，也能有效促进课堂氛围的积极活跃。例如，在教学“蜗牛”一课时，本来是让学生观察蜗牛在各种物体上的爬行动作，结果一个学生把注意力转移到了蜗牛的爬行路线上：“老师，蜗牛爬的时候为什么是一圈一圈绕着爬呢?”教师本想纠正学生已偏离的探究，但一转念便压下去了，想看看她能有什么发现，一会儿她可能就会回到研究主题上了。于是，教师没有理会她。后来得知她课后买了一些蜗牛继续观察，并从她爸爸那里知道了这是一种省力的爬行方式。当她来告诉教师时，教师在全班学生面前表扬了这个学生。再比如，教学“100 mL 水里能溶解多少食盐”这节课，教师是这样导入的。

教师：食盐在水里能无限溶解吗？(教师边用一只小勺往盛着水的烧杯中加食盐，搅拌，边提问。这里教师故意提供一个细节：一次一大勺、一次一小勺、一次用一把尺刮平勺面，学生仔细地观察。)

学生：“能……”“不能……”(出现了不同的回答。)

教师：不确定？你们有兴趣来研究这个问题吗？(学生显出很有兴致的样子。)

这段教学记录是一个问题情境的创设，把一个很有意思的问题抛出来，还提供了一个添加不同量食盐的细节，以引起学生细致的观察，为后面的活动做了铺垫。

2. 营造集体凝聚力，促进积极的集体舆论

和谐的课堂环境依赖于积极、和谐的课堂氛围，课堂气氛愉快与否对学生的学业成绩有很大影响。课堂气氛愉快，学生会有较好的学业成绩，反之则较差，因此，创造并维持一个良好的课堂气氛是师生共同的职责。优化课堂心理环境的关键是形成健康、和谐的班级人际关系和积极向上的集体舆论。

美国心理学家班尼认为："如果一个集体的气氛是友好的，相互理解、相互支持的，那么集体对动机、工作表现和成就的影响就会是积极的。因此，教师应调动学生参与课堂建设的主动性和积极性，培养他们对集体环境的高度责任感，增强集体凝聚力，促进积极的集体舆论。学生对集体有了归属感和责任感后，就会形成集体心理氛围的巨大推动力，促进课堂氛围的和谐向上。"

例如，在科学课"证明空气是存在的"这一探究活动时，有几个教学环节。

1. 提出探究活动的内容。

(1)如果袋子里有空气，请你们利用下面的这些材料，让我们看到空气、听到空气、摸到空气、感受到空气。

(2)如果袋子里有空气，请你们把空气装入这只瓶子里。

(3)如果袋子里的空气不小心被你放跑了，你们可以在哪儿重新装一袋空气？想一想，哪里还有空气？

2. 向学生介绍材料，学生领取材料，开始研究。

3. 特别提示：我们要比一比哪个小组最先完成这些任务。只有小组成员之间互相帮助、互相提醒，才能更好地完成任务。

在这个环节中，教师给学生提供了3个明确的研究任务，既规范了学生的课堂行为，又为学生的开放性思维打开了一扇大门，学生会为了目标的实现努力证明空气的存在。学生的行为始终被课堂吸引着，而且这3个活动也是有层次的，是需要集体协商解决的，有的还需要同伴之间互相帮助才能完成。教师的特别提示就是在营造集体凝聚力，促进积极的集体舆论。

三、如何组织科学实验课和室外探究课的纪律

科学课是学生很喜欢的一门课。因为科学课具有生动、新奇、鲜明的特征，小学生们对"真刀实枪"搞科学都很感兴趣。这种兴趣往往成为调动他们学习积极性、主动性和创造性的直接动力，甚至会给他们留下终生难忘的印

象，激发他们潜在的探究科学问题的毅力。因此，实验在科学课教学中占有重要地位。然而，科学实验课中常常出现一些纪律问题，要努力建立起一种适合科学实验课的特殊纪律，从而有效地提高实验效率，使学生在像科学家那样进行科学探究的过程中，体验学习科学的乐趣，增长科学探究能力，获取科学知识。[①]

(一)实验课纪律问题产生的原因

从课堂的纪律来看，实验课主要存在以下几个问题：(1)由材料引起的纪律问题。比如，学生用实验材料做一些与本课内容、本实验活动无关的事；跟同伴互相争抢；学生不带材料等。(2)由环境引起的纪律问题。比如，教师不组织学生到实验室上科学课，有时是到室外去上课，而室外却一团乱。(3)由教师方面引起的纪律问题，教师必要的约束少了，缺乏对学生进行严谨科学实验规范的教育。比如，课堂上没等老师说清学习任务和实验步骤，一些学生早已叽叽喳喳，各抒已见，或不听教师指令自行动手操作。(4)由学生交流汇报引起的纪律问题。比如，不愿倾听他人的发言和意见，汇报时无秩序等。良好的课堂纪律是顺利进行课堂教学活动、提高教学效率的根本保证，而上述问题的存在影响着小学科学教育理念的实施和学生的有效学习。

(二)组织好实验课的具体策略

1. 用实验材料来调控科学课堂纪律

小学科学课之所以让教师感觉不好上，太混乱，其中最主要的一个原因在于材料的提供和使用。教师一定要意识到材料并不是越多越好，也不是越好玩越好、越新奇越好。在实际课堂教学过程中，有的教师在选择有结构的材料时，常常会因为材料本身存在的问题引起学生过多的无关注意，不利于学生认识问题，从而影响了课堂纪律。所以，教师在选用材料时，一定要从学生的角度看待这些材料，要做到心中有谱。那怎样才能最大限度地避免材料对课堂学习活动造成负面影响呢？

第一，教师要发掘材料的特性，寻求最简洁、最明了的材料帮助学生解释科学现象，以求达到教学目标。例如，“食盐在水里溶解了”一课中，食盐、沙、面粉依次出现，它们的结构非常明显。食盐溶解；沙不溶解；面粉则让学生一时无法断定，或先认为是溶解，最后通过实验证明不溶解。学生认知

---

① 教育部．全日制义务教育科学(3～6年级)课程标准(实验稿)．北京：北京师范大学出版社，2001

上有了提升，情感、态度和价值观上触动更大，以后他们就不会轻易地下结论。有结构的材料，学生会被材料本身的特性吸引住，专注于研究材料的结构，因而会避免同主题无关的活动的出现。

第二，材料的发放要有次序。教学中学生实验材料的呈现，对学生纪律的调控有重要作用。如果材料的呈现及时、到位，学生学习与实验的兴趣就高，反之就会分散学生学习的注意力，削弱学生的学习兴趣。什么材料什么时候发，是一开始就呈现所有的材料，还是一件一件地发，发的最恰当时间在什么时候，迟发材料同早发材料的关系，以及什么时候回收等问题，都需要教师事先精心设计，早早预设，来不得半点马虎。例如，“风的观测”一课，当风向标使用完毕后，必须先把它收起来，再发放小风车，不然，小部分学生的注意力肯定还在风向标上，课堂就容易乱。

第三，实验材料的数量一定要受控制。材料是人手一份、两人一份还是小组一份，不同的材料要不同对待。一般情况下，简单的、需要每个学生都动手的材料人手一份，需要协助才能完成实验的材料可以两人或四人小组一份。像“指南针”这课中观察磁铁水平移动时，每个小组一份材料，有利于观察、记录、得出结论；而到下半堂课指南针的使用时，人手一个指南针有利于学生动手实践。

第四，材料的常见性。科学不是神秘的，它应是离学生很近的。因此，要选择在学生生活中随处可见、可取得的材料，这样，学生对材料的表象少一些好奇，而专注于研究材料的主题活动上。在教师的引导下，哪怕是一块最平常的石头，学生也会兴致勃勃地观察，如果换成雕刻精美的石像，倒容易使学生忽略了石头的观察，课堂纪律也因此被干扰。

第五，化繁为简，使实验材料通俗化。要遵循直观易行的教学原则，在教学中尽可能做到化繁为简。有时，说明一个道理的实验很多，不一定要用书上提供的复杂的实验，要注意直观性，使学生做起来困难小、效果好。简单的实验同样可以达到复杂实验的效果。例如，讲“导体与绝缘体”一课时，可以搜集牙膏皮、电池皮、铅笔芯、塑料片、钉子等来做导电实验，效果也很好。

2. 注重课堂突发事件的处理和评价语言的使用

小学科学活动及实验会用到各种新奇的、脆弱的器材，这样更加会出现一些突发事件。比如，学生把器材摔破了；学生小组活动没有组织好，闹矛盾；学生因为过度兴奋做出一些奇怪的动作等。这些事件有的可能是学生无意的，有的可能是有意的；有的是由情境因素造成的，有的是个性方面的缺陷使然。原因不同，处理起来自然要因人而异、因事而异，但课堂上发生的这些问题往往需要及时、迅速、果断地做出处理，这就要求教师既机敏又冷静，在没有弄清真正原因之前，轻率和武断可能会造成更多麻烦。同时，在进行课堂纪律调控的时候，教师要充分利用评价的激励和导向功能，多采用积极性的语言。比如，一个小组活动后没有收拾好器材，可以这样说："如果你们把器材整理好，那就更出色了!"而不是说："器材怎么这么乱!"再比如，可以说："你是一位非常负责的材料员，每一次实验后都能把材料整理得整整齐齐!"总之，教师及时处理突发事件，真诚、客观、平和的评价用语能够有效地让科学课堂的"乱"变得有序、有趣。

3. 重视课堂座位的调整

小学生的课堂纪律很大程度上受他们课堂座位的影响。特别是小学科学课，分组实验活动多，加之班级人数又多，几乎每班都有10个以上小组，甚至有的达到15个以上小组。这样多的小组开展探究活动，教师在课堂控制上肯定会顾此失彼，所以，教师给学生分配座位时，一定要让每一个学习小组好、中、差搭配，不同小组内大致平衡，即组内异质，组间同质。[①] 这样既有利于小组内、学生之间互相帮助，开展合作学习，又有利于小组间展开公平合理的竞赛。让文静的、内向的学生与活跃的、外向的学生坐在一起，还能促进性格的互补。所以，学生座位不应是固定不变的，教师适时改变学生的座位，不仅可以促进学生课内交往范围的扩大，而且有助于维持课堂纪律，促使学生更好地参与课堂学习。

(三)精心组织室外探究活动

在小学科学课中，有很多课在狭小的教室空间里是无法完成的。一些实验、参观访问、现场考察、自然状态下的观察、种植饲养、搜集信息等科学教学活动，都与室外活动有联系，需要教师带领学生到广阔的自然天地中去探究，去发现。例如，"校园的树木""寻访小动物""蚂蚁""云的观测""风的观测""气温的变化"等课程，如果用室内探究取代，教学的效果就会大打折扣，甚至是不科学的。

学生们都非常喜欢到室外去上科学课，教师对这类课的课堂纪律的调控也往往最难。为了形成良好的课堂纪律，根据实践经验，笔者总结出了室外探究课的大致流程：第一，要学生明确到室外的目的，讨论好探究的方法、过程、要点。小学生是好动的，一出教室就会很兴奋，忘记自己的任务，甚至打闹，所以，要以小组为单位，平时就养成小组长负责本小组的常规事务的习惯，在组长的组织下活动，活动才能有序。给学生确定任务，使他们有

---

① 叶宝生．小学科学教育的理论和方法．北京：首都师范大学出版社，2012：51

事做。比如，在“寻访小动物”一课中，给学生观察记录表后，学生就会有意识地观察不同环境下的相关生物。第二，在下课前应该组织学生回到教室，先进行活动组织的总结评价，为以后活动更好地进行做好纪律常规上的准备；然后才是对观察内容的讨论汇报。也可以把探究内容的思考交流放在下一次课上进行，但必须进行本堂课的常规习惯的总结；否则，学生会觉得室外探究不过如此，以后就会不认真，从而形成恶性循环，产生不良的课堂纪律。

四、加强教师自身的专业素养和人格魅力

有效的教学有助于教师的课堂管理，能防止课堂问题的发生。一般说来，维持纪律的最佳方式就是吸引学生积极参加课堂活动。也就是教师提供生动有趣的教学，激发学生的学习兴趣，将学生的注意力牢牢地锁定在教学活动中，这样学生就不会分心做别的事情了。科学教师要让课堂变得有吸引力，引起学生的注意，激发学生的学习动机，就要加强自身的专业素养和提升自身的人格魅力。

(一)精心制订教学计划，为课堂教学做好准备

教师要花较多的时间对课程做出计划和安排，这是非常有必要的，因为周密的教学计划是有效教学的前提和基础。教学计划有学年的、学期的、单元的和课时的，特别是要做好单元的和课时的教学计划。这样有助于教师既对整个单元的内容有全面而完整的认识，又对每一课时要教授的内容有清楚而细致的了解。在制订教学计划时，教师要分析学生的个性特征及学生已有的知识。新知识的传授是建立在学生已有知识的基础上，这样才有利于学生对知识掌握。因此，教师要对教学内容进行深入全面的分析；然后认真思考，将教学内容具体化和形象化，并选择让学生易于理解、接受的教学形式；同时还要对自己的教学及学生的反应做出预期；最后，将各类教学材料和教学资源整合起来，思考、分析形成课时计划，也就是教案。当然，教学计划并非一锤定音，教师在课堂中实施教学计划时，要根据课堂上的实际情况采取相应策略，做适当的调整。根据课堂的需要，或增加教学内容，或调节教学程序，尽力使课堂教学更适合学生的需要。

例如，教科版《科学》“下沉的物体会受到水的浮力吗”一课，教师对课标、教材、学生的分析如下。

本课选自教科版《科学》五年级下册“浮力”单元，隶属于《科学课程标准》中“物质世界”领域“常见的力”的相关知识。

1. 课标要求。

知道浮力是一种常见的力，力有大小和方向。

2. 教材要求。

本单元是研究物体的沉浮规律，继而研究影响沉浮的变量(体积大小、质量、液体的密度)，最后形成有关沉浮现象的本质解释。本单元的核心概念是有关物质的密度，它是物质固有的特性之一。密度是物质质量与体积的比值，它与物质的质量和体积都有关。密度是中学物理才涉及的科学概念，《科学课程标准》并不要求小学生理解，但是密度又与物体的沉浮有本质的关系。如何在小学课堂上研究沉浮规律又不涉及密度这个科学概念，是本单元要解决的问题之一。

3. 中学教材的要求。

“浮力”是中学物理教学中的重要概念，具有很强的规律性。它必须在学生学习了力的概念、力的测量、二力平衡以及质量、密度、压强等概念知识的基础上学习，知识的综合性高，难度大，这一章内容安排在已经学习物理课程将近一年的初二第二学期期末进行。

4. 学生的认知水平。

学生知道浮在水面的物体受到了水的浮力，不知道在水中下沉的物体也会受到水的浮力。大多数学生根据自己的生活经验片面地认为“物体浸入水中的深度越深，受到的浮力越大”。

通过对课标、中学教材和学生已有经验的分析，笔者发现《科学课程标准》只要求学生知道浮力有大小和方向，对于学生来说太简单了，缺乏智力挑战；而教材的要求是研究物体的沉浮规律，继而研究影响沉浮的变量(体积大小、质量、液体的密度)，最后形成有关沉浮现象的本质解释——密度，非常接近《义务教育中学课程标准(2011 年版)》的要求，对于五年级的学生来说太难了，会将学生逼入绝境，使学生出现不必要的刚性断层，导致学生出现厌学情绪，不利于学生的发展。

5. 教学对策。

对学生们都熟悉的“漂在水面上的物体都受到水的浮力”不进行探究，而是直接用实验研究“下沉的物体会受到水的浮力吗”，从而纠正学生“下沉的物体不受浮力”的错误观念。对于“影响浮力大小的因素”，大多数学生，包括很多成人，都会错误地认为“物体在水中越深，受到的浮力越大”。本节课的教学，我充分利用学生已有的错误生活经验，制造认知冲突，发展学生的认知，在克服学生思维障碍的过程中发展学生的思维能力。通过实验纠正自己的错误观念，同时也培养学生分析数据的能力和实事求是的科学态度。

(二)恰当选择教学策略，保证教学计划的实施

教师在实施教学计划时，要根据实际教学的需要，恰当选择教学策略，而非根据策略本身的特点盲目选择。教学策略的选择，在很大程度上影响着课堂教学的效果，决定着教学的流畅性。流畅的教学可以让教学环节自然过渡，教学活动自然改变，使教学保持连续性，学生就不会分散精力，也就减少了课堂问题行为的产生。在导课时，教师可以选择打破认知平衡的教学策略，使学生已有的知识能力和需要解决的问题之间形成不平衡状态，让学生的心理和生理都处于唤醒状态，从而激发学生的学习动力。结课时就不能采用这种策略，因为结课既是对即将结束的教学活动的小结，也为下一课时的教学做好铺垫，所以，结课的策略既要对要点进行归纳，又要适当引申。另外，教师要特别注意的是，不要只依赖“教师中心”的教学策略，也要选择“学生中心”的教学策略。在讲授策略中，教师是知识来源的主体；在合作学习、角色扮演等策略中，学生的主体性得到发挥，学生就成了知识来源的主体。比如，在讲授新课的内容后，教师让学生讨论、总结新课中出现的要点，而不是教师直接呈现观点。

例如，“声音的变化”一课，按照教材的安排，每个组总共要做 7 个实验，填写 2 张实验记录单，课堂显得零乱不紧凑，学生的注意力不能集中，都在热热闹闹、手忙脚乱地完成“老师的实验”，没有大段的时间边思考边操作边记录。

经过反复钻研教材，我重新确定了教学目标，本节课将围绕两个知识点进行探究活动。第一个知识点：声音的强弱与物体振动幅度有关。振动幅度大，声音就强；振动幅度小，声音就弱。第二个知识点：声音的高低与物体振动频率(快慢)有关。振动频率快，声音就高；振动频率慢，声音就低。第二个知识点也是本课的难点，要让学生由表及里地认识到以下知识层次。知识点结构见图 4-1。

振动物体的外形　　　　本质　　　　　　结果

物体长短不同
物体粗细不同 }——振动频率(快慢)不同——音高不同
物体松紧不同

图 4-1　“声音的变化”知识点结构图

活动一：建立声音的强弱与物体振动的幅度之间的联系。

对于第一个知识点的学习，教师引导学生从听到声音的不同开始进行推

测，然后开始反复观察，这个反复观察不是简单地重复，而是层层深入，层层提高，层层递进的。

图 4-2 是通过观察黑板上长皮筋的振动，让学生明确什么是物体的振动幅度，知道振动幅度的定义。

图 4-2　黑板上长皮筋的振动

图 4-3 是用能明显看出振动幅度的材料——钢尺，来进一步明确音量与物体振动幅度之间的关系。

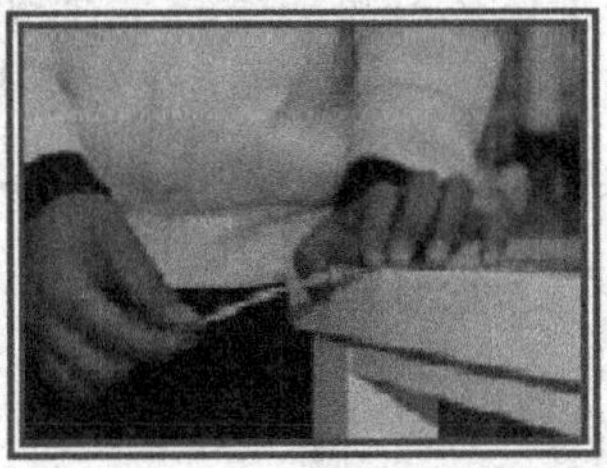
图 4-3　钢尺的振动

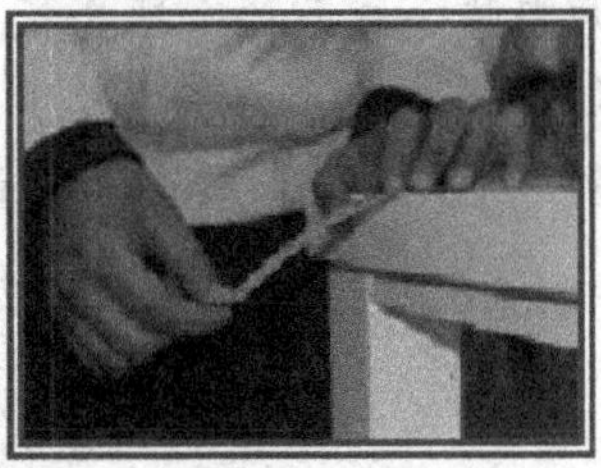
图 4-4　借助绿豆观察鼓面振幅

图 4-4 是借助轻小物体(绿豆)将不易观察到的鼓面振动幅度的变化可视化，从而揭示振动幅度与声音强弱之间的普遍规律。

活动二：建立声音的高低与物体振动频率之间的关系。

图 4-5，通过找个别同学敲击长短不同的 3 根不锈钢管、粗细不同的 3 根不锈钢管、大小不同的 3 个三角铁，让学生把物体的外形与声音的高低联系起来。

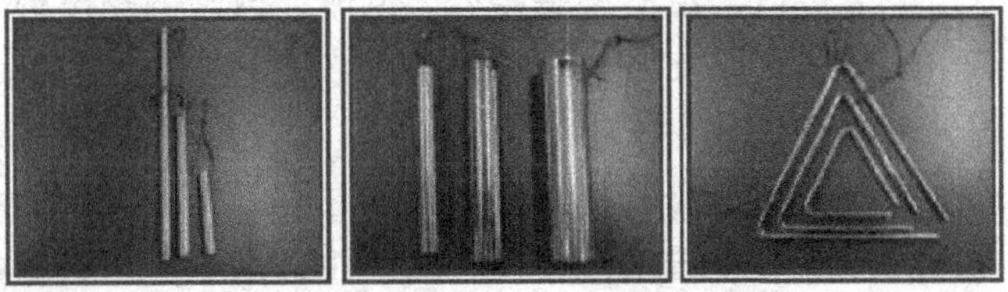
图 4-5　物体的外形与声音高低的关系

图 4-6，用教师自制的双弦琴做实验，初步建立皮筋振动的频率快、声音高，频率慢、声音低的科学概念。

图 4-6　教师自制的双弦琴的振动及观察记录

图 4-7，用声音实验盒中粗细不同的金属丝做实验；用吉他做实验，建立皮筋振动的频率快、声音高，频率慢、声音低的科学概念。有了前面观察的方法，学生很容易发现金属丝发出声音的高低与它的振动频率之间的关系。让学生认识到，不仅是老师特制的材料是这样的，其他材料也是这样的。

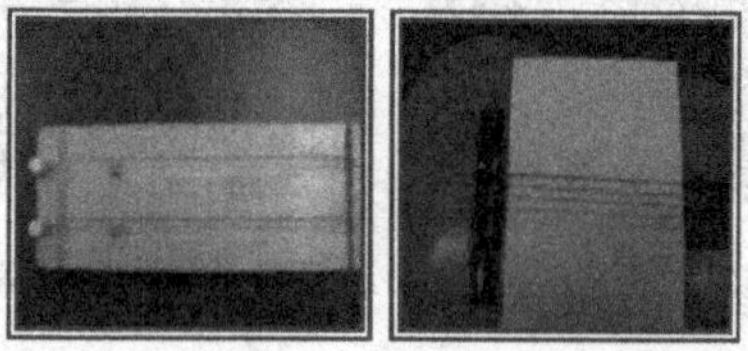

图 4-7　金属丝与皮筋发出的声音高低和频率的关系

(三)注重外在和内在形象，提升人格魅力

教师是学生模仿的榜样，教师的外在形象和内在气质都会对课堂管理产生重要影响，因此，新教师应该注重自身的形象，这有助于对课堂的管理。教师的仪表是课堂管理的形象体现，对学生会产生直接的影响。新教师的仪表要端庄大方，整洁得体，避免奇装异服。同时，教师内在气质也会深深地感染学生，与学生交往真诚友好，对学生的批评恳切中肯，对待学生平等公正，都体现出了教师美好的人格力量。

课堂管理是一个由量变到质变的动态发展过程，是多种因素相互作用的结果，因而是一个持续不断的建构历程。这是由课堂本身所具有的时空转换性和多变性所决定的。课堂的性质、状态、类型等在不同的因素作用下呈现出不同的特征，课堂模型总在不停地变化，课堂管理没有最终的解决方案。课堂管理涉及各个领域，单靠某一个人或几个人是难以有所成就。真正实现有效的课堂管理，是一个任重而道远的艰巨任务，有待所有教育工作者的共同努力。

第五章

有效科学教学与学生科学前概念探测

引言：学生的头脑不是一块白板

学生并不是空着脑袋走进课堂的，不是任由教师涂抹的白板。他们开始上学的时候，已经有了成形的对自然界如何运转的相关理解(即科学前概念)。他们就像科学家一样，非常渴望理解周围的世界，无时无刻在尝试着解释周围的自然界，在零乱的探索过程中形成了他们自己独特的理解。并且，他们建立的认识，不管是对是错，都不是反复无常的，而是有逻辑的、理性的，是基于证据和经验的。[①] 国内的很多研究者，例如，袁维新、李雁冰、刁彭成、陈彦芬、赵法茂、冯伟等，也提出了同样的观点，认为学生的科学前概念在很大程度上具有普遍性、顽固性。

科学前概念(pre-scientific conception)，也有人把它叫作已有观念(pre-conception 或 prior conception)、迷思概念(misconception)、另类观念(或“相异观念”，alternative conception)、另有结构(或“相异框架”，alternative framework)、教学前观念(pre-instructional conception)、直觉观念(intuitive conception)、儿童的科学(children's science)、儿童的观念(children's ideas)等。这些表达虽然不同，但含义基本是一致的，本文仅以“科学前概念”进行统称。

纵观已有的研究，关于科学前概念的界定不尽相同。有的侧重于科学前

① Karen Worth. The Power of Children's Thinking, National Science Foundation. *Foundations: Volume 2. Thoughts, views, and strategies for the K～5 Classroom.* Arlington: Westat, Inc., 2000: 25～31

概念与科学概念的区别。例如，陈淑筠认为，科学前概念的主要含义是指"在某一特定科学概念组织中，对某事物或某现象所持有的一些有别于目前科学所公认的想法"[①]。李雁冰和刁彭成认为，科学前概念是"一个人或一群人依据自身经验对事物或现象做出的解释，这种解释往往与科学概念背离"[②]。这些观点在一定意义上揭示了科学前概念的本质特点，即科学前概念不同于科学概念。还有的侧重于科学前概念时间的产生。例如，袁维新认为："在接受正规的科学教育之前所形成的概念，我们就把它称之为前概念"；[③] 陈彦芬认为："所谓科学前概念，一般是指学生在接受正规的科学教育之前所形成的概念"；[④] 窦轶洋和高凌飚认为，科学前概念是"学生在系统地学习科学知识之前所具有的想法"；[⑤] 赵法茂认为："前概念是学生在系统地学习科学知识之前，头脑中对该知识所形成的想法。"[⑥] 总之，这些观点普遍认为科学前概念是科学学习之前形成的概念。此外，还有人把两者结合起来。例如，冯伟认为，科学前概念是指"个体在没有接收正式的科学概念之前，对日常生活中所感知的现象，通过长期的经验积累与辨别式学习而形成的对事物的非本质的认识"[⑦]。然而，这样的界定也存在问题，大多数的科学前概念产生于正规的科学教学之前，但并不是经历科学学习后，学生的科学前概念就不存在了，更不能说明学习后不会产生新的科学前概念。

综合以上观点，笔者认为，科学前概念是学生通过日常生活的各种渠道以及自身的实践，将周围自然界的物体和事件联系起来形成的对自然现象的理解，包括学生在学习科学中基于已有经验和他们自己独特思维方式形成的各种想法，并且这些理解与想法是有别于科学概念的。由于研究对象是小学生，因而在概念界定时也偏重从学生的角度考虑。其实，不管是科学教师、家长，还是在某个科学领域内获得杰出成就的人，头脑中都有科学前概念。[⑧]

许多研究表明，没有考虑到学生科学前概念的课程、教材是无用的；没

---

① 李雁冰．科学教育中"迷思概念"初探．全球教育展望，2006(5)：65；陈淑筠．国内学生自然科学迷思研究之后设研究．[学位论文]．台东：台湾台东师范学院教育研究所，2002

② 李雁冰，刁彭成．科学教育中"迷思概念"初探．全球教育展望，2006(5)：65～68

③ 袁维新．概念转变学习的内在机制探析．教育研究与实验，2003(2)：49

④ 陈彦芬．学生前科学概念的特点及对理科教学的启示．上海教育研究，2004(10)：44

⑤ 窦轶洋，高凌飚．论学生前概念及对教学的启示．学科教育，2001(10)：13

⑥ 赵法茂．学生前概念及其对生物教学的启示．教学与管理，2006(8)：71

⑦ 冯伟．从建构主义视角研究物理前概念的转变策略．教育与职业，2006(23)：181

⑧ Karen Worth. The Power of Children's Thinking. National Science Foundation. *Foundations：Volume 2. Thoughts，views，and strategies for the K～5 Classroom.* Arlington：Westat，Inc.，2000：25～31

有考虑到学生科学前概念的教师，教学也是无效的。[①] 在学习过程中，学生的科学前概念是相当重要的，是不容忽视的，因为它们是新概念建构的基础。[②] 新概念的建构只能基于已有的概念，因而学生的科学前概念是影响科学学习的一个决定性因素。[③] 只有充分理解科学前概念的本质及其在每个个体身上的具体表现，并由此找到科学概念的生长点，才能真正发展科学概念的个人意义。[④] 学习不是简单地将新信息装入一个空的容器，而是在学生已有理解的基础上建立一个"新"的理解。因而，只有考虑到学生科学前概念的学习活动才是更有效的；[⑤] 只有当教师注意到，并发展地考虑和研究学生普遍存在的科学前概念的时候，课程、教学、评价才会显著地改善。

一、测查学生科学前概念的有效方法

20 世纪 70 年代，国外的科学教育界就开始关注学生的科学前概念，目前这一领域的研究仍十分活跃，并取得了较丰硕的研究成果。相比之下，我国在这方面的研究要逊色一些。

学生的科学前概念是国外科学教育界普遍关注的一个研究领域，其中最引人注目的要数英国的 SPACE 项目。英国在 20 世纪 80 年代进行了关于儿童科学前概念的大范围研究——SPACE 项目，其全称是 Science Process and Concept Exploration Project，译为：科学过程与概念探查项目。这个项目由纳菲尔德基金会(Nuffield Foundation)等提供资助，由大学的研究小组、地区的教育权威机构和学校联合操作。参与项目的组织有：利物浦大学小学科学与技术研究中心、教育研究中心(现在的教育和专业发展部)、伦敦大学国王学院等。项目主管是英国著名科学教育家温·哈伦(Wynne Harlen)博士和保罗·布莱克(Paul Black)教授。

SPACE 项目是以教室为基础进行研究的，目的是获取小学生在特定概念领域中的科学前概念，以及探查教学干预在学生概念转变中的可能性。具体

---

① Committee on Undergraduate Science Education，National Research Council. *Science Teaching Reconsidered*：*A Handbook*，Washington，D. C：National Academies Press，1997：27～32；Missouri Department of Elementary and Secondary Education. Alerts to Student Difficulties and Misconceptions in Science. *Misconceptions in Science*

② Karen Pine，David Messer，Kate S. T. John. Children's Misconceptions in Primary Science：a survey of teacher's views. *Technological Education*，2001，19(1)：79～96

③ 袁维新．科学学科领域中学生的另类概念的研究．比较教育研究，2006(7)：78

④ 李雁冰，刁彭成．科学教育中"迷思概念"初探．全球教育展望，2006(5)：65～68

⑤ Barbara T. Bowman，M. Suzanne Donovan，M. Susan Burns. *Eager to Learn*：*Educating Our Preschoolers*. Washington，DC：National Academy Press，2001：185

做法如下：首先，调查学生在特定概念领域中的科学前概念；其次，对学生实施为期6周的教学干预；最后，再次进行调查，看学生发生了什么变化。整个项目历时4年，划分为两个阶段。第一阶段是1987年至1989年，对8个概念领域进行研究，分别是：电；蒸发与冷凝；非生物材料每天的变化；力和运动；生长发育；光；生物对环境的敏感性；声音。第二个阶段是1989年至1990年，对另外8个概念领域进行研究，分别是：空间中的地球；能量；遗传和进化；地球的人类影响；生命周期；材料；生命的多样性；岩石、土壤和气候。在建构主义理论的指导下，这一项目探查了5岁至11岁儿童在科学的16个领域中的概念发展水平。项目结束后，陆续出版了8个主要研究领域的研究报告和一系列课程材料，包括12本科学不同领域教师指导用书和36本学生用书。① 该项目的研究成果被世界各国广泛引用。

从我国科学教育的历史来看，科学概念的教学历来是科学教学的重要内容，在科学教学中占有重要位置。科学前概念的研究是进行有效概念教学的前提和保障，很多科学教育的研究者和实践者也认识到了这一点，并进行了一些相关的研究。当然，“科学前概念”一词最早产生于西方，我国在这一领域的研究，提法上存在差异，例如，有“错误”“概念错误”“前概念”等。

从国内的研究情况来看，在理论层面上，概念教学在教学论中尚未形成专门的研究领域或范畴，教学论的现有内容只是以泛化的形式解释概念以及其他内容的教学。② 在实践层面上，传统的科学教学忽视学生的科学前概念，认为只要传授科学知识，科学概念就会代替学生的错误概念。③ 从已有的研究成果来看，近几年关于学生科学前概念、概念转变的研究逐渐增多。近几年的硕士、博士学位论文中出现了这方面的研究；很多期刊也刊载了这方面的研究成果。从中可以看出，广大科学教育工作者对这一领域的关注程度在提高。然而，我们又会看到这样一个事实：这些研究90%以上是关于中学的，针对小学的研究非常少，实证性研究则更少。分析其中的原因，可能是出于升学的压力，中学的科学教育更受重视，相关的研究也就更多。另外，中学科学学科内容体系的完整性和明确性也是其中一个关键因素。从另一个角度讲，国内基于科学前概念的研究很大程度上是借鉴国外的研究成果。因而，我国迫切需要有关小学生科学前概念的系统的、实证性的研究。下面介绍几种常见的测查科学前概念的方法。

---

① Jonathan Osborne, Pam Wadsworth, Paul Black. *SPACE Research Reports*: *Processes of Life*. Liverpool: Liverpool University Press, 1992: 1～6

② 丛立新，曾琦．国内概念教学的研究现状及意义．教育科学研究，2006(4)：34～36

③ 袁维新．概念转变学习：一种基于建构主义的科学教学模式．外国教育研究，2003(6)：22

案例指引一：判断题

正确的画“√”；错的，画“×”；不知道的，画“?”

1. 粉笔里面也有空气。(　　)

你对回答确信吗？(　　)确信　　　(　　)不确信

2. 电池里面是有电流的。(　　)

你对回答确信吗？(　　)确信　　　(　　)不确信

3. 只有热的物体才有热能。(　　)

你对回答确信吗？(　　)确信　　　(　　)不确信

4. 月亮可以发光，是光源。(　　)

你对回答确信吗？(　　)确信　　　(　　)不确信

5. 生活中我们看到的白气就是水蒸气，水蒸气是白色的。(　　)

你对回答确信吗？(　　)确信　　　(　　)不确信

6. 水温要达到100℃，水才能沸腾。(　　)

你对回答确信吗？(　　)确信　　　(　　)不确信

7. 重的物体比轻的物体下落得快。(　　)

你对回答确信吗？(　　)确信　　　(　　)不确信

8. 中午太阳离我们近，早晨和傍晚离我们远，所以中午热，早晨和傍晚凉。(　　)

你对回答确信吗？(　　)确信　　　(　　)不确信

知道它的长处

判断题具有测验内容覆盖面大、便于学生理解、作答方便的特点，但最大的缺点是受猜测机遇的影响较大，因而需要借助双维致信测验(Two-Dimensional Confidence Test)，即不仅做出选择，同时指出选择的确信程度，①对不确信的学生样本进行排除，从而降低猜测机遇对测试的影响。另外，利用选择题虽然能快速、便捷地了解学生对问题的看法和认识，但是很难获得学生的这种思考的真实原因。因而，在测查学生科学前概念中，判断题要配合其他方法一同使用，以便获得学生想法背后的真实原因。

案例指引二：选择题

1. 小木块能漂浮在水中，是因为(　　)。

A. 小木块比较轻　　　B. 小木块比较重　　　C. 小木块比较小

---

① Michael W. Klymkowsky，Linda B. Taylor，Shana R. Spindler，Kathy Garvin-Doxas. Two-Dimensional，Implicit Confidence Tests as a Tool for Recognizing Student Misconceptions. *Journal of College Science Teaching*，2006(11/12)：44～48

D. 小木块是空心的　　E. 小木块里面有空气　　F. 木块密度比水小

G. 其他________________________

你对回答确信吗？(　　)确信　　(　　)不确信

2. 四季形成的原因是(　　)。

A. 与地球自转的朝向有关，朝向太阳的一面是夏天；背向太阳的一面是冬天

B. 与地球公转的朝向有关，正对着太阳的地方是夏天；侧对着太阳的地方是春天和秋天；背对着太阳的地方是冬天

C. 与地球公转离太阳的远近有关，离太阳近的地方是夏天；离太阳远的地方是冬天；离太阳不远不近的地方是春天和秋天

D. 与地球公转轨道的倾斜有关，使太阳光线在同一地方不同时间的照射角度不同

E. 其他________________________

你对回答确信吗？(　　)确信　　(　　)不确信

3. 声音是这样产生的——(　　)。

A. 一个物体和另一物体相撞产生声音

B. 物体动起来就有声音了

C. 敲击产生的声音

D. 物体摩擦产生声音

E. 声音是由物体振动产生的

F. 其他________________________

你对回答确信吗？(　　)确信　　(　　)不确信

知道它的长处

选择题同样具有便于学生理解、测验内容覆盖面大、作答方便的特点。利用选择题了解学生的科学前概念，通常是在对学生可能出现的想法有大致了解的基础上进行的。但选择题也同样受猜测机遇的影响，因而需要借助双维致信测验，即不仅做出选择，同时指出选择的确信程度，对不确信的学生样本进行排除，从而降低猜测机遇对测试的影响。为了解学生想法背后的真实原因，选择题通常也会与其他测试方法共同使用。

案例指引三：直接提问法

测试内容：关于小学生认识电的前测

1. 你听说过“电”吗？我们生活中哪儿有电？电是从哪儿来的？

2. 生活中的电能干什么？

3. 你听说过摩擦起电吗？是怎么回事儿？你能举例说说吗？

4. 你见过电池吗？我们生活中都有哪些电池？电池里面有电流吗？电池能做什么？哪些地方用到电池了？你仔细观察过电池是什么样的吗？

5. 电能顺利通过所有的材料吗？所有东西都能导电吗？你能举例说说吗？

6. 出示小灯泡，如何使小灯泡亮起来？你还需要什么？怎样连接？在纸上画下来。

知道它的长处

直接提问法是针对要测查的科学概念进行检测的最直接的方法，学生可以运用语言、文字或图画的形式将自己的想法表述出来，便于教师了解学生的科学前概念。这也是一种常见的科学前概念测查方法，但这个方法的运用依赖于学生的表达能力，尤其是学生的书面表达能力。小学生的表达能力不是很强，尤其是书面表达能力明显差于口头表达能力。对于小学生的这种情况而言，教师在运用直接提问法的同时，最好结合后文介绍的访谈法一同了解学生的真实想法。

案例指引四：情境化测试题

1. 我们是怎样看到书的？

小明说："当灯光照到书上时，我的眼睛发出的光也照到书上，我就能看到书了。"

图 5-1 是他画的图。你同意吗？如果同意，你可以圈出你同意的地方；如果不同意，可以在图上画出你自己的想法，也可以写在下面的空白处。

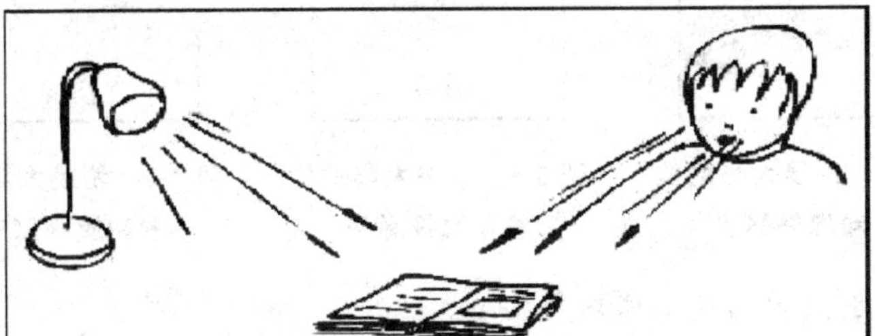

图 5-1 我们是这样看到书的

2. 太阳、地球、月球的大小、运动规律及引起的变化。

下面是小明画的图(图 5-2 和图 5-3)和他写的一些话，你同意吗？同意的话，请圈出你同意的地方；不同意的话，请你改正，可以在旁边修改，也可以写在下面的横线上。

太阳、月亮和星星比我们的地球小很多

白天，太阳绕着地球运动。中午时，太阳离我们最近，所以中午最暖和。

图 5-2　白天太阳的运动

夜晚，太阳消失了，换成了月亮和星星，所有地方都黑了。

图 5-3　夜晚月亮和星星的运动

3. 一天中太阳的位置变化规律及光的直线传播。

图 5-4 画出了清晨时太阳的位置和旗杆影子的模样，你能将接下来的两幅图(图 5-5 和图 5-6)补充完整吗？

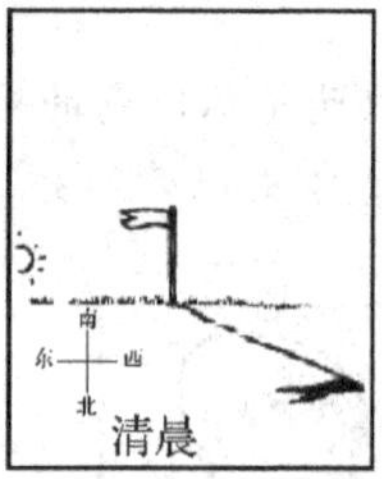

图 5-4　清晨太阳的位置和旗杆影子

图 5-5　中午太阳的位置和旗杆影子

图 5-6　傍晚太阳的位置和旗杆影子

4. 地心引力方向及地球内部构造。

图 5-7 中，三个小朋友每人手里拿一块石头，松手后，石头会落到哪里呢？

(1)图中已经画出最上面的小朋友石头掉下的位置和路线了，你能画出另外两个小朋友手中石头下落的路线吗？

(2)假设地球中间有个洞，最上面的小朋友的石头正好落到洞里，你能接着画出石头最终会落到哪里吗？

图 5-7　在地球上扔石子

知道它的长处

情境化测试是一种非常好的了解学生科学前概念的测查方法，可以将要测试的内容融入一个情境中，让学生根据给定的这个情境回答相关的问题。这样的问题形式是学生比较喜欢的方式，但同样，对情境化测试题的回答也依赖于学生的书面表达能力，因而，面对书面表达能力不是很强的小学生，情境化测试也需要结合下面介绍的访谈法一同进行，以便了解学生的真实想法。

案例指引五：访谈法

1. 访谈提纲：针对“案例指引四：情境化测试题”中的测试内容2“太阳、地球、月球的大小、运动规律及引起的变化”设计。

(1)为什么会有白天和黑夜呢？是不是太阳下山，地球就变成黑夜了？

(2)月亮的形状会发生变化，从月牙变成满月，又从满月变成月牙，残月是因为被地球的影子遮住了，月球形状变了吗？那是怎么回事？

(3)地球、月亮、星星和太阳，谁大谁小？你能给它们排个顺序吗？你怎么知道这些知识的？

2. 访谈提纲：针对“案例指引四：情境化测试题”中的测试内容4“地心引力方向及地球内部构造”设计。

(1)地球真的有引力吗？你是怎么知道的？

(2)上面的小朋友的这块石头接着会往哪儿掉？会掉到宇宙中去吗？为什么？

(3)如果在下边洞口也站着一位小朋友，他手中也拿着一块石头，当他松手后，石头会掉向哪里？

知道它的长处

访谈法是一种非常好的了解学生科学前概念的测查方法，可以单独使用，也可以与上文介绍的其他测查学生科学前概念的方法共同使用。访谈法最大的优点是在与学生面对面的交流过程中，了解学生对某个问题的看法，不依赖于学生的书面表达能力。因为对小学生而言，他们的口头表达能力要远远高于书面表达能力。但教师在使用访谈法了解学生科学前概念的过程中，切忌给学生任何暗示。

二、利用学生科学前概念开展有效科学教学

小学生科学前概念的抵抗性与顽固性告诉我们，学生在实验与演示中受益不多，因为他们往往只关注实验中那些支持他们想法的方面。因而在教学中将学生自己的观点作为实验设计的起点，直接指出学生的错误想法，是非

常必要的。[1] 可见，促进学生学习的关键之一，就是识别学生的科学前概念，然后挑战并阐明这些概念的有效性。[2] 对小学生科学前概念的研究，可以让教师了解学生存在哪些科学前概念，这些科学前概念产生的原因是什么，在学习科学时可能会遇到的困难是什么。在此基础上，教师进行的教学设计才会更具有现实针对性，更有利于学生的学习。下面介绍几个利用学生科学前概念开展有效科学教学的案例。

案例指引六：凝结

对“凝结”概念的建构是教学的重点，而“凝结”的形成有两个条件：第一是充足的水蒸气；第二是遇冷。学生对水蒸气的认识存在科学前概念，对“凝结”概念的建立是一个难点。遇冷这个条件具有相对性，相对性的建立对学生的理解也是一个难点。

本课以科学探究为主要的教学方式，通过营造适宜探究的学习环境、提供有结构的学习材料，学生在教师的引领下经历一个完整的科学探究过程，在师生、生生的交流碰撞中，逐步建构起水蒸气遇冷凝结成水的科学概念。

教学过程是这样展开的，首先通过观察实验——师生一起将玻璃片扣在装有温水的烧杯口上方，随即将学生的注意力转移到教师的演示材料上。提问：“大烧杯里装有温水，你知道此时此刻烧杯里的水会有什么现象发生吗?”随后，揭开玻璃片，发现玻璃片上的小水珠，提出问题：“小水珠是从哪里来的?”

通过制造时间差，在等待玻璃片上小水珠出现的同时，复习“蒸发”的概念，明确烧杯中的水会在常温下慢慢变成水蒸气飘散到烧杯内部的空气中。并且，再次强调水蒸气是没有颜色的、透明的，是我们用眼睛根本看不到的气体。明确科学概念，与学生的科学前概念建立起认知冲突，为学生明确猜想做准备。

随后是本课的主体部分——分析问题。首先引导学生对实验材料进行细致观察，可以摸一摸玻璃片，再摸一摸烧杯中的水，寻找线索。同时，联系生活中的类似现象，帮助学生形成猜想。通过挖掘学生的各种猜想，以及对各种想法的梳理，抽取共性，结合教师副板书，将学生质疑的焦点落在物体遇到冷热上，最终形成一个指向明确的假设。

有了明确的实验假设，如何开展实验研究搜集证据又成了摆在学生眼前

---

① Karen Pine, David Messer, Kate S. T. John. Children's Misconceptions in Primary Science: a Survey of Teacher's Views. *Technological Education*, 2001, 19(1): 79～96

② Cynthia Crockett. What Do Kids Know and Misunderstand About Science? *Educational Leadership*, 2004(2): 34～37

的一个新问题。从导入环节的实验，学生想到从两个方面来设计实验，达成冷热对比，即用冷水、热水提供冷热不同的水蒸气，或者用冷的玻璃片和热的玻璃片来提供冷热不同的物体。教师首先对学生的两种思路进行了肯定，并帮助学生梳理两种方法的共性。玻璃片很难保温，教师出示贴有红、蓝标签的试管，相当于变了形的玻璃片，提示用它们来提供相对持久的冷的物体和热的物体。利用有结构的材料，帮助学生在汇报交流过程中逐步完善实验设计。教师还要引导学生依据假设对实验现象进行预测，帮助学生明确实验中观察的重点，再次明确实验的目的。

通过分组实验与汇报交流，学生发现装有冷水的试管外壁有小水珠出现，装有热水的试管外壁没有任何变化，明确水蒸气遇到比它冷的物体才能形成小水珠。

明确了小水珠形成的条件，教师要给出“凝结”概念，再让学生运用“凝结”概念解释导入环节玻璃片上小水珠的成因，进而解释热试管内壁、大烧杯内壁小水珠的由来。利用有结构的材料，在师生、生生的交流中通过多次强化冷热的对比，强化凝结条件中“遇冷”温度的相对性，突破教学难点。学生在一次次尝试解释实验现象的过程中，逐步建立“凝结”的概念。

接着，就进入了运用“凝结”概念解决新问题的阶段。教师打开暖水瓶的塞子，瓶口的一团雾气立刻呈现在眼前。再次出示现实生活中的场景，调出学生的科学前概念，激起认知冲突，进一步体会凝结条件中“遇冷”温度的相对性，深化对科学概念的建构。还要追问：“小水珠在上升的过程中，慢慢就消失了，这是怎么回事?”建立蒸发与凝结现象之间的联系，了解水与水蒸气之间可以相互转化。生活中的凝结现象有很多，教师出示演示文稿，进一步深化学生对“凝结”概念的理解，同时建立科学与生活的联系。

知道它的长处

科学前概念是宝贵的课程资源，案例指引六合理利用学生的科学前概念促进学生科学概念的建构。在教学前，教师通过前测了解到，学生在日常生活中见过水蒸气。从学生的回答中可以看出他们看到的所谓的水蒸气，正是水蒸气遇冷凝结成的小水珠，而这一现象正是本节课要学习的重点。可见，对水蒸气性质的认识是“凝结”概念建立的必要前提。因而，教师在教学设计中，首先在导入环节等待玻璃片上小水珠形成的过程中，教师带着学生回顾水蒸气的概念，并引导学生仔细观察，确信水蒸气是一种无色、无味、看不见的气体。同时，学生初步建立起“凝结”概念后，教师打开暖水瓶的塞子，再次出示现实生活中的场景，调出学生的科学前概念，激起认知冲突，引导学生进行深入分析，进一步体会凝结条件中“遇冷”温度的相对性，从而深化对科学概念的建构。

案例指引七：果实的结构[①]

1. 回忆植物根、茎、叶的结构与功能，引出对果实的研究，激发学生研究果实的兴趣。

根、茎、叶的结构与功能是相互适应的，这是学生学习过的内容，这三个器官都是植物的营养器官。本节课开始接触植物的繁殖器官，教师首先帮助学生梳理概念，既是对已学知识的总结与回顾，也是和新知建立很好的联系、引出新知的良好开端，还有助于学生形成整体看待问题的思维方式。

教师将问题聚焦："当植物获得充足的营养，长大成熟后就会结出果实，果实对植物有什么用?"这个问题承上启下，引发学生思考，总结了三大营养器官的结构与功能，也引出了本课对果实的研究。

学生在发表自己对果实的作用的看法时，或多或少会谈及里面的种子(这也是学生最关注的，而种子外面的果皮是学生忽略掉的问题，基本上没有学生提及)，教师可以顺势引导学生思考果实的结构与作用的关系，从而步入主题。(教师可以把果实的作用在副板书上简单记录，留下来在后面的环节中解决。)

2. 选取典型果实，学习解剖方法，初步观察果实结构。

通过课前访谈了解到学生对果实的概念含混不清，但是他们有一些"公认"的"果实"，比如，苹果、梨、黄瓜等，所以在初步观察果实结构的环节时，本课选取了学生"公认"的"果实"，让他们观察，逐步让他们本不清晰的想法变得清晰，在头脑中初步建立对果实结构的认识。

3. 观察多种果实，丰富事实证据，归纳、概括果实结构的共同特点。

在学生观察三种典型果实后，学生头脑中的"果实"概念已经初步发生了转变，不再以能不能吃等为判断依据，而是上升到从结构上考虑了，但三种果实的观察还不足以概括果实结构的共同特点。所以，教师为学生准备了第二组观察材料。这组材料已经不是孩子们提出的果实，而是教师精心设计的。这组材料既包括孩子们比较熟悉的果实，例如，西红柿；也包括他们想不到的"奇特"果实，例如，八角；还包括他们不能确定的果实，例如，柿子椒、毛豆、花生等。既有干果，也有肉果；既有靠动物传播种子的果实，也有靠自身弹射等方式传播种子的果实。各种情况都存在的"复合型果实"放在一起，给学生的思维发展和进行归纳、概括提供了丰富有力的证据，也为教师后面的概念教学提供了更丰富的素材。

---

① 本案例由北京市朝阳区芳草地国际学校关春艳老师提供

4. 猜想植物的果实在一般情况下应该具有的结构特点，巩固应用。

在归纳、概括果实结构上的共同特点之后，引导学生进行演绎推理：植物的果实一般情况下应该具有的结构特点是什么？让学生的思维进一步得到发展，也是对概念的巩固认识。

然后，指导学生应用果实的一般结构特点判断学生很容易混淆的一些非果实，例如，土豆、萝卜等，也判断一下学生并不认为它们是果实的果实，例如，槭树的果实、蒲公英的果实等，使学生的概念得以应用，也巩固了刚刚建立起来的科学概念。

5. 尝试将果实的结构与其作用建立联系。

教师尝试以“结构与功能相适应”这一上位的核心概念为主线，以果实的作用引入思考，从果实的结构共同点入手进行研究，归纳、概括、演绎、推理，最后再回到果实的作用，利用刚学过的果实结构，即果皮和种子分别起到的作用(丰富有趣的视频资料弥补了学生生活中对这方面内容的关注不足)，深入剖析果实对于植物的实际作用，最终建立果实结构与其作用相适应的概念。

知道它的长处

案例指引七中，教师利用学生对果实的已有认知，以课前的果实调查为依据，分层次选取不同的材料观察，使课堂教学充分体现“科学教学应着眼于学生的最近发展区，借助学生已有的知识经验，为学生搭建促其发展的脚手架，引导学生掌握、建构、内化那些能使其从事更高认知活动的技能”。首先，教学一开始，教师根据对学生的调查访谈，从大多数学生都认为是果实的材料中选取苹果、梨和黄瓜作为初步观察果实的材料。其次，在对三种典型材料观察后，学生初步建立果实结构的概念，但还不完全，教师出示第二组观察材料，让这组“复合型果实”为学生建构起果实的结构概念，还为学生恰到好处地布设了了解果实分类的机会，使学生的概念得以发展。最后，演绎推理和判断果实也为学生的概念进一步发展提供了很好的素材。

案例指引八：声音的传播①

课前活动：

带着学生做振动游戏：先让学生自己振动；然后几个人站成一排，让其中一个人振动，其他人因这个人振动而受影响跟着振动。

1. 创设情境，提出探究的问题。

(1) 教师利用“声音的产生”一课使用的实验材料：鼓（鼓面上贴着一个小

① 本案例由北京市东城区和平里第四小学何燕玲老师提供

球)，与学生共同回顾鼓声是如何产生的，鼓面的振动是如何看到的。

(2) 提出本节课的探究问题。

敲击鼓面振动发声时，鼓面上的小球会因为鼓面振动也跟着振动起来。在离开鼓面一段距离再放一个小球(塑料薄膜小球)。把鼓拿起来，在各个方向敲击鼓面，这个小球会怎样？这又是怎么回事儿？

2. 探究声音在空气中的传播。

(1) 小球振动观察实验：远离鼓面的小球为什么会振动？

学生带着问题开始分组观察实验(见图 5-8)。实验后，首先，呈现学生的原有认识。教师提问：敲击鼓面，振动发声，远离鼓面的小球为什么会动？

图 5-8　学生进行小球振动实验

接着，教师引导学生根据事实合理地推测：与空气有关。教师启发学生思考：鼓和小球之间，我们看不到什么？我们知道这里一定有什么物质？

进而，教师引导学生推测：空气在振动。教师谈话：鼓面振动发声，薄膜上的小球也会随之振动。在这中间的空气会怎样运动？

在此基础上，用实验证明空气的确在振动。教师根据学生提到的纸条以及蜡烛进行实验演示，关注到各个方向(见图 5-9)。

图 5-9　空气振动实验

最后，教师引导学生关注空气的振动是怎样传播出去，传播到小球的，揭开小球振动的秘密。教师适时小结：当物体振动发声时，会引起周围的空气也跟着一起振动。空气的振动可以向四周传播。当传播到小球的时候，小球就振动了。

(2)我们是怎样听到声音的?

教师引导学生分析，声音向各个方向传播，当振动传播到我们的耳朵里，我们就都听到声音了。接着，教师引发学生思考，如果我们周围没有空气，我们还能听到声音吗?借助真空实验视频揭示声音的传播需要空气。

3. 探究声音在其他物质中的传播。

(1) 声音在固体中的传播。

教师通过敲击桌子制造声音，让学生回顾声音在空气中的传播：这个声音你听到了吗?怎么传到你耳朵里的?接着，教师再指导学生试一试声音在周围物体中的传播。

(2) 声音在液体中的传播。

教师首先引导学生回顾，声音可以通过气体、固体等物质进行传播。那么液体呢?液体的代表是……教师播放声音在水中传播的视频。

4. 有效迁移：声音传播知识在生活中的应用。

教师引发学生思考：当人们知道了这个事情后，还用它解决了生活中的很多问题呢!在学生发言的基础上，教师拓展：作战时，地面传声；听诊器的发明；贝多芬失聪后听到声音的方法。

5. 总结全课。

我们听到的各种各样的声音要通过固体、液体、气体，以振动的方式向四面八方进行传播。这些物体就像架设在发声物体和耳朵之间的桥梁。

知道它的长处

科学前概念是学生通过日常生活的各种渠道以及自身的实践，将周围自然界的物体和事件联系起来，形成的对自然现象的理解，这些理解与想法通常是有别于科学概念的。在案例指引八中，教师通过对学生进行前测了解到，声音的传播虽然是学生最熟悉的生活事实，但大多数学生认为声音是通过声波传到我们的耳朵里的，还有部分学生认为与风的吹力有关，或与空气有关。因而，本课教学中教师以学生的科学前概念为教学起点，设计一系列教学活动，帮助学生按照自身的认知发展规律——学习进程，建构科学概念。图 5-10 所示为教师设计的本节课学生概念发展的进程。关注学生的学习起点，通过对小球振动实验的观察、思考活动不断推进学生的思维发展，最终完成“声音在气体、固体、液体中传播”的观念的建构。

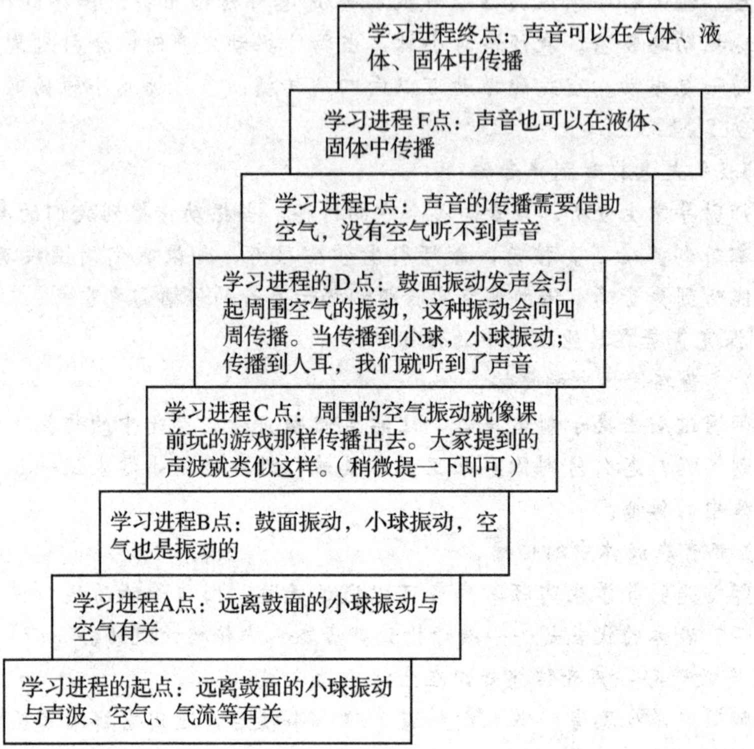

图 5-10 “声音的传播”一课学生概念建构的学习进程

第六章

有效科学教学与小学科学情境化教学

引言：知识具有情境性

从教育学理论的现状看，在有关“人”的认识上，主要缺失的是“具体个人”的意识，需要实现的理论转换是从“抽象的人”向“具体个人”的转换。教师应关注每一个学生健康、主动地发展，使精英教育和大众教育有机整合；使学习氛围充满选择性和思想性；使学生可以充分发挥其创造性，这体现了教育观念和行动中“具体的人”的诞生，是对每一个人的幸福人生和生命价值的关爱。教育应以儿童的需要为本，根据儿童的人性、本性和特性，以个人自身完善和发展的需要为出发点，制定教育目标，开展教育活动。基于个体差异，因材施教，实事求是地分析每个学生的境况，增进每个学生的实践智慧，发挥每个学生的潜能，使每个学生都获得发展和进步。

研究者们早已经证实了儿童的思维方式与成人不同，所以，教师需要很好地理解儿童学习的规律，理解儿童进入课堂时已掌握的知识，遵循学习科学的规律，设计有效的学习情境，层层推进，帮助学生经历和体验深层次的学习，在情境化的科学学习中，不断储备大量的情境差异，由新手逐渐成为专家，让学生置身于多样化的学习环境中，丰富的信息源和多样的观点有利于学生探索和整合知识，并获取多元的观点，促进自身个性的发展。

知识是指一个人的思想、行动、联结、预测和情感的储备。[①]“情境性”是知识的首要特征，有效的学习离不开情境。

---

① [美]爱莉诺·达克沃斯．精彩观点的诞生——达克沃斯教授论文集．张华，等译．北京：高等教育出版社，2005：17

理论指引：情境认知与学习

情境认知与学习是当代西方学习理论领域研究的热点。情境学习(situated learning)是由美国加利福尼亚大学伯克利分校的以莱夫(Jean Lave)教授和独立研究者爱丁纳·温格(Etienne Wenger)于1990年前后提出的一种学习方式。近几年，美国对于“情境化”的研究项目无论是从理论层面上还是实践层面上都已有较深入的研究，著有《剑桥学习科学手册》《人是如何学习的》等一系列高水平的研究著作，主要涉及科学和数学等学科。1991年，“学习科学”诞生，这是一个研究教与学的跨学科的领域，研究各种情境下的学习。通过研究发现，从学习本质来看，有效的学习是离不开情境的。如果我们把学习看成一个“新手”变成“专家”的过程，那么“新手”与“专家”的主要区别是什么呢？专家的知识是围绕重要观念或“大观点”来联系和组织的，直接指向知识的应用场景，支持理解性学习和知识的迁移，而不仅仅局限于事实的记忆。① 学习科学研究深入地揭示了知识建构的基础，知识产生、发展于情境之中。如果教学不注重情境，教师只是以告知的方法让学生完成学习，没有经过学生大脑思考就不可能自己建立新的联结，这样的活动缺乏内在的连续性，只是在学生的头脑中插入了一个个的断片。学习者在割裂的、脱离情境的学习中是无法进行深层次学习的。布朗(Brown)等人认为，知识是情境性的，它受到知识使用的活动、情境以及文化的基本影响，并且与它们不可分离。学习者要想进行深层次的学习，由新手变成专家，这就需要由情境化的理解到情境的组织再到情境的直觉判断。

一、孩子告诉我们

案例指引一：琴弦振动发声

豆豆是一名四年级的学生，她学习大提琴已经有一年多了。有一次，在她练琴时，妈妈询问她：“大提琴的美妙声音是怎么产生的呢?”豆豆不假思索地回答：“拨动琴弦产生声音呗。”“那你仔细观察一下拨动琴弦时，琴弦发生了怎样的变化?”妈妈追问道。“琴弦不断地振动。”豆豆一边说着，身体一边模仿着琴弦的振动，随后突然惊呼道：“哦，不对，声音是振动产生的，科学老师这学期刚刚教过的。”“既然老师教过，为什么你一开始还认为声音是拨动产生的呢?”妈妈不解地问。“我忘记了。对了，妈妈，科学课上老师将一个音叉发音后，放在水中，我看到溅起了许多的水花，所以想起来了，声音是振动产生的。”

---

① ［美］约翰·D. 布兰思福特，安·L. 布朗，罗德尼·R. 科金．人是如何学习的——大脑、心理、经验及学校．上海：华东师范大学出版社，2002：2

这是一个真实的案例。分析这个案例，我们可以发现以下三点。

第一，孩子的迷思概念是非常顽固的；第二，孩子能够基于事实观察到的现象进行分析、推理；第三，当孩子在解决问题时，头脑中不会呈现出一个个抽象的概念符号。

孩子首先想到的一般是产生这个概念时的情境，然后才会顺着情境的脉络提取出解决问题的概念、方法等相关要素。

这不是个例，我们可以从国外一些相关研究中得到佐证。

理论指引：儿童科学教育

关于儿童的科学教育在国外已有很长的深入研究。王红曾做过这方面的研究，她在众多的研究文献中总结了儿童的科学观念具有以下特点：(1)儿童往往将自己对事件或现象的推理和理解建立在可观察到的一些特点上；(2)儿童的科学观念具有片面性；(3)儿童具有直线形因果思维方式；(4)儿童使用的概念包含的内容往往比科学家使用该概念时包含的内容更广；(5)儿童的科学观念具有情境性；(6)儿童的科学观念根深蒂固。①

二、情境化教学的概念

我国早有一批学者投身于情境化教学的研究之中，语文、英语、体育、美术等学科这方面的研究起步较早。小学科学中的情境化教学应该不同于语文、数学、体育、英语等学科的情境化教学。正像布鲁纳在《教育过程》一书中指出的："一门学科的课程是由其基本原理赋予学科结构的，应当以这些基本原理的最基本的理解为目标决定其课程。未能弄清知识领域的广泛的基本结构情境而教授具体课程和技能，在某种意义上是不经济的。"②基于这样的观念，我们审视科学课程：它不同于语文、数学等其他课程，科学课程的本质是引导学生对于科学探究精神的领会和科学方法的运用，逐渐养成科学的思维习惯，促进学生科学素养的不断提高，以便更好地指导他们今后的生活与工作。

小学科学教学中的"情境"是指小学科学课程中真实的、有意义的学习环境，这一环境是由与知识紧密相连的、连贯的、结构化的、系统化的情境脉络组成的。

小学科学教学中的"情境化教学"是指，在课堂教学中创设真实的学习情境，明确学习的具体目标，学生通过思而行解决问题并发展潜能的实践过程。在课程创设的机会和环境中，学生能够在自己熟悉的情境和新的情境之间建

---

① 王红．儿童的科学观念及其对中小学科学教学的启示．[学位论文]．北京：首都师范大学教育学院，2006：21～24

② 袁维新．科学的本质与科学本质教育．课程·教材·教法，2004(7)：68～73

立联系，激发学习的需要，发现学习的意义。通过与情境的互动建立和验证模型，发展和修正他们自身的观念，并将知识迁移到相似的情境中去。

三、情境化教学的有效策略与方法

情境化的教学形态是什么样的？怎样的设计具有情境化的特征？索耶在《剑桥学习科学手册》一书中向我们揭示：情境性，是指知识并非是学习者头脑中静态的智力结构，而是一个包括人、工具、环境中的其他人以及运用知识的活动在内的认知过程。①

基于以上的观点，在日常小学科学教学中，教师可以采用以下情境化教学策略与方法达成教学的有效性。

(一)让每一个学生带着自己的观点进行学习

学生作为一个生命个体，有着自己的思想与观点。作为教育者的教师就不能将学生看作一个装知识的容器，不能将教学研究的重点放在学生能否掌握教材上，不能将教学看作机械地执行教案的过程，或认为教师通过创设五花八门的、好玩的、刺激的学习氛围，千方百计地将学生拉进教学活动中来，费尽心机地从学生口中诱导出自己希望听到的话语，这样就算是尊重学生了。叶澜教授描述的“教案剧”中，教师是主角，好学生是配角中的“主角”，大多数学生只是不起眼的“群众演员”，很多情况下只是“观众”与“听众”。②

从一个完整的生命体的角度去看学生，每个学生都是一个独立的个体，教师应让每个学生带着自己的观点进行学习，以此为基点进入学习情境中。学生明确了学习的具体目标，在与情境的互动中使个人的观点得到发展，通过思而行解决问题并发展潜能，完成个性化的学习过程，这才是对学生真正的尊重。因为尊重每一个人的观念的独特性，所以每个学生的个性得以解放。

具体教学方法有头脑风暴、班级记录、科学记录、个性反思等。

1. 头脑风暴

学生作为一个生命个体，有着自己的思想与观点，教师要将学生认识发展规律作为教学研究的依据。

小学生不仅拥有自己的思维逻辑，而且与成人的逻辑是有区别的。教师既不能将学习视作一种模式化的、程序化的过程，也不能简单地按照成人的研究模式来套学生的学习过程。教师要努力看到、看清学生的原有观点，将他们卷入学习过程中来，促使他们不断地思考、实践、反思、顿悟，从而了

---

① [美]R. 基思·索耶．剑桥学习科学手册．徐晓东，等译．北京：教育科学出版社，2010：5

② 叶澜．让课堂焕发出生命活力．教育研究，1997(9)：7

解自我、改变自我。

那怎样做到让学生带着观点进入学习呢?

教学伊始，通过头脑风暴等形式引导学生就一个主题开始思考，激活他们的思维状态，让学生将自己关于这个主题的最初始的认识毫无顾忌地展示出来，并以此作为学生学习的起点。

“头脑风暴”就像它的名字，可以让参与讨论的人敞开思想，使各种设想在相互碰撞中激起脑海的创造性风暴。它可分为直接头脑风暴和质疑头脑风暴。将头脑风暴作为一种全班性的练习放在一个单元或主题学习的开始，在这种练习中，学生贡献自己对某个主题的观点或问题，使他们注意自己的初始想法以及可能存在的需要解决的概念问题。教师借助这种教学手段能有效发现学生对这个主题知道什么，在思考什么。

在开始头脑风暴之前，教师要让学生明确将要分享的主题，还要让学生明确头脑风暴的原则：(1)没有成见地接受各种观点；(2)对其他同学贡献的观点不要批评或评论；(3)努力把自己的观点与其他同学的观点联系起来。

制定“没有成见地接受各种观点”原则的目的：一是创设一个安全的环境，学生在这个安全的环境中畅所欲言，思维互相碰撞，使其原始的认识淋漓尽致地展现出来，为学生在原有认识的基础上逐步建构新的认识奠定基础；二是引导学生开始静下心来就一个主题开始思考，关注自己和别人的各种观点，对于不同的观点采取一种包容的心态去面对。

制定“对其他同学贡献的观点不要批评或评论”这一原则，第一，体现了对所有学生的尊重；第二，体现了对学生心理的充分了解。回忆以前的教学，课堂上学生一般特别热衷于评价别人，发表自己的看法或抢着回答别人的问题，这就使得学生原本很集中的思维被迫中断，注意力转到了评价与抢答上，同时使得比较内向的学生不敢再发言。为了更好地创设一个只有分享、倾听、思考、易于产生思维共振的安全的环境，教师必须制定规则并且严格遵守。在了解学生心理的基础上，引导学生由日常的生活概念向科学概念迈出一步，对于不同的观点不能妄加评判，向学生渗透科学结论的形成是需要“充足且可靠的事实”为证据的，要通过后续的研究证实自己原有的观点，寻找问题的答案。

制定“努力把自己的观点与其他同学的观点联系起来”这一原则，一是通过联想得到更多的信息；二是当学生面对不同观点时，学生可能会改变自己对这件事的思考，使他们处于想不到的、有差异的事件中，或者提出他们不能立即解决的问题，这时，学生发现不能满足当前的概念。这些都是传递信息的另外一种方式，告诉他们需要停下来想一想，这是他们原始观点发生转变的起点。

从学生的角度来看，头脑风暴为他们提供了一个能够互相讨论、倾听、思考、尊重不同观点的机会。从教师的角度来看，让学生在讨论和相互启发中充分表达他们的想法，了解学生对于某个主题的初始观点，教师可以决定后续的教学中，在哪些方面要给学生多大程度的指导或强化，以到达更有效地调控教学的目的。

学习初期，当学生在头脑风暴中暴露自己对某个概念原有的认识，可能会产生对当前概念的不满或想验证自己观点的驱动力，于是开始新的学习。当单元学习进入尾声时，可以再安排一个类似学习初期的情境，再次通过头脑风暴的形式调取学生学习后的认识，通过这种类似前测、后测的比较，了解每一个学生是否在其原有的基础上得到了发展。

2. 班级记录

班级记录是指记录学生各阶段的想法、观点与问题的单子。它可以帮助学生在自己熟悉的情境和新的情境之间建立联系，激发学习的需要，发现学习的意义。教学时，要求将班级记录单始终贴在教室的醒目位置上，在学习初期，将学生的原有想法记录在班级记录单中。在单元学习的过程中，修正、完善和补充他们对某个主题的原有想法，添加新的问题。在单元结束后，再一次记录对于这一主题学习后的想法与观点，以及新的想研究的问题。同时，借助班级记录这一教学方法将学生的思维可视化，教师可以检测到学生的观点是否得到了发展；如果发展了，又是怎样一步步发展的。

案例指引二：班级记录①

1. 作品：低年级“比较与测量”单元——班级记录(见图 6-1)。

图 6-1 低年级关于“比较与测量”单元的班级记录

① 本案例由北京小学提供

2. 作品：高年级“沉与浮”单元——班级记录(见图 6-2)。

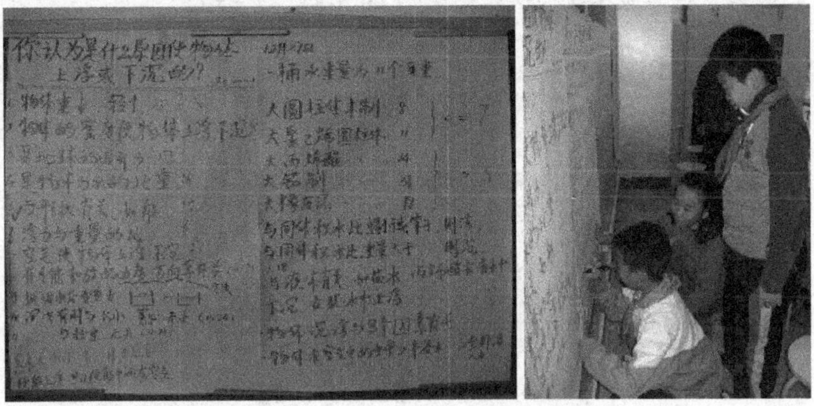

图 6-2　高年级关于“沉与浮”单元的班级记录

3. 科学记录

教师为每位学生准备一个科学笔记本，学生可以在这个本上记录自己的观点、想法，提出的问题，做出的预测，设计的实验，观察到的现象，收集到的数据，得出的结论，个人的创作、心得等信息。科学记录这一方法将学生代入科学家的角色中，在这一学习情境中主动地发展和修正他们自身的观念，建立和验证模型，并将知识迁移到相似的情境中去。

同时，科学记录也能为教师展现每个学生的个性化学习情况：它提供了解学生理解程度最有用的信息；它能体现学生朝着单元学习目标的进步；它呈现了学生对于某一科学概念建构的轨迹。

科学记录教学方法有 4 个“改变”：(1)变原来一组记一份记录为每个学生都要去记录；(2)变原来单张的记录单为汇集成一本的科学笔记本；(3)变原来单一的记录形式为鼓励学生图文并茂地记录；(4)变原来抄写课题、结论为个性化认识发展的记录。

科学记录法有 7 个“强调”：(1)强调科学笔记多种多样的形式，可以用装订好的作文本，也可用活页本，学生也可以将纸页粘贴或是装订成作文本；(2)强调每次记录要写清日期；(3)强调如实记录，不能随便修改记录；(4)强调笔记不但要记录观测内容及数据，还应该记下需要自己进一步思考的问题；(5)强调笔记的字迹一定要工整，内容要完整，表述要尽量清楚；(6)强调记录的个性化，不过分要求与“标准答案”相一致；(7)强调快速记录研究内容，其中最常用的方法是列表和做简短的词语或短语式记录。

案例指引三：学生个人记录单

1. 作品：低年级学生的科学记录(见图 6-3)。

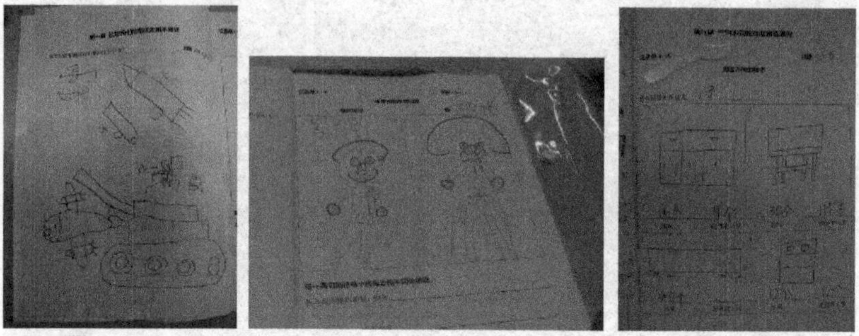

图 6-3　低年级学生的科学记录

2. 作品：高年级学生的科学记录(见图 6-4)。

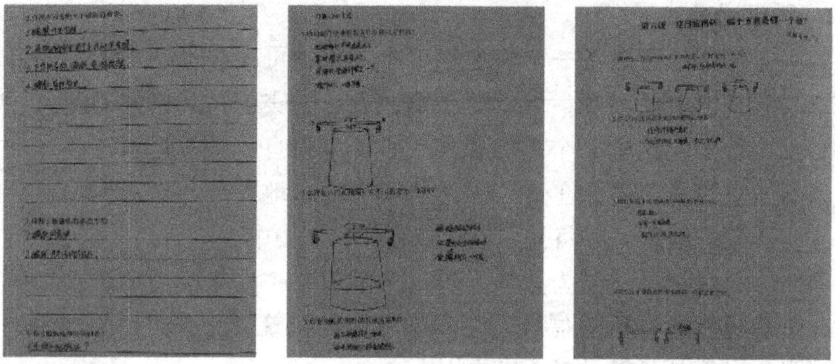

图 6-4　高年级学生的科学记录

4. 个性反思

单元学习结束时，学生在经历了一系列科学研究论证的基础上，通过小组讨论、集体论证等形式，提交自己对这一主题的最新看法与问题，并要求他们与自己最初的想法(学习前的科学记录)进行比较。创设一个科学研讨会的情境，这样做的主要目的是让每个学生进行自我反思，教师引导学生思考：我真的理解了吗？我运用的学习策略和方法是否有效？我学习前的认识是如何转变的？是否还有更好的学习策略与途径……通过比较与反思，学生看到自己认识上的变化，看到自己的发展，他们更加相信自己，越学越自信，知道自己今后的努力方向。努力为学生创设一个能动的学习过程，学生一次又一次经历元认知的体验，促使其原有的概念慢慢得到转变，同时不断积淀元认知知识并进行元认知调节，逐步形成自我反思的习惯，真正地成为学习的主人。同时，教师可以利用这种方法对学生进行测评，收集学生发展、教学有效的证据。

(二)创设连贯性的学习情境，促进学生主动发展

1. 一节课的连贯性教学设计

科学是由事实构建的。一堆石头能够砌成房子，但大量事实的堆积不能简简单单地就形成科学。教师应关注概念间的联系，通过创设连贯的情境，提高学习的有效性。

具体教学方法有关联事件情境、系列认知情境、连续问题情境、顺承任务情境等。

案例指引四：六年级“宇宙”单元“日食”①

这个教学设计通过演绎人类探索日食的过程，引领学生以集体论证的形式有效地建构概念，强化学生对有关宇宙的感知和理解力。

1. 创设情境，将学生学习推向更深的层次。

本课教学尝试创设一种真实的情境，希望将学生的学习推向更深的层次。将地球“缩小”，让学生成为站在地球上的巨人，从地球的角度亲身观测“日食”。为此，教室布置如图 6-5 所示。

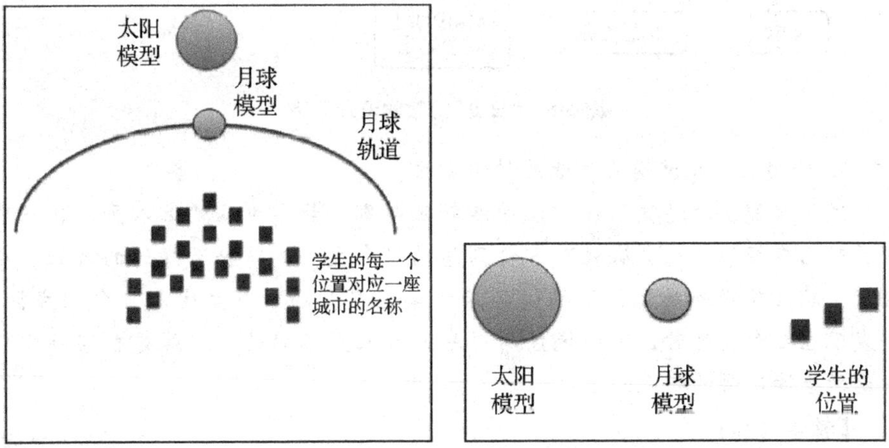

图 6-5　教室布置图

将球形灯设为太阳模型，黑色实心球设为月球模型，学生所坐位置设为地球的局部。为了让学生经历和体验一种深层次的学习，我让学生的每一个

① 本案例由北京市西城区香厂路小学刘阳老师提供

位置代表中国一座城市的名称。通过创设这样一个学习情境，学生们更能模拟在我国不同城市观测日食，生动地了解日食的成因，以及在日食发生时，不同地区能观测到什么现象这两个重点问题。

【教学设计思路】见图 6-6。

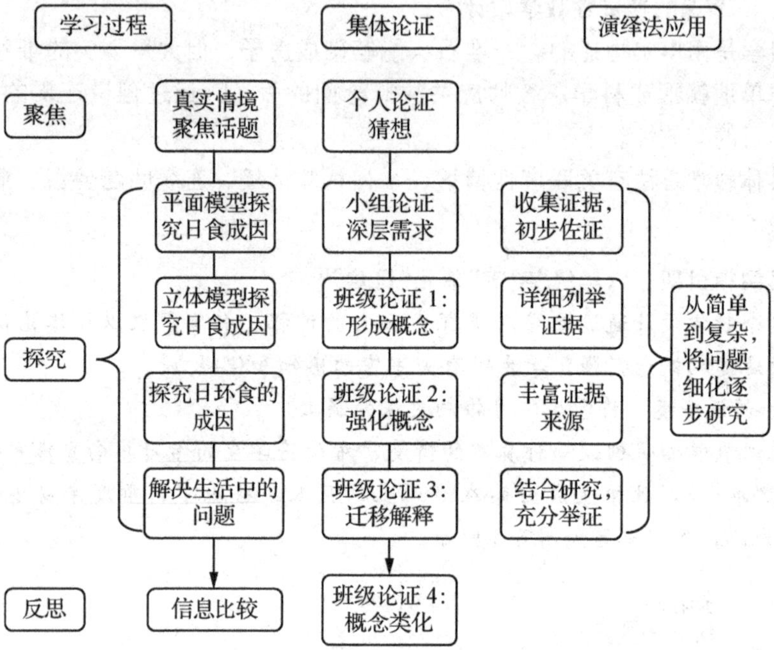

图 6-6 “日食”的教学设计思路

2. 使用笛卡儿演绎法渗透的科学方法。

教学流程设计遵循了笛卡儿的演绎法原则，让学生从现象入手，在一节课的时间内经历了人类从观测日食到总结日食发生的特征及规律的过程。在经历了独立观测和集体论证的过程后，学生在头脑中自主生成日食的成因，并发现在日食发生时，不同地区所观察的现象是不同的。这就是在潜移默化中向学生渗透科学研究的方法。

【教学过程】

第一环节：聚焦

1. 故事情境。

在大约 400 年前，一支西班牙探险队就“偷走”了阿兹特克人的太阳……

2. 个人论证：提出假设，引出日食现象。

3. 头脑风暴：对于日食你们知道什么？你们认为日食是怎么形成的？

【分析】真实的情境激活学生的思维状态。随后，教师通过头脑风暴的形式，暴露了学生对于日食形成的原有认识，形成后期认识发展的基础。在展示学生已有认识的同时，学生也关注到了他人的观点。

第二环节：探究

1. 从平面研究日食的成因。

(1)提问。(出示黑、白两个圆形纸片。)

①你们认为这两个纸片可以帮助你们验证你们的猜想吗？

②用哪个来模拟太阳？哪个模拟月球？

③用什么来模拟地球呢？

(2)小组模拟、组内论证。

(3)班级论证1：学生分析模型，进行论证。

①你们是否证实了自己的猜想？

②你们是怎样证实的？

【分析】在小组内用平面模型初步证实观点，进行第一次小组内部论证，推动个人观点的发展。同时，教师引导学生应用演绎法从最简单的现象开始，逐步解决问题。

(4)观看图片，认识不同的日食现象。

2. 用立体模型研究日食现象。

(1)出示2009年7月22日湖北省发生日食现象的照片。

①提问：就在那天，我也在北京进行了观测，但是我什么都没看到，这是为什么呢？

②学生依据现有经验进行预测：可能在不同地区，日食发生时的现象不同。

(2)讲解座位设计的目的。

学生观察教室座位的安排，座位的轮廓就是中国地图的轮廓，横排与月球轨道平行，模拟地球的纬线；竖排从低到高模拟地球的纬度高低。每个座位上有一个城市名称，模拟从不同城市观测日食。

(3)模拟观测日食现象。

①由教师移动月球模型，将模型移动到轨道上的三个不同位置，记作日食发生的三个不同时刻，表示为时刻1、时刻2、时刻3。

②学生观察：闭上左眼，用右眼进行观察，这样可消除左眼的视觉干扰。

③粘贴记录：供学生比较分析。

(4)班级论证2：学生分析记录，进行论证。

①在不同时刻下的同一个地区，你们观测到了什么现象？现象相同吗？

②在同一时刻下的不同地区，你们又观测到了什么现象？现象相同吗？

【分析】在模拟从地球角度观察日食的情境中，学生更真实地感受了日食的过程。同时应用演绎法，逐步深入研究。通过集体论证的情境，引导学生由观测事实到比较事实，保证信息的收集，并促使他们进行信息加工，将有用的信息转化为证据，将证据和观念协调起来。

(5)日食发生时，不同地区观测现象的实时变化。

①教师再次移动月球模型，学生使用拍摄设备(手机等)进行记录。

②全班观看、交流学生的录像资料。

(6)解决问题。

学生结合刚刚观察的结果分析，在日食发生时，不同地区观测到的现象可能不同，因此，北京看不到日食。

(7)观测日环食。

①提问：通过刚刚的实验，我们看到了日全食和日偏食的现象。那么，为什么我们没有看到日环食呢？(学生分析可能是由于月球轨道是椭圆形的；当月球离地球远时，可能形成日环食。)

②教师第三次移动月球模型，学生继续使用拍摄设备进行记录。

③班级分享学生的录像资料。

讨论：当北京看到日全食的时候，上海、乌鲁木齐能看到日全食吗？

学生结合之前的结论合理推测：在日食发生时，不同地区观测到的现象可能不同，因此，上海和乌鲁木齐不一定能看到日全食。

【分析】从平面到立体，从片段到连续，学生亲身经历了观测日食的过程，获得了充分且生动的一手资料，佐证了他们的假设。通过集体论证，学生不仅清楚地知道了日食的成因，还发现了在日食发生时，不同地区可能会观测到不同的现象，弥补了教材的空白。

这一环节也是应用演绎法的重要体现。为了能够帮助学生理解日食现象，教师将研究步骤分解、细化，学生先从最简单、最容易接受的平面研究开始，逐渐深入到立体模型，在研究的过程中收集足够充分的证据，稳扎稳打，将每个小问题逐一解决，再将所有结论结合到一起，最终完美地解决了生活中遇到的实际问题。

第三环节：反思

1. 提问。

(1)我们刚刚观测了日食的形成过程，如果从宇宙的角度看，那些观测到日食的地区是处于什么位置？(学生发现发生日食的地区处在月球的阴影里。)

(2)你能用白板上的三个圆来表示吗？

2. 谈话。

科学家和你们的想法很相似。他们在长期观测日食后发现，日食的发生仅仅在处于月球阴影下的部分地区；位于阴影不同位置，观测到的日食现象也不同。

3. 讲解。

介绍日食与月影的关系图。

4. 信息比较。

比较你们的观察与科学家的观察结果，有什么相同与不同之处？

5. 班级论证 3。

将自己的研究结果与科学家的结论进行比较。

2. 整单元的连贯性教学设计

将每个单元围绕核心概念来组织和开展，为学生提供一个连贯性的情境脉络，帮助学生在具体的、相似的情境中将一个个概念之间建立起有组织、有结构的联系，形成认知模型，从而有效地建构核心概念。

具体教学方法有设计连贯性的课程材料、连贯发展的教学内容、系统的研究方法等。

案例指引五：中年级“我们周围的材料”单元设计[①]

1. 本单元一共七课。

第一课：观察我们周围的材料；第二课：谁更硬一些；第三课：比较柔韧性；第四课：它们吸水吗；第五课：材料在水中的沉浮；第六课：砖和陶瓷；第七课：给身边的材料分类。

2. 本单元的核心概念。

我们的周围存在着许多不同种类的材料。物理性质可以用来描述材料，例如，硬度、柔韧性、吸水性和在水中沉浮的能力，这些物理性质可以被观察和测量。人们在生活中根据不同的材料所具有的性质进行应用。

3. 单元连贯情境设计。

利用有结构的课程材料建立单元的连贯性情境，促进学生核心概念的建构。

课程材料不仅仅指实验所需的材料，它应该是有利于帮助学生在科学实践和探究活动过程中建构知识、形成科学概念、掌握科学方法的各种材料。各个材料之间、材料与教学内容和教学目标之间应具有紧密联系。

---

① 本案例由北京市宣武师范学校附属第一小学蔺滨滨老师提供

课程材料在逻辑上按适当的顺序进行介绍，有助于提高学生的科学推理和解决问题的能力。

本单元教学创设的单元情境脉络如下。

(1)连贯性的实验材料。

两种金属材料：铁片、钢片；

两种塑料材料：黄塑料片、白塑料片；

两种纸材料：素描纸片、卡纸片；

两种木头材料：松木片、桐木片。

通过精心挑选、反复测试，从本单元的第一课开始为学生提供一套实验材料，供学生在整个单元的研究中使用。

这样的一套实验材料，能揭示与教学内容有关的一系列现象，贴近学生的日常生活，使学生在建构科学概念的过程中始终能在相似的情境下开展单元的学习活动，有利于学生对零碎的思维建立联系，对材料进行系统的认识。

(2)连贯性的学习材料。

①贯穿单元的班级记录。班级记录呈现了学生学习本单元的进程，其中有学生针对本单元的学习内容提出的感兴趣的问题，或每个课堂学习活动之后获得的新知识等(见图 6-7)。班级记录便于学生查阅资料并达成共识。

②贯穿单元的记录本和材料样本。学生记录单每人 1 份，一节课归纳 1 页，在单元结束时装订成本，便于学生把单元的全部重点实验、重点内容归纳出来。样本材料是贯穿单元每一课的材料，它可以在课堂中灵活运用，便于学生的学习(见图 6-8)。

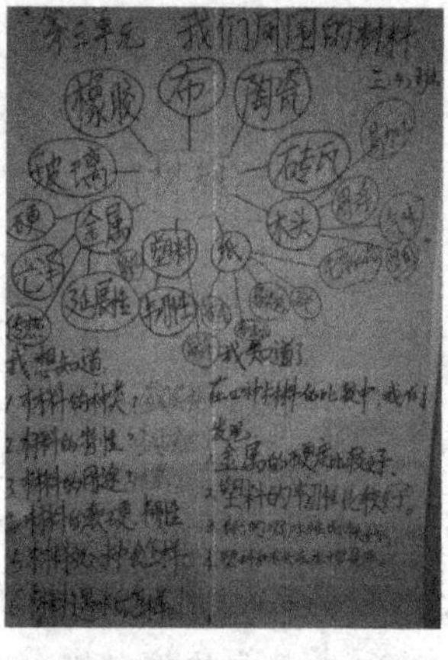

图 6-7　学生贯穿单元的班级记录

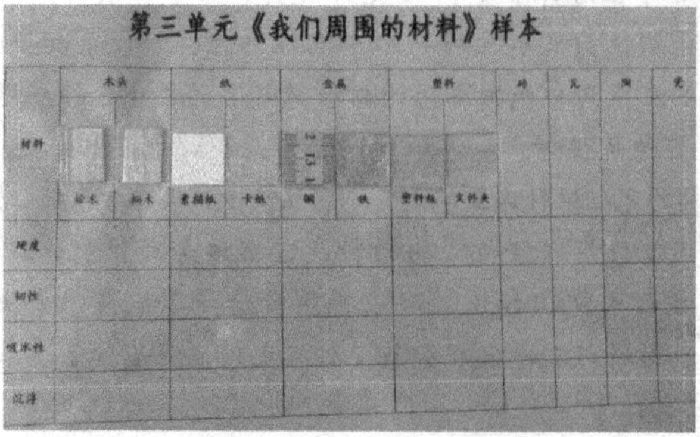

图 6-8　学生贯穿单元的样本材料

③贯穿单元的阅读材料。阅读材料是对每一课的学习内容的补充和提高，进而激发学生探究的兴趣。这套材料主要是针对每一课的重点学习内容设计的(见图6-9)。

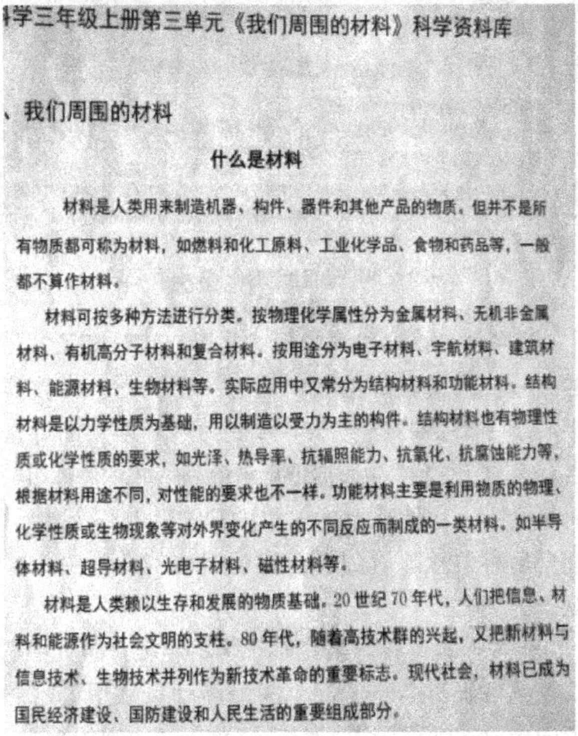
斗学三年级上册第三单元《我们周围的材料》科学资料库

、我们周围的材料

什么是材料

材料是人类用来制造机器、构件、器件和其他产品的物质。但并不是所有物质都可称为材料，如燃料和化工原料、工业化学品、食物和药品等，一般都不算作材料。

材料可按多种方法进行分类。按物理化学属性分为金属材料、无机非金属材料、有机高分子材料和复合材料。按用途分为电子材料、宇航材料、建筑材料、能源材料、生物材料等。实际应用中又常分为结构材料和功能材料。结构材料是以力学性质为基础，用以制造以受力为主的构件。结构材料也有物理性质或化学性质的要求，如光泽、热导率、抗辐照能力、抗氧化、抗腐蚀能力等，根据材料用途不同，对性能的要求也不一样。功能材料主要是利用物质的物理、化学性质或生物现象等对外界变化产生的不同反应而制成的一类材料。如半导体材料、超导材料、光电子材料、磁性材料等。

材料是人类赖以生存和发展的物质基础。20世纪70年代，人们把信息、材料和能源作为社会文明的支柱。80年代，随着高技术群的兴起，又把新材料与信息技术、生物技术并列作为新技术革命的重要标志。现代社会，材料已成为国民经济建设、国防建设和人民生活的重要组成部分。

图6-9　学生贯穿单元的阅读材料

无论是一节课，还是一单元乃至整个1～6年级的科学课程，都应重视情境的创设。单元之间不是孤立的，应是存在一定的逻辑关系，遵循着学生认识发展的规律，这样就能形成一个更大、更丰富的、连贯性的学习情境。

(三)词汇表帮助学生自主习得科学的表达

词汇表是指贴在一起的一些呈现科学词语的纸卡。它根据本单元的核心概念，选择相关的关键性词汇，依据学生学习进程的发展逐一呈现这些词汇，将其贴在教室最醒目的位置，并始终保留，直至单元学习结束。词汇表要保证每个学生都能经常看到，依据他们个人建构概念的需要，可以随时提取。词汇表可以在学生进行观察记录、描述交流时提供支持，为更好地建构科学概念奠定基础。

案例指引六：高年级“磁铁与电动机”单元词汇表(图 6-10)

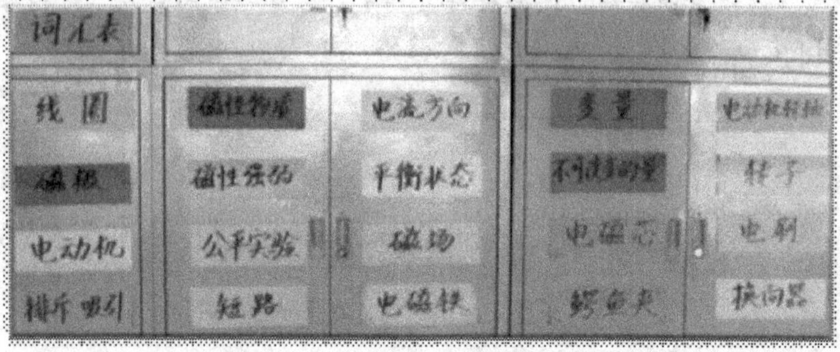

图 6-10 “磁铁与电动机”单元词汇表

引申思考：评优课的形式是否应该改变了？

提高教学的有效性需要教师的教学观念不断更新，由教师中心转变为学生中心，由原来展示一节课的课堂教学转变为展示连续的课堂教学，这样才能看到教学是否达到了促进学生发展的目的。例如，2011 年 11 月在北京市“做中学”项目研讨会上，由北京小学 3 位教师进行的一个单元 1～3 节课连续的教学展示，让全市科学教师看到学生在情境化的教学中是如何一点一点发展自己的科学观念的。

2012 年 11 月，中国教育科学研究院小学科学教育研究中心举办的第三届小学科学优质课评选暨研讨会上的展示观摩活动也采用了这种研究交流的方式，由 8 位教师向大家连续展示了“沉与浮”单元 8 节课的教学。

提示与建议

情境化的教与学并不标志着一种全新的教与学的方法，而是将一些不同但相关的方法结合在一起从而形成的一种体系。[①] 本章只是介绍了几种策略与方法，在设计情境化教学时，有以下三个注意事项。

1. 注重新旧情境间的联系

在情境化教学中，教师要注重以学生熟悉的情境展开教学，帮助他们和新的情境之间建立联系。每一个学生通过与情境的互动，会更容易修正和发展自身的观点和想法，并把知识迁移到相关的情境中去。

2. 注重学习情境的连贯性

目前一些课程的设计使得学生难以进行有意义的知识组织，通常在转入

---

① [美]Leigh Chiarelott. 情境中的课程．杨明全，译．北京：中国轻工业出版社，2007：5～6

下一主题前，只能触及一些表面性的事实知识，没有时间形成重要的、组织起来的知识。而有用的知识并非是对无关事实的简单罗列，而是具有一定的连贯性的。

所以，教师在设计一课或一个单元教学时，应以连贯的情境为学习的载体。知识之间是有着内在的联系的，彼此之间不是简单的延续关系，而是具有结构化的特征。如果只是基于在理论上存在的联系，那并不意味着这样的活动对促进大概念的总体理解是有效的。教学应该将科学教育围绕核心概念来组织和开展，关注每一个概念间的联系，以此为学习提供一个具体的、连续的情境，帮助学生将一个个概念具体化，并在各概念之间建立成有组织、有结构的联系，形成认知模型，从而有效地建构核心概念。

3. 注重情境中的思维含量

创设的情境不在于有多少实际的操作，而在于动脑。学生需要带着思考获取和使用证据，以及相互之间对证据进行研讨，这应该是一个能动的学习过程，帮助学生将思维保持在活跃状态，以积极的思维推进科学研究活动的进行。在这个过程中，学生的动作记忆、情绪记忆、可陈述记忆都被充分地调动起来，形成长期记忆，便于他们在需要时提取，以解决实际问题。也就是我们所说的，产生了有效性的学习，这样学生才能建立认知模型，建构核心概念，理解科学。

第七章

小学科学有效教学的设计与实施

引言：探究是科学教学的本质

关于科学教育中的探究，一般认为最早提出的人是杜威。1910 年他在《科学》(*Science*)期刊上发表的《作为学科内容与方法的科学》(*Science as Subject-matter and as Method*)一文中就提出了科学教学中探究的问题。后来，他在 1916 年创刊的《科学季刊》(*The Science Quarterly*)上发表的《科学教学中的方法》(*Method in Science Teaching*)一文中再次提出科学教学要采用探究的方式。[①]

美国芝加哥大学教授施瓦布于 1961 年在哈佛大学所做的报告《以探究的方式教科学》(*Teaching Science as Inquiry*)中谈道："如果要学生学习科学的方法，那么有什么学习比通过积极地投入探究的过程中去更好呢?"这句话对科学教育中的探究学习产生了深远的影响。施瓦布建议，教师必须用探究的方法来教科学，学生则必须使用探究的方法来学习科学。这包括两个方面：一是通过探究来开展教学(Teaching by Inquiry)；二是把科学作为一个探究过程(Science as Inquiry)。这两个方面可被相应地看作科学教学的方法与内容。

施瓦布强调，一方面，作为探究的科学本质如果不为普通大众所理解，科学的发展和社会的进步都是不可能的；另一方面，教育的基本途径——教学，也应看作一种探究过程。因为探究的过程蕴含着教育的本质，学生唯有借此才能真正了解事物和知识的本质，掌握探究技能，形成科学态度与科学

---

① Lloyd H. Barrow. A Brief History of Inquiry：From Dewey to Standards. *Journal of Science Teacher Education* . 2006(17)：265～278

精神。①

一、探究学习的基本环节

通过观看、分析案例，我们发现探究学习活动是一个解决问题的过程，主要包括：探究问题的生成与确定；探究方案的策划与设计；探究方案的实施与开展；探究结论的交流与评价(见图 7-1)。

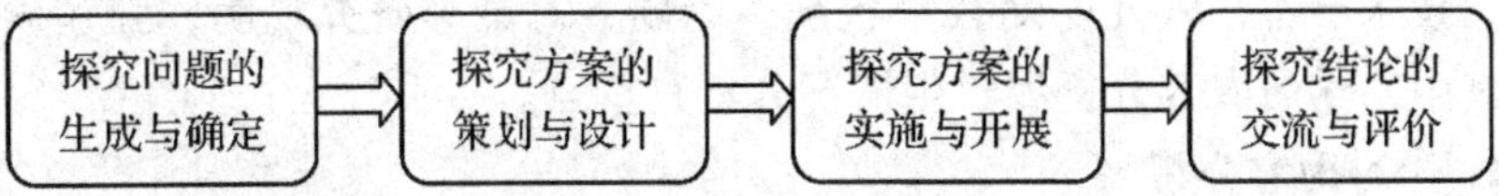

图 7-1　探究教学的基本环节

(一)探究问题的生成与确定

教师通过引导、启发等方式，利用多种教学手段创设特定的问题情境，激发学生发现并提出探究的问题。探究的问题应该是学生感兴趣的，或与学生自身有密切关系的、亟待解决的，或是一种有矛盾的事件，或是某一类引起学生好奇的自然事件。

(二)探究方案的策划与设计

教师指导学生进行人员分工，说明探究过程和规则，并提供必要的探究工具。学生可以根据已有的知识、经验做出比较合理的猜想、假设，并设计探究思路和方案。

(三)探究方案的实施与开展

学生根据所设计的探究方案，进行分析、调查、实验、访问、考察等各种探究活动，获取、整理、分析数据和资料，解释探究得到的结果，验证假设。

(四)探究结论的交流与评价

将得到的探究结果通过分析、综合得出自己的探究结论，探究结论可以通过实验报告、访谈报告、调查报告、电子作品等各种形式展示，学生对自己的探究结论进行小结、陈述和评价反思，其他学生提出建设性的意见和建议，教师进行补充、总结和评价。

---

① 任长松．探究式学习．北京：教育科学出版社，2005：61～63

二、探究教学的设计

探究式教学设计主要包括四个方面的内容。

(一)教学背景分析

教学背景分析包括学习内容分析、学生情况分析、教学方式与教学手段说明、技术准备，以及前期教学状况、问题、对策等研究说明，强调内容具体。其中，学习内容分析和学生情况分析是重点。

1. 学习内容分析

我们建议将教学内容回溯到《科学课程标准》与整套教材之中，立体化地分析教学内容。以《科学课程标准》为统领，以教学单元为基本单位，最后落实到具体某一课的教学内容的方式，即：先分析教学单元在《科学课程标准》中的位置，明确该单元隶属于生命科学、物质科学或地球宇宙这三大领域的某个模块中的内容，然后再回到整套教材中，确定该教学单元在整套教材中的位置，最后再进行具体某课的教学内容分析。

案例指引一：用水测量时间①

本课选自教科版《科学》五年级下册“时间的测量”单元，《科学课程标准》没有明确指出“时间的测量”这一单元的具体内容。教科版《科学》增加了这部分内容，我想这是因为对时间的探索自古以来就是物理学研究的重中之重。我国现行一些小学教材中没有涉及这部分内容，部分版本教材在初中部分涉及了相关内容，美国STC教材把“时间的测量”放在六年级进行研究。这个单元内容的学习，是教科版教材与其他版本教材的不同点之一。

人类对时间运动轨迹的认识是根据其他物体有规律运动的轨迹来记录的。影子的运动、水的流动、单摆的摆动都是有规律的。爱因斯坦在相对论中也提出：不能把时间、空间、物质三者分开解释。② 所以，“时间测量”的过程，从某种意义上说，也是对“事物有规律运动”的认识过程，本单元知识主要隶属于《科学课程标准》“物质世界”的相关内容。③

自17世纪以来，天文学家们以地球自转和世界时作为时间的尺度。时是

---

① 本课例由北京市海淀区翠微小学科学教师高佳颖提供

② [英]戴维斯．关于时间：爱因斯坦未完成的革命——哈佛科普译丛．崔存明，译．长春：吉林人民出版社，2004

③ 教育部．全日制义务教育科学(3～6年级)课程标准(实验稿)．北京：北京师范大学出版社，2001

对物质运动过程的描述，间是指人为的划分。1820年，法国科学院正式提出：一个平太阳日的1/86400为一个平太阳秒，这称为世界时秒长。① 本单元又涉及了“地球与宇宙”的少部分内容。

本单元在整套教材的编排上相对比较独立，又比较综合，既涉及对太阳位置变化的研究，又涉及对水滴漏速度的研究、单摆运动的研究，然而，研究这些内容都是为了寻找事物运动的规律，用这种规律去计量时间。

本课是单元第三课，第一课“时间在流逝”，让学生对某一个时间段进行估计和感受，初步理解在不同情况下，我们对相同的时间(时长)的主观感受会不一样，但时间的延续是客观的，不以人的意志为转移的；第二课“太阳钟”，让学生认识到可以通过对太阳运动周期的观察和投射形成的影子来计量时间。

2. 学生情况分析

学生情况分析比较复杂，要根据不同教学目标和内容有侧重地进行测查和分析。例如，以建构科学概念为重点的课，我们侧重前概念的侦测；以发展科学探究技能为重点的课，我们侧重能力的测查。测查的方式可以是问卷、访谈、实验等。准确地分析学情能够帮助教师找准教学的起点，设计结构合理的教学活动，选择恰当的教学策略，对学生的探究活动做出适时适度的指导，促进学生建构理解、发展思维，提高课堂教学的实效。

案例指引二：磁铁有磁性②

1. 前测目标：了解学生对磁性的已有认知。

2. 前测问卷。

(1)磁铁能吸引哪些物体？请在你认为磁铁能吸引的物体旁画“√”，不能吸引的画“×”，不确定的画“○”。

塑料块 		木块 		铁片 		纸片 	
铜钥匙 		橡皮 		玻璃杯 		铁钉 	
曲别针 		布条 		铝箔 		蜡烛 	

① 丁耀方．小学科学地球与宇宙模块的教与学——让孩子们更加喜欢天文与地理．宁波：宁波出版社，2013

② 本课例由北京市海淀区教师进修学校小学科学教研员王思锦提供

(2)你认为条形磁铁的哪个部位磁性最强?(　　)

A. 两端磁性最强　　　　　　B. 中间磁性最强

C. 各部分磁性一样强　　　　D. 一端最强，向另一端逐渐减弱

(3)用磁铁吸引铁钉，你认为磁铁必须接触到铁钉才能吸上来，还是只要靠近就能吸过来?(　　)

A. 必须接触上　　　　　　B. 只要靠近就行

3. 前测结果及分析。

第1小题参加测试的学生共39人，结果如下。

物体名称	吸引	不吸引	不确定	数据分析
塑料块	0	37	2	对磁铁不能吸引的物体，学生们的观点非常集中：39人都认为木块不会被磁铁吸引，选择纸片、塑料块、橡皮、布条、蜡烛、玻璃杯的分别为38人、37人、37人、37人、37人、36人。由此可见，绝大多数学生认为磁铁不吸引非金属材料。 超过半数的学生认为铁片、铁钉、曲别针、铝箔、铜钥匙能被吸引，分别为38人、36人、32人、26人和24人。这四种物体均为金属，暴露出学生对磁铁磁性的认识在“磁铁能吸引铁”还是“磁铁能吸引金属”上存在明显的差异。
木块	0	39	0	
铁片	38	0	1	
纸片	0	38	1	
铜钥匙	24	3	12	
橡皮	0	37	2	
玻璃杯	1	36	2	
铁钉	36	1	2	
曲别针	32	1	6	
布条	0	37	2	
铝箔	26	4	9	
蜡烛	0	37	2	

第2、3小题，71名学生参加调查，调查结果如下。

第2题，28人选A，认为磁铁两端磁性最强；13人选B，认为磁铁中间磁性最强；15人选C，认为磁铁各部分磁性一样强；15人选D，认为磁铁一端磁性最强，向另一端逐渐减弱。数据显示学生对这个问题的认识是非常模糊的，观点很分散，说明这个问题还是很有研究价值的。

第3题，5人选A，认为磁铁与铁钉必须接触上才能吸到；66人选B，认为只要靠近就能吸到。数据表明学生有一定感性经验，大多数学生能做出正确选择。但没有学生质疑“为什么会这样”，更没有学生将磁力与其他直接接触才能产生作用的力相联系，表明学生对力的认知有较大的提升空间。

(二)教学目标设计

教学目标包括知识概念、科学实践、科学态度三维教学目标。根据《科学课程标准》的要求，教学目标的主语最好是学生(一般会省略)；谓语最好是可测的行为化动词，例如，“知道”“会”“体会”，尽可能地用表现性目标表达需长期积累才能实现的目标。

案例指引三：25 mL 水能溶解多少食盐①

1. 科学概念。

说出一定量的水只能溶解一定量的食盐。

2. 科学实践。

(1)设计“25 mL 水能溶解多少食盐”的实验。

(2)经历“设计并完善实验计划—小组分工实践—分析实验结果(包括本组和其他组的)”完整的探究过程。

3. 科学态度。

(1)能够尊重数据，客观分析。

(2)能够体验研究溶解现象的乐趣，发展进一步探究溶解问题的兴趣。

(三)教学过程与教学资源设计

教学过程与教学资源设计包括教学内容、教学进程、学生活动、所需要的教学资源及教学指导策略等说明，可附教学流程图。这部分是教学设计的核心。注意体现文本的层次性和逻辑性、学生的主体性和思维参与、教师的启发性和指导性、活动的可操作性和趣味性。文本有两种表现形式：一种是叙述式，按照教学进程逐步展开教学环节，描述教学活动，还可以穿插说明各环节或活动的设计意图、阶段教学目标等；另一种是表格式，通常包括教学环节、教师活动、学生活动、设计意图四列，其优点是能清楚地区分教师和学生在教学中的角色和任务，缺点是穿插图片、图表等不太方便，会占用较多版面。

案例指引四：点亮小灯泡②

1. 集中话题。

(1)谈话：上节课我们认识了小灯泡，一起来回忆一下。

(2)教师出示图片，学生复习小灯泡的结构。

---

① 本课例由北京市海淀区永泰小学科学教师芦慧稳提供

② 本课例由北京市海淀区西颐小学科学教师王少刚提供

(3)引出课题：这节课，我们要进行一个更有挑战性的探究活动——点亮小灯泡。

2. 探究点亮小灯泡的方法。

(1)呈现初始想法。

①出示实验器材：一个小灯泡、一根导线、一节电池。提问：怎么把这三样东西连接起来，将灯泡点亮呢？

②小组讨论连接方法，并利用彩笔、灯泡模型、电池模型将连接方法记录在纸板上。

(2)验证各组的连接方法。

①各组将记录了连接方法的KT板贴在黑板上，并描述本组的连接方法。

②各组领取实验器材，按照本组的连接方法连接，并将实验结果记录到纸板上。

(3)分析结论，总结点亮小灯泡的方法。

①分类：将各组的连接方法分成两组，即灯泡能点亮的和不能点亮的。

②提问：这些能将灯泡点亮的连接方法有什么共同的地方？

(预设：如果点亮灯泡的连接方法都一样，教师在黑板上再摆出一种，先让学生验证，再进行分析。)

③总结：只有将灯泡的两个连接点分别和电源的正极、负极连接起来，小灯泡才会被点亮。

④提问：在这些能将灯泡点亮的电路中，电流是怎么流动的？用箭头标示出来。

⑤总结：当电流从正极流过灯丝，成功回到电源负极，构成一个完整的回路或通路时，小灯泡就会被点亮。

(4)分析问题电路。

①分组活动：从连接方法、电流的流向两个方面去分析没将灯泡点亮的连接方法，找出原因。(教师适时出示短路、断路的概念。)

3. 巩固应用。

①提问：你们会用更多的方法点亮小灯泡吗？可以先在记录板上设计方法，然后再验证；也可以先用实验器材连接，再将连接方法记录下来，并用箭头标出电流流动方向。

②相邻的小组交换记录板，验证检查。

4. 安全教育，课后延伸。

①这节课所做的实验能在家庭电路下做吗？

②如果要同时点亮两个小灯泡，该怎么连接？

(四)学习效果评价设计

学习效果评价设计包括对本节课的学生学习效果和教师自身教学效果的评价分析。

1. 学生学习效果评价

建议从以下三个方面设计学生学习效果评价。

第一，评价内容。依据《科学课程标准》，一节课的教学目标一般包含知识与技能、过程与方法、情感态度与价值观三个维度，如果每节课都从三个维度来检测学习效果是不现实的。为此，建议每节课的学习效果评价侧重某一个维度，最好是围绕教学重点展开评价。

第二，评价方式。建议采用过程性评价与终结性评价相结合的评价方式。例如，记录学生课堂发言的次数和质量，观察并记录学生参与探究性实验的情况，通过实验记录单评测学生的实验方法和过程，设计单元后测卷检测学生的学习效果等。

第三，评价标准。在确定了评价内容和评价方式后，需要制定评价量规以确定学生的学业水平。

案例指引五："风化竞赛"课例评价标准①

分值 项目	4(最高)	3	2	1	0
假设	○完整的假设 ·假设的依据非常完整	○假设比较完整 ·给出部分依据	○部分做出假设 ·基本没有依据	○基本没做假设 ·没有成功做出假设	○没有做出假设
团队合作	○每个团队成员都积极参与	○大部分团队成员积极参与	○只有一部分成员积极参与	○一些成员没有参与	○很多成员没有参与
数据	○图表正确 ·有标题 ·有坐标 ·有单位标示 ·数据正确	○图表只有极少错误	○图表部分正确	○图表几乎不正确	○没有图表或图表完全不正确

① 选自美国加利福尼亚州圣塔克拉拉郡(美国硅谷中心地带)教育局在中国人民大学附属小学展示的科学大师课，2014年10月

续表

分值 项目	4(最高)	3	2	1	0
结论	○非常规范的语言表达 ·拼写 ·标点 ·句法 ○使用正确的科学词汇	○较规范的语言表达 ○使用正确的科学词汇	○部分语言不够规范 ○使用正确的科学词汇	○大部分语言不够规范 ○使用正确的科学词汇	○语言非常不规范

2. 教师教学效果评价

教师教学效果评价一方面可以从教学目标的达成度来考量，这可以理解为终结性评价；另一方面可以通过教学过程中教师对学生学习活动指导的有效性及应变情况来考量，这可以理解为过程性评价。无论是终结性评价还是过程性评价，都必须遵从以学定教的原则，即以学生的实际发展情况评价教师教学的有效性。

三、探究教学的实施

按照前面介绍的探究学习的基本环节完成教学设计，探究教学的实施大致不会走样。但事实是很少有科学课让我们真切感受到探究教学的本质和韵味，多数科学课似乎仅仅是穿了一件叫作“探究”的外衣。笔者根据多年的课堂观察，认为处理好以下四个方面的问题能够使探究教学更接近探究学习的本质。

(一)吸引学生主动探究

“真探究”与“伪探究”最大的区别在于学生的主动性，所以，吸引学生主动探究是实施探究教学的首要任务。吸引力从何而来？试试下面三种途径。

1. 研究真实的问题

真实的问题让学生感到学习的内容来源于自己的生活而不是书本或教师，这样就打破了传统教学中以教材或教师为中心的格局，能更有效地激发学生的好奇心和求知欲。

2. 动手动脑做科学

讲授式教学最大的弊端是把学生当成知识的容器，学生绝大多数时间都在原地不动地单方向被动接收信息。探究教学则鼓励学生主动获取信息，即主动查找和检索资料，主动设计和实施实验计划，主动收集和记录观察到的现象、测量到的数据，主动对资料、现象和数据进行思维加工，形成自己的解释……这些活动大都是既动手又动脑的。

3. 不断开发学生喜闻乐见的学习方式

卡通、二维码、辩论会……你能将它们与探究教学联系起来吗？为吸引学生参与探究学习，作为教师的我们需要与时俱进，尽量多地掌握各种技艺，并创造性地应用在自己的教学中。

(1)概念卡通(Concept Cartoon)。概念卡通是英国曼彻斯特城市大学的Keogh和Naylor在1991年作为一种教学工具提出的，之后逐步发展为一种教学策略，并在多学科中运用。它通过卡通图画或利用多媒体插入动漫卡通的可视方式，将日常生活中相关的情境融入某种科学概念当中，凭借卡通人物提供的多种不同看法，让学生产生相关认知冲突，从而促进学生深入思考[①](见图7-2)。

图7-2　雪人和外套

自概念卡通于1991年提出后，国外对概念卡通进行了大量研究。英国率先于1992年开始进行名为“科学教育中的概念卡通”(Concept Cartoons in Science Education)的计划，对于如何将概念卡通运用在科学教学中进行一系列

① 钱旭升，孙彩霞．概念卡通及其在教学中的应用．教育与教学研究，2011(5)：109～119

研究，并研发了相关书籍与信息软件。近年来，概念卡通在欧洲其他国家如瑞士、挪威等十几个国家得到了推广和应用。通过应用研究发现，概念卡通的教学应用优势主要体现在两个方面：一是概念卡通为学生的知识建构提供了一个情境，为学生思考、讨论和科学探索提供了一个焦点；二是利用概念卡通可以挖掘学生的前概念。①

(2)二维码。笔者曾在美国看到一节七年级的生物课，这节课主要是学习细胞的知识。教师发给每位同学一张记录表，上面有12个问题；然后要求学生3个人一组到楼道里用手机扫描二维码获取所需要的信息，完成记录表格的填写。学生兴致勃勃地开始了资料的搜集与整理工作。

试想，如果老师不这样劳心费力地建设网络资源，而只是把相关资料打印出来，发给每人一张，学生在自己的座位上将关键信息摘抄到记录单上，这样岂不更高效快捷？两种教学组织方式最本质的区别就在于一动一静，动起来符合学生好动的天性，学习更主动。何况用扫描二维码的方式获取资料是一种全新的途径，百分之百地吸引学生眼球，在这种兴奋状态下的学习一定会记得更牢。

(3)科学辩论会。要不要发展克隆技术？你会吃转基因食品吗？生活中面临着许多两难问题。社会需要科学的推动，又要保持一定的谨慎。辩论可以使学生获得更多有效的信息，学会客观地、多角度地看待问题，缜密地分析问题，学会倾听，尊重对手，锻炼逻辑思维和批判性思维，提高表达与沟通能力，真是一举多得啊！

(二)指向大概念的教学

有学者将知识划分为四个层次。如图7-3所示，处于最基础、最底层的是基础知识、基本技能；第二层是学科视角下的核心概念和方法；第三层是跨学科的主题；最上面一层是统摄所有其他知识的哲学观点。② 这就像一个金字塔，越上位的知识越少，越是高度概括的知识；越下位的知识越多，越庞杂。学生的学习过程就是知识金字塔的建构过程，一般先从金字塔的底座开始搭建，只有积累足够多的基础知识和基本技能，才有可能抽象概括出学科的核心概念和方法；只有具备了一定量的学科核心概念和方法，才有可能上升到跨学科的主题，最终形成一些哲学观点。

高层次人才只有站在跨学科主题的层面思考问题，才能够产生根本性突

---

① 吴肖，王笑君．概念卡通在物理教学中的应用．物理教学探讨，2006(10)：23～24

② 摘自北京教育学院李晶教授在北京市骨干教师培训中的讲稿

破；一般优秀人才只有站在核心概念的层面思考问题，才能够产生创新思维；只有最低层次知识的人，最多只能成为工匠型人才，创新的空间不大。[①] 为此，探究教学只有着眼于核心概念和跨学科主题，才能培养出高层次人才。为简便起见，我们将核心概念和跨学科主题统称为大概念。我们希望教师在制定教学目标时能够高瞻远瞩，让每一课教学都指向大概念的建立。实现这一目标的最有效的方法之一就是为每个教学单元画出知识金字塔。课例研究见图 7-4。

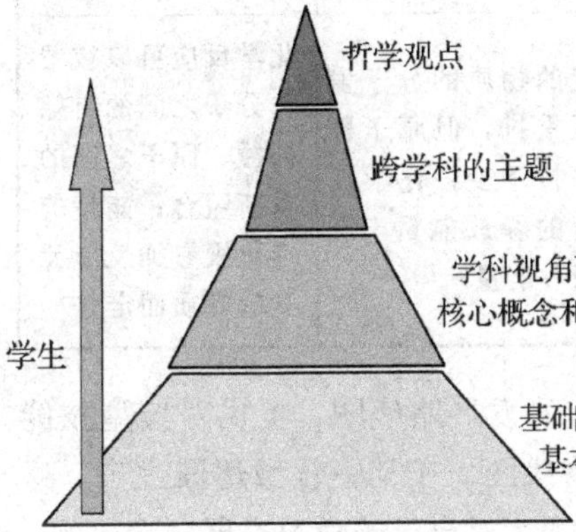

图 7-3　知识金字塔

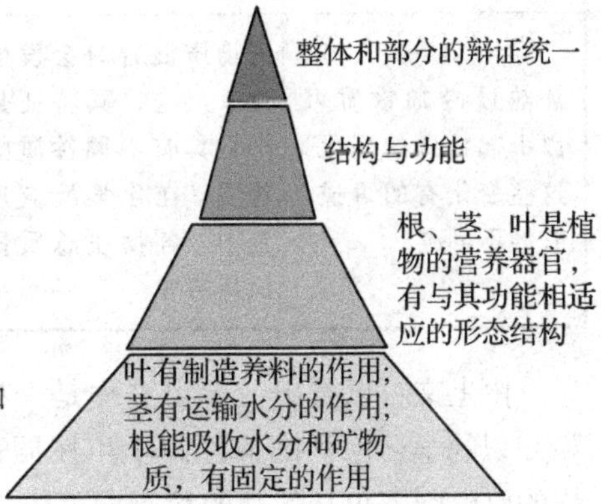

图 7-4　“植物的器官”知识金字塔

画出概念金字塔并不意味着要在一节课或一个单元教学结束时，就一定要达到金字塔的顶端，跨学科主题和哲学观点往往不是一节课、一个单元的学习就能够建立起来的。但是，老师头脑中有没有知识金字塔决定着一节课的发展方向和终极目标，影响着课堂中每一个教学活动的设计、每一次讨论的质量和每一个学生思维参与的深度。

(三)开展学习进程研究

学习进程(也翻译为“学习进阶”)源于威尔逊(Wilson)及其同事提出的“结构图”(Construct Map)的概念。研究者假设学生头脑中对某个知识的理解是随着年龄的增长而逐渐变化的。每一个水平代表学生认知水平发展的不同阶段，学生的认知和理解能力是由低水平向高水平逐级上升的。[②]

美国国家研究理事会(National Research Council, NRC)编写的《科学进学校：幼儿园至 8 年级的科学教学》(*Taking Science to School: Learning and*

① 李晶，王凌诗．科学新课程教学与教师成长．北京：中国人民大学出版社，2011：8

② 高芳，陈志伟．学习进程：美国科学教育改革新思路．外国教育研究，2011(5)：87～90

Teaching Science in Grades K～8)一书将学习进程阐述为：儿童逐级深入地学习和研究某个主题的一系列步骤。这些步骤相互衔接，循序渐进，完成所有步骤需要很长时间，例如，6～8年。

《美国下一代科学教育标准》(*The Next Generation Science Standards*)将学生对“化学反应”的学习进程预设如表7-1所示。

表7-1　关于“化学反应”的学习进程①

K～2年级	3～5年级	6～8年级	9～12年级
加热或冷却物质可以引起物质的变化，这些变化有的可逆，有的不可逆	当物质混合时会发生化学反应，其特征是产生具有不同性质的物质；在化学反应过程中，各物质总质量保持不变	反应的物质的分子发生了重排，但原子数目保持不变；化学反应有的释放能量，有的吸收能量	化学反应可以被看作分子之间的有效碰撞、原子之间的重新组合；能量的变化视参加反应元素的性质而定

由上文可以看出，学习进程是一幅纵向的发展路线图，提供对典型技能和知识的学习序列的描述。学生按照这个路线图，在某一领域逐渐进步。这样的路线图不仅让教师的教有据可依，也让学生对自己的学习进展一清二楚。

国内相关的研究刚刚起步，探究教学如果能像这样预先设定学生的认知发展路径，那么探究的起点、过程及终点会更加清晰明朗。当然，前提是预先设定的学习进程是符合学生认知发展规律的，这既需要教师丰富的教学经验，也需要教学实践的检验和修正。

(四)注重概念间的联系

世间万物没有不受其他物质影响而独立存在的，科学概念也一样。任何一个概念都与其他许多概念存在千丝万缕的联系。这种联系既是客观存在的，又是我们解决现实问题所必需的。

就以“力”来说吧。传统教学中，我们总是孤立地认识各种力，例如，拉力、摩擦力、弹力、反冲力、浮力、大气压力等，学完之后学生只是知道了很多种力的名称，这些力是一个个散落开的、没有任何交集。事实上，“力是物体间的相互作用”“力可以改变物体的形状或运动状态”，这两句话才是小学阶段力学的最基础、最核心的概念。第一句话说的是力的本质；第二句话说

---

① 邓阳，王后雄．科学教育的新篇章：美国《下一代科学教育标准》及其启示．教育科学研究，2014(5)：72

的是力的作用效果。这两句话成功地将各种力的表现形式联系起来。否则，认识再多力的表现形式，也不如这两个统摄程度更高的概念有助于提升学生对力的理解。第二句话还点明了力与运动的关系，这是学习牛顿力学三定律的基础，也是进一步学习能量的基础。

上面所述还只是物质科学内部联系的例子，在“天气”单元的学习中，这种联系将跨越单一学科领域。如图 7-5 所示，在《科学课程标准》中，“天气的变化”隶属于“地球与宇宙”领域“地球运动与所引起的变化”维度，这部分内容又与水的三态变化以及能量的转化有着密切的联系，而这两部分内容隶属于“物质科学”领域。这让我们充分意识到：所谓学科，只是人为地划分，自然事物和现象往往包含多个学科领域的知识。这也就是为什么我们的教学一定要帮助学生建立具有广泛联系的概念的原因。

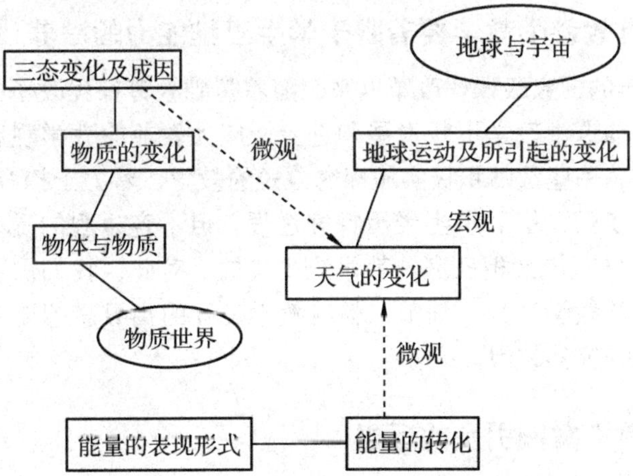

图 7-5　“天气的变化”单元内容分析[1]

① 选自徐宏江(原北京师范大学实验小学科学教师)关于“天气的变化”单元的前测分析

第八章

有效科学教学与学生思维能力的培养

引言：有效科学教学要着眼于学生思维能力的培养

自2001年的国家级课程改革以来，随着基础教育课程改革的推进，我国小学科学教育的课堂教学不断发展和进步，广大教师的教学观和教学行为有了明显的改变，一些教师积极实施探究方式的教学，着力于探究活动的设计，重视探究环节步骤，引导学生经历探究过程。但不容乐观的是，一些课堂的教学效果仍然与期待大相径庭，教学缺少实效。对此，我们需要聚焦教学实践的案例，凝注教学过程、细节，就其教学设计的指导思想以及教学环节的处理进行剖析，究其原因。

一、由教学案例引发的反思

案例指引一：中年级学生对"磁铁"的研究

课前，学生已经认识了一些不同形状的磁铁，知道了磁铁能够吸铁的性质。课上部分实录如下。

教师：我们在每组的桌子上都摆放了一些条形磁铁和蹄形磁铁，请每组的同学试着来摆一摆这些磁铁，看你能够从中发现什么？老师还为每组提供了一些白纸，请你们把每个现象记录在白纸上，每张纸上只记录一个现象，看哪组记录的现象最多，好吗？

学生用15分钟的时间研究磁铁并进行记录。学生发现：

①将蹄形磁铁放在上面，用另一块条形磁铁来吸它就吸上了；再吸一块条形磁铁，也吸上了。可如果把它倒过来就吸不上了。大家看，都是蓝—红、蓝—红，见图8-1。（蓝、红分别标示磁铁的两极，图中，红用N指代，蓝用S指代。）

②先放一块条形磁铁，用另一块条形磁铁来吸它，蓝的老跑，见图 8-2。

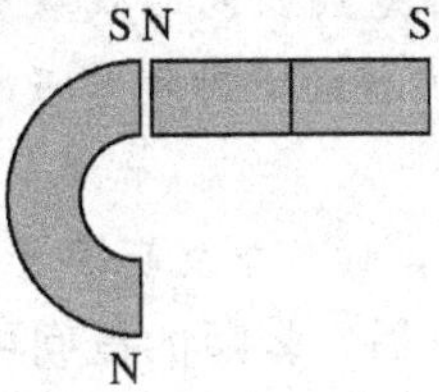

图 8-1　磁铁相吸

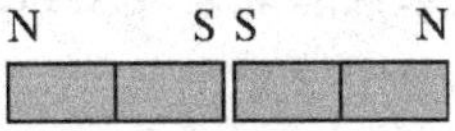

图 8-2　磁铁被排斥

③先放一块条形磁铁，再拿一块蹄形磁铁，蹄形磁铁的红的老找条形磁铁的蓝的，见图 8-3。

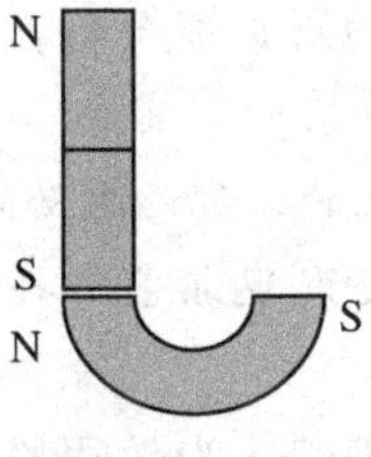

图 8-3　相吸的条形磁铁和蹄形磁铁

④两块条形磁铁，总是红的找蓝的，见图 8-4。

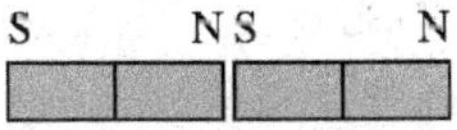

图 8-4　相吸的两块条形磁铁

⑤我们还发现有时都是红颜色的也能吸上来一点儿。我们把蹄形磁铁放在桌上，用条形磁铁的红的一头吸蹄形磁铁的红的上面，也能吸起来一点儿。

⑥我们把一块条形磁铁放在纸的上边，一块蹄形磁铁放在纸的下面，蹄形磁铁就能带着条形磁铁动了。不过，你需要看清红的对蓝的、蓝的对红的，否则你就不能使它动了。

⑦我把条形磁铁放在桌子上，拿一块蹄形磁铁，发现条形磁铁不理它，见图 8-5。

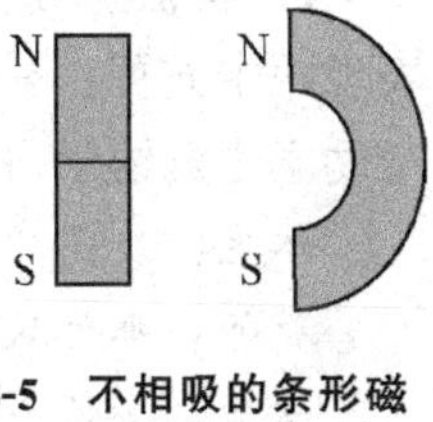

图 8-5　不相吸的条形磁铁和蹄形磁铁

教师：大家都是发现蓝的吸红的、红的吸蓝的，有没有不一样的？

学生：有，在桌上放一块蹄形磁铁，拿一块条形磁铁，用红颜色的吸蹄形磁铁的红颜色的上面，它也能吸起一点儿来。

教师：你们组的这个发现真好，不过我听着好像与徐同学的发现有一些相似。哪组的发现是跟他们两组一样的，都是红颜色的找蓝颜色的、蓝颜色的找红颜色的？（多数组举手。）有没有组发现蓝的有时也能吸起蓝的，红的有时也能吸起红的？（部分组举手。）

教师：请大家认真看黑板上的这些现象，你从中发现了什么？

【分析】本环节中学生交流了实验现象以后，教师的提问可以引发学生对多种实验现象进行梳理，在比较中发现实验现象的相同与不同，从而聚焦磁极，发现两块磁铁相互接近时两极之间的关系。也就是说，学生接下来的核心活动应该是思维，运用科学思维方法对收集到的多个实验现象进行整理和分析。

但是，从接下来的师生互动研讨情况看，“你从中发现了什么”的要求太过笼统，后面将对这一点做出分析。

学生：我发现蓝的必须找红的，红的也必须找蓝的。

教师：不过，刚才有的组还发现颜色一样的也可以在侧面吸上，这是为什么？

【分析】解读教师的追问，我们认为教师的意图在于引导学生通过关注磁铁的不同位置磁性强弱的不同来引出磁极。但是，教师在此时追问，分散了学生关注的焦点，打断了学生整理实验信息的连贯思路。

学生：因为有极，分南极和北极。

教师：你是从哪儿知道的？

学生：上学期我听王同学说的。

教师：你是听王同学说的，王同学比你知道的还多。王同学，你是从哪儿知道的？

【分析】这个追问说明教师有培养学生元认知能力的意识。它的意义至少表现两个方面：一方面，提示学生关注自己的认识是怎么来的；另一方面，帮助学生醒悟学习可以发生在任何时候。

学生：我是从指南针上知道的。

教师：那你从磁铁上发现了吗？

学生：磁铁上的比较小，这个蓝的上有个字母“S”，红的上有个字母“N”。

教师：“N”是南极还是北极？

【分析】观察教学情形，这个时候学生是否清楚“N”“S”与南极、北极的关系？如果知道，可以这样问；否则，换一个视角提问，例如，“‘S’‘N’是什么意思？与你说的‘南’‘北’极是个什么关系？”可能给学生思考的空间更大，更有利于学生主动地思考。

学生：北极。

教师：N是北极，S是南极。同学们一直说红颜色、蓝颜色，现在老师这里有一个科学家的结论(教师出示写有“同极相斥，异极相吸”的板贴)，科学家已经把磁铁的性质总结出来了，就是“同极相斥，异极相吸”。你们刚才说的是什么？

学生：红颜色和蓝颜色吸在一起，蓝颜色和红颜色吸在一起，都是红颜色就吸不上，都是蓝颜色也吸不上。

教师：你们所总结的和科学家的哪儿不一样？

学生：科学家说的和我们总结的有点儿不一样。我们说的是同颜色，科学家说的是同极。

教师：对，你们是按照颜色说的，科学家说的是“极”。“极”和“同颜色”一样吗？

学生：不一样。

教师：(教师指着磁铁从头到中间是红颜色)这都是红颜色，科学家说的极在哪儿？是从头到中间都是极吗？哪儿是极？凡是红颜色的都是极吗？

【分析】阅读到这里，不知读者是否理解了笔者在前面做出的一个判断：针对学生汇报的实验现象，教师提出了“你从中发现了什么”的思考要求，笔者认为这个要求太笼统了。

因为，正确处理实验信息的思维过程应该是：首先，通过观察、比较，归纳两块磁铁接近的方式(S&N、N&S、S&S、N&N)，以及接近时呈现出的现象(相吸或排斥)；其次，将呈现的现象与接近的方式建立关联；最后，概括出“同极相斥，异极相吸”的特性。

而教学实际是，在“你从中发现了什么”的要求下，师生处理信息的思维活动比较随意；当问题有所聚焦的时候，结论却被教师说出来了——“老师这里有一个科学家的结论，科学家已经把磁铁的性质总结出来了，就是‘同极相斥，异极相吸’”。分析接下来的师生对话，从教师的关注点看，也许教师是想通过引导学生认识涂有蓝、红两色的磁铁的磁极的名称及特性，来解释“刚才有的组还发现颜色一样的也可以在侧面吸上，这是为什么”，从而促使学生统一看法，顺利建构对“同极相斥，异极相吸”的理解。然而，事实上，教师如此简单地处理和处理的时机，带给学生的是杂乱、跳跃的信息刺激，他们难以辨识和剥离信息的层次、关系，干扰了学生归纳、推理的思维经历和方法体验，影响了学生对概念的理解，降低了教学实效。

由此可见，教与学的活动核心应该是在操作的过程中学会思辨。缺乏思维参与的操作活动，缺乏理性体验的探究过程，其结果是只会动手做，不会动脑想，课堂气氛表面热闹，教学效果浅薄低效。

另外，教学实录还反映出教师对有些细节的处理关注学生思维不够。例如，在教师为学生提供了条形和蹄形磁铁、记录纸后，提出“每张纸上只记录一个现象，看哪组记录的现象最多”的要求，对学生边做边思考的启示不够。当学生发现“在桌上放一块蹄形磁铁，拿一块条形磁铁，用红颜色的吸蹄形磁铁的红颜色的上面，它也能吸起一点儿”，教师的回应是：“你们组的这个发现真好，不过我听着好像与徐同学的发现有一些相似。”如果将这个评价的机会推给学生，请他们通过对照、比较，做出自己的判断，学生就会丰富自己的思考经历。

二、理解科学课程关于思维能力培养的要求

《科学课程标准》明确指出：“科学学习要以探究为核心。探究既是科学学习的目标，又是科学学习的方式。”①

《科学课程标准》研制组对这一基本理念做了如下解读：“科学学习要以探究为核心”中的“探究”，应同时指探究活动和探究技能。“探究既是科学学习的目标，又是科学学习的方式”中，前一个“探究”侧重探究技能，而后一个“探究”则指探究活动。②“科学探究过程技能也是一种科学技能，它实际上既包含心智技能又包含动作技能，既要动脑又要动手，是一种典型的科学技能。”③

如此，以科学探究为主要方式的教学形态应该是：学生满怀好奇，通过观察、实验、推测、交流、解释与表达等科学过程，主动建构和不断改进他们自己的认知的科学实践。其重要特征：“一是对学生适宜探究的科学问题提出基于实证的研究过程；二是在一个具有师生互动、学生间互动的环境中，由学习者主动进行的探究过程。”④

确实，观察国外大量探究教学案例，反映出的探究式科学学习的步骤(见图 8-6)⑤(只是为新涉足探究式科学教育的教师进行探究式教学过程提供参

---

① 教育部．全日制义务教育科学(3～6 年级)课程标准(实验稿)．北京：北京师范大学出版社，2001：2

② 教育部．《全日制义务教育科学(3～6 年级)课程标准(实验稿)》解读，武汉：湖北教育出版社，2002：82

③ 教育部．《全日制义务教育科学(3～6 年级)课程标准(实验稿)》解读，武汉：湖北教育出版社，2002：83

④ 韦钰，[加]P. Rowell. 探究式科学教育教学指导书，北京：教育科学出版社，2005：41

⑤ 韦钰，[加]P. Rowell. 探究式科学教育教学指导书，北京：教育科学出版社，2005：43

考)，亦说明如此。

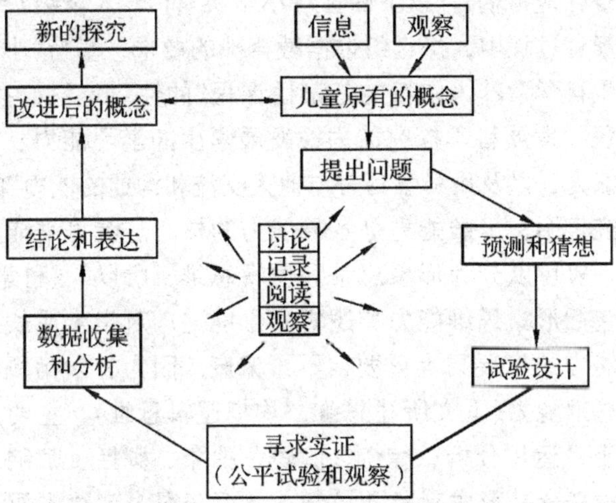

图 8-6　探究式科学学习的步骤

在探究式科学学习中，不论是提出问题、预测和猜想、实验设计、寻求实证、数据收集和分析、结论和表达，还是融于各个步骤、要素并贯穿始终的讨论、记录、阅读、观察等，对于学生建构和不断改进他们自己的理论(概念)的过程来讲，学生们是既动了手，又动了嘴和笔，与“动脑”也就是理性体验紧密结合，其核心活动都是思维，同样贯穿教学始终。学生的“动手、动嘴和动笔”是他“动脑”的基础；而因为“动脑”，“动手、动嘴和动笔”才具有明确的目的性，“动手、动嘴和动笔”的方法选择才具有合理性，才能将一系列“动手、动嘴和动笔”与探究问题建立联结，从而进一步“动脑”解决问题，建构学生自己的认知。

“课堂教学是教师的教和学生的学构成的一个有机整体，是教师有计划、有目的地创设教学情境、促进学生发展的过程，在这个过程中，教师和学生的核心活动是思维。”① “学习并不是简单的信息积累，它同时包含由于新旧经验的冲突而引发的观念转变和结构重组。学习过程并不是简单的信息的输入、存储和提取，而是新旧经验之间双向的、相互作用的过程。”② 要想促使学生主动且建构性卷入学习过程，教师就要有明确的教学目标，深刻了解学生的已有知识水平和经验，重视对学生的科学思维能力的培养。

---

① 林崇德，胡卫平．思维型课堂教学的理论与实践．北京师范大学学报(社会科学版)，2010(1)：29

② 张建伟，孙燕青．建构性学习：学习科学的整合性探索，上海：上海教育出版社，2005

在2013年年初启动的全日制义务教育《全日制义务教育小学科学(1～6年级)课程标准(修订送审稿)》[以下简称"《小学科学(1～6年级)课程标准(修订送审稿)》"]的修订过程中，修订组依据教育部的要求，坚持"小学科学课程是一门以培养学生科学素养为宗旨的基础性课程"的性质定位；主张"体验科学探究的基本过程，发展科学探究能力，发展学生的学习能力、思维能力、实践能力和创新能力，以及用科学语言与他人交流和沟通的能力"的课程目标。

心理学研究表明，思维能力是各种能力的核心。就思维能力而言，因为人的思维方式一般可以分为形象思维和逻辑思维，所以，《科学课标标准》要求的思维能力包括形象思维能力和逻辑思维能力。对学生成长而言，形象思维和逻辑思维能力的发展同等重要，不可偏废。因为科学学科的特点，本文所指侧重逻辑思维能力(下文所述思维，均指逻辑思维)，主要是指人们在感性认识的基础上，运用分析、综合、比较、抽象、概括、归纳、演绎等基本思维方法，形成概念并形成判断和推理，从而获得对事物本质和规律的认识的能力。知道基本的科学方法，认识科学本质……形成科学素养，需要人的理性思维参与，可以通过概念的形成、规律的得出、模型的建立、知识的应用等培养思维能力。小学科学教育承担着培养小学生基础性科学素养，为他们的继续学习和终身发展打好基础的责任。因此，小学生科学启蒙，最根本的就是思维方式的启蒙。发展学生的思维能力是小学阶段科学教育课堂教学的重要目标，是培养学生能力的关键；重视学生思维能力的培养，是提升课堂教学实效的根本。

三、注重科学思维能力培养的有效教学实践

十多年的课程改革，突出学生的主体地位的教学理念深入人心。越来越多的小学科学教师以此为指导思想，在教学设计与实施中努力探索，创设能够引起学生认知冲突的情境，引导学生主动探究，启发学生积极思维，重视培养学生的科学思维能力，追求课堂教学实效。分析这样的课例，总结教师们实践探索的宝贵经验，有助于推进科学课程发展，提高科学教学的质量。

案例指引二：摆的研究

本例叙述的是五年级的一节课："时间的测量"单元中的第六课"摆的研究"。[①] 在备课过程中，教师进行了教学背景、学生情况、教学方式和手段选择等方面的分析，据此制定出教学目标和教学重点、难点。

---

① 执教者：李强，清华大学附属小学。

1. 科学概念。

(1)摆的摆动快慢与摆线的长度有关。

(2)同一个摆，摆线越长，摆动越慢；反之越快(教学重点)。

2. 过程与方法。

(1)能够根据现象推测摆的摆动快慢与什么因素有关。

(2)能够根据推测进行相关实验设计。

(3)能够通过测量，收集数据，并通过对数据的分析做出合理的解释。(在控制变量的条件下实验并搜集证据，对数据进行分析，是教学难点。)

(4)初步意识到获取精确的数据需要反复测量。

3. 情感、态度与价值观。

认识到对待科学研究要持实事求是的态度。

为此，教师准备了学生分组实验用的材料，包括：摆的装置，实验记录单，铁架台，自制量角器，软尺，摆锤 3 个(重量分别为 5 g、10 g、20 g)，摆线等。同时，为教学方便，教师还准备了显示 10 s 的计时器课件、钟摆(见图 8-7)、电脑、投影。

图 8-7　教师准备的教学设备

4. 教学过程。

因为本课是在学习“机械钟摆”的基础上进行的，因此，课前学生已经了解了摆的构造。教学过程就此展开。

(1)聚焦话题——在矛盾中发现问题。

在上节课的教学中，学生了解了摆是由摆线和摆锤所构成的，摆动时的幅度叫作摆角，并且在活动中每个小组制作了一个摆，记录了在 10 s 内摆的摆动次数(对摆幅大小有要求，但不讲原因)。课下，教师统计了学生记录的数据，做成一幅柱状图(见图 8-8)。

上课时，首先出示柱状图让学生观察，他们会发现每组制作的摆在 10 s 内的摆动次数是不同的，由此产生矛盾。在矛盾中，孩子们的兴趣被激发，他们的思维也开始围绕问题“摆的摆动快慢与什么因素有关”活跃起来。

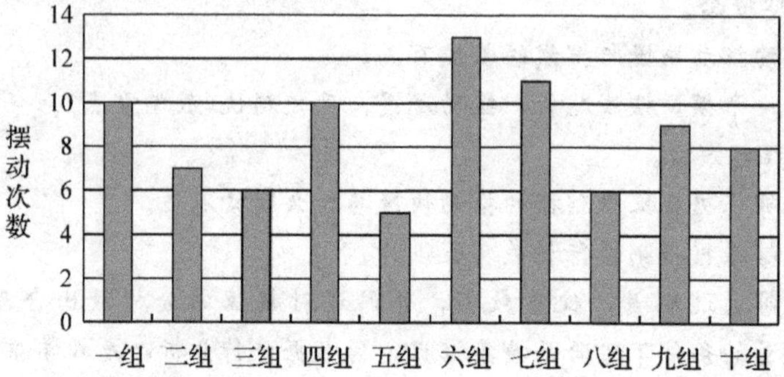

图 8-8　10 s 内摆的摆动次数统计

【分析】学生在学习“机械钟摆”一课时，因为制作摆、进行单摆的实验活动，对单摆有了初步认识，但还没能自觉地关注到不同的摆在摆动中的差异。课上，教师不是简单地描述一下学生自制的单摆在 10s 内摆动次数的数据，而是利用柱状统计图的方式表达实验结果，学生自然感觉新奇、熟悉且直观。于是，触发学生的思维，促使学生自觉融入情境，主动观察、比较，在数据分析中发现矛盾，产生认知上的冲突，意识到摆的摆动次数与摆的结构可能存在着某种关系，从而形成质疑——提出自己的真问题。

(2)初步猜想和假设——大胆猜想、碰撞思维“火花”。

在探究中，学生们纷纷对研究的问题提出假设，经过分析和梳理，呈现出三个主要因素：“摆角的大小”“摆锤的轻重”“摆线的长短”，会影响摆的摆动快慢。在此基础上，引导学生联想操作活动时的情景，进一步提出“摆角的大小”“摆锤的轻重”“摆线的长短”的变化对摆的摆动快慢具有怎样的影响。教师希望学生的推测会出现分歧，彼此之间会质疑对方提出的假设，教师会鼓励学生相互探讨，以使他们要研究的问题更具有指向性。在活动中，学生们大胆想象，会碰撞出思维的“火花”，这可以极大地调动他们探究的兴趣，培养学生质疑的科学态度，感悟联系地看问题的思维方法。

【分析】在科学探究过程中，猜想与假设是对所研究事物的因果性、规律性做出调查或实验前的一种解释。它分为两个环节：一是猜想；二是假设。猜想是学生接触到问题后，在已有知识经验的基础上，对客观现实依靠直觉而做出的各种判断；而假设(狭义的)是将问题因果关系的猜想更加具体化地表达出来，期待控制条件的实验予以验证。教学中，仅猜想到“影响摆的摆动快慢可能与摆角的大小、摆锤的轻重、摆线的长短有关系”，学生接下来的实验设计还是没有明确的目的和针对性。而探讨、假设的过程，因为生生之间的交流反映出学生关于这一问题的原有认知经验，教师基于此的指导才具针对性，才有助于学生明确思考的方向——积极理解各因素之间的关系，基于自己的假说识别和学习控制变量，依此采集数据、分析数据，主动且建构性地卷入学习过程。

(3)实验计划的制订——“动手”前的思考。

①确定研究主题。“摆角”“摆锤”“摆线”，究竟哪一个因素最有可能影响摆的摆动快慢？在课堂上因为时间的关系，每个小组只能选择一个问题进行研究。在选择研究的问题上，教师应该给学生更大的开放空间，让他们小组自主选择所要研究的问题。

②设计实验方案。在课堂上，小组成员根据所选择的研究问题自主设计实验。实验中控制变量是本次实验的关键，也是本课教学的一个难点。所以，在课堂上，请学生们阐述在实验中自己控制的变量和保持不变的量分别是什么。学生在阐述不清楚时，教师适当点拨，使其不断清晰并认识到在实验中控制变量的重要性，培养学生考虑问题全面的思想方法和严谨认真的科学态度。

③实验过程中的注意事项。本课的实验研究需要小组成员之间团结协作才可以完成，实验过程需要计时员、记录员和观察员，他们之间如果一个环节出现问题就可能无法得到准确的数据。所以，在实验前先让学生进行交流，说一说在实验中应该注意些什么，这样他们就可以充分意识到团队合作的重要性。

(4)数据的收集与分析——根据事实证据形成解释。

①收集数据。在学生实验的时候，教师要观察学生的实验记录单，了解学生的实验进度，观察学生的实验关注度，鼓励学生重复实验；观察有没有为寻求和自己观点一致而随意取舍数据、修改数据的情况。如果发现问题，要及时在全班范围内展开讨论，分析问题所在，让学生们意识到保留原始数据的重要性，借此培养学生尊重数据的意识和严谨细致、实事求是的科学态度。

【分析】从课堂教学视频中发现，有三个组“自作主张”，打破记录单的限制，多收集了一些数据信息。学生如此的自主缘于教师为学生提供了较为开放的空间，促成了各组学生自主选择研究专题，并针对大家的假设性解释有目的地开展实验，收集数据，寻求证据。

②数据的交流与分析。教师要给学生比较充分的时间交流数据信息，引导学生在交流时先说明记录单中两个维度的关系，然后介绍数据信息，最后分析并得出结论。面对多个记录单，还要引导学生发现，在同一组实验中，即使严格按照实验规范去做，也很难得到完全相同的数据，从而意识到：实验中误差是不可避免的，可以通过严谨的实验和增加实验的次数来尽量减小误差，得到准确数据。通过数据分析，得出结论：“摆线的长短会影响摆的摆动快慢，即同一个摆，摆线越长，摆动越慢；摆线越短，摆动越快。”而摆锤

的质量不会影响摆的摆动快慢。至此，联系研究方法和结论进行小结，突出本课的教学重点。

关于摆角的大小是否影响摆的摆动快慢的问题，“摆角小于5°时，其影响忽略不计；大于5°时就会有影响”，这是单摆的特殊性，本不是小学研究的问题，但是学生很容易发现并认为它是个影响因素。教师可以利用这个实验丰富学生对科学研究的不同感受。所以，在“摆角的大小是否影响摆的摆动快慢”这个问题上，可以画一个问号，启发学生感悟：不是每次研究都会有一个圆满的结果。启发他们多思考：这可能是因为操作、自己的能力、对摆的认识等多种因素的影响造成的，我们所得到的实验数据即使不能说明问题，对于别人的研究或者我们今后的研究，也是有参考价值的。

【分析】从教师的教学设计与实施情况看，这个环节有两点促进了教学的实效性：一是重视学生对数据及其之间关系的认识与分析，促成学生对数据信息的思维加工；二是重视科学方法学习、科学态度培养和获取科学解释的有机融合，促成三维目标的达成。

另外，还有一个值得称道的细节。“自作主张”的一个小组研究的是“摆角的大小是否影响摆的摆动快慢”。当这个小组在教师的鼓励下与大家分享研究结果的时候，映入大家眼帘的记录单上填满了数据。“我们按照20°、40°、60°的幅度实验5次，数据都差不多，好像摆角大小影响摆动快慢的情况不一定；后来我们又增加了10°和50°，结果还是差不多，我们就觉得我们原来想的和实验结果不一样。”教师及时肯定和鼓励了学生，因为他认识到：实验目的明确，学生能更自觉地关注数据信息，从而自然促成了他们主动地思考和自我反省；应该抓住这个有利的教育时机，实施科学思想方法和科学态度教育，启发学生感悟科学的本质。

(5)回顾与反思。

①让学生们谈自己在这节课中的收获，也是他们对本课教学内容的梳理和归纳的过程，更是他们的自我评价。

②出示钟摆，让学生分析怎样调整时间已经慢了的机械钟摆。这个环节使本课的教学内容和实际的生活联系起来。

③让学生回家思考怎样制作一个10 s摆动10次的摆，使本课的教学内容延伸到课后。

【分析】回顾和反思研究、学习的经历，引导学生自我评价，有利于学生了解自己学习的结果和梳理学习过程，从而将新学到的知识、经验和经历与旧知识建立联系，促进知识技能的内化；有利于培育学生自我监控的意识，培养学生反思的能力，促进学生积极主动地学习。

案例指引三：人类认识地球及其运动的历史①

本课例源自五年级的一节课："地球的运动"单元中的第二课"人类认识地球及其运动的历史"。教师基于注重探究内容及过程思维的指导思想，对本节课的教学内容进行了梳理，根据对学生相关前科学概念的测查，确定了教学方法，提出了教学目标。

1. 教学内容分析。

"人类认识地球及其运动的历史"一课的教学，主要是组织学生通过资料阅读初步了解人类认识地球及其运动的历史；在教师的引导下，通过对这些历史资料的相关信息进行比较，初步体会到——地球科学是螺旋上升、不断精确发展起来的，这里还包括感悟、怀疑和批判精神对于科学发展的不可或缺。学生通过本课学习，在了解人类认识地球及其运动历史的基础上，才有可能主动假设太阳和地球之间的各种运动，有目的地探究昼夜交替的产生原因。因此，在该单元的教学安排上，教师尝试先引导学生学习人类认识地球的历史，然后再组织学生对昼夜交替的原因展开更主动的探究。

2. 教学方法选择。

新课程要求在科学教学中培养学生处理和应用信息的能力，学生要能从资料中挖掘出所需的信息，进行归纳综合和分析，并进行应用。

本课，教师先在课前准备一份人类对地球及其运动较为完整的历史资料。课上首先简单介绍学习资料和学习任务，然后重点介绍一种新的学习方法——阅读人类认识地球及其运动的历史资料，并将提取到的关联信息梳理，建立一条时光轴。通过这样的教学，让学生经历信息资料的处理过程并有所感悟。

(1)引导学生认识时光轴及其简易做法，了解时光轴蕴含的要素——时间、事件、主要观点等。

(2)采用扶的方式，引导学生尝试在阅读中找到重要信息，发现信息间的关联；采用放的方式，指导学生小组合作，开展阅读，资料提取和交流感受。

【分析】从教师对教学内容的分析和教学方法的选择来看，教师抓住了这一知识内容的学习的特点，教学方法的选择、处理信息的能力培养能够有机融合，关注学生在处理信息过程中科学态度的养成。

3. 确定教学目标。

(1)希望学生通过阅读资料，了解人类认识地球及其运动的历史，了解"地心说""日心说"两种解释地球形状、运动以及与太阳的位置关系的主要观点。(也是教学重点。)

---

① 执教者：吴莉荣，北京师范大学实验小学

(2)在教师的引导下，学生能阅读并提取资料中的关联信息进行比较，实现提取重要信息能力的培养。

(3)体会到同一个问题可能有许多不同的解释，科学的观点是建立在证据的基础上不断发展的。(也是教学难点。)

4. 教学准备。

(1)教师用具准备：多媒体课件、模拟演示用具、时光轴、彩色卡纸、胶棒。

(2)学生用具准备：相关阅读资料、签字笔。

5. 教学过程。

(1)创设教学情境，激发探究乐趣。

教学伊始，教师启发和鼓励学生将自己了解到的关于人类对地球的认识的历史资料——人物、观点等信息和大家分享，借此搜集信息，有针对性地推动教学进程。

①学生的已有认识。

A. 天是圆的，地是方的(教师：天圆地方学说)。

B. 哥伦布航海发现美洲大陆。

(教师追问：这与对地球的认识有什么关系?)

C. 航海证明是圆的。

D. 有人认为太阳绕着地球转，后来发现是地球绕着太阳转(教师画图表示)。

教师：同学们说了这么多，我们来看看，这些都是人们对大地哪方面的认识?

②学生通过观察、比较、梳理，归纳出“形状、运动”两个方面。

教师：知道这些认识出现在什么时候吗?它们有什么联系?(观察学生的反应后)今天就让我们回顾五千年的历史，看看人们在认识地球及其运动的历史过程中有哪些了不起的发现。为了帮助同学们了解历史，我们建立一条时光轴。

【分析】当学生将自己了解到的关于人类对地球认识的历史资料——人物、观点等信息和大家分享以后，教师通过“同学们说了这么多，我们来看看，这些都是人们对大地哪方面的认识”的提问，为学生提供了一定的思维空间，促成了学生的观察、比较、梳理和归纳的思维经历。从“知道这些认识出现在什么时候吗？它们有什么联系”的问题中，同样能够感受到教师引导学生关注信息以及信息之间的联系的用心，它会促进学生关注事物间的联系，形成有效学习。

(2)阅览资料，引导探究。

这部分内容是教与学的核心部分，教师引导学生经历了这样几个环节。

教师在简单介绍了学习资料和学习任务后，重点介绍新的学习方法——选择公元元年、公元 2014 年两个节点，确定五千年的时间范围，引导学生认识时光轴及其简易做法，了解时光轴蕴含的要素。

在教师的指导下，学生尝试小组合作，在阅读中找到重要信息，发现信息间的关联；提取关联信息，梳理并建立一条时光轴。

学生是陆续完成任务的，教师利用这一时间差，组织已经完成的学生去组间浏览、观察，发现与自己小组情况不同的地方，思考自己有什么疑惑，这些不同带给自己哪些想法。

学生的发现如下。

A. 我发现有的组的卡片是平均贴在轴上；而我们组的卡片有疏有密，主要在其中的两个时段，因为这些观点出现的时间不同，我们组认为时间长短不同，间隔也应该不同(见图 8-9)。

图 8-9　学生解说本组时光轴并与其他组比较

B. 我们摘抄同一个观点时，用了很少的文字；他们组几乎把所有内容都抄了下来。

C. 其他组都是用文字摘抄，我们组还画图表示了(见图 8-10)。

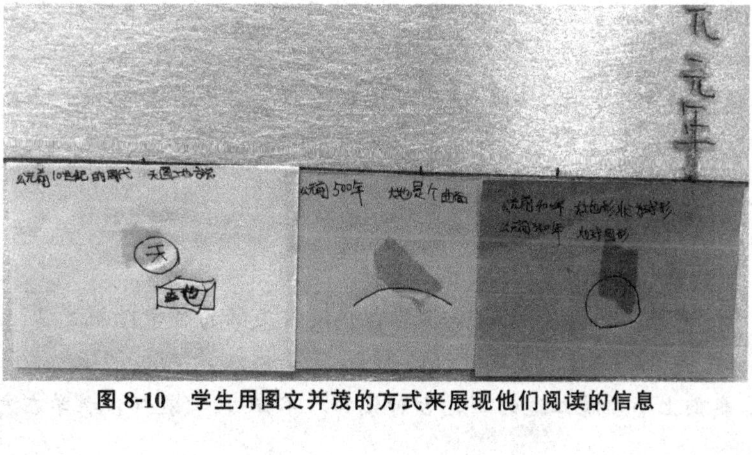

图 8-10　学生用图文并茂的方式来展现他们阅读的信息

【分析】从学生的发言中不难看出，因为有明确的活动目的，开放的组间浏览、观察活动为学生提供了更丰富的信息资料；同时，也促使学生对运用时光轴整理信息的过程、细节进行观察、比较和反思，进一步体会时光轴的含义。

随后，教师组织学生集体梳理时光轴，根据大家的汇报，教师在黑板上快速展示，帮助学生标注时间线段，支持学生思考，补充和完善时光轴(见图8-11)。

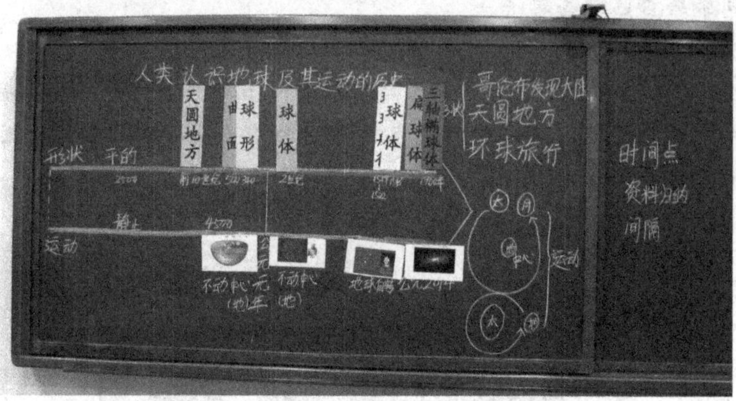

图 8-11　学生在教师带领下集体梳理的时光轴

教师：(在小组间的交流、思考、讨论后)阅读这段历史，观察大家的时光轴资料，你有哪些感受？

学生的感悟如下。

A. 大地是圆的，有好几个科学家都证明了。(教师：对一个观点要经过反复的证明、验证。)

B. 古代和现代都非常重视证据，他们有方法。(教师：对科学的认识要建立在证据上。)

C. 人们对地球的运动的认识用了很长时间，因为在地球上观测不到，科技发展了才认识。

D. 人们一开始不想探索。(教师追问：不想?)

E. 后来科技发展了才能探索。

F. 有猜测，才会去验证。

G. 古人认为“天圆地方”，是因为古代没有足够的科学观测工具。(教师：科学验证需要借助工具，受到时代的影响。)

H. 我们上小学就知道的事，古时候的人不知道。(教师：科学在发展。)

I. 人们的认识要经过一段时间，先认为大地是平的，然后是弧形的，之后是圆球，科学又发达后才发现是不规则球体。(教师：科学的这种认识是漫长的，技术的发展推动了科学的发展。)

J. 人们原来认为地球是宇宙的中心，后来认为太阳是宇宙的中心，再后来认为太阳只是太阳系的中心，这种认识是无止境的。

教师小结：人类的每一个认识都建立在前人的基础上，这种认识是阶梯式的，在不断继承和发展；从错的到对的，在不断进步发展(见图 8-12)。

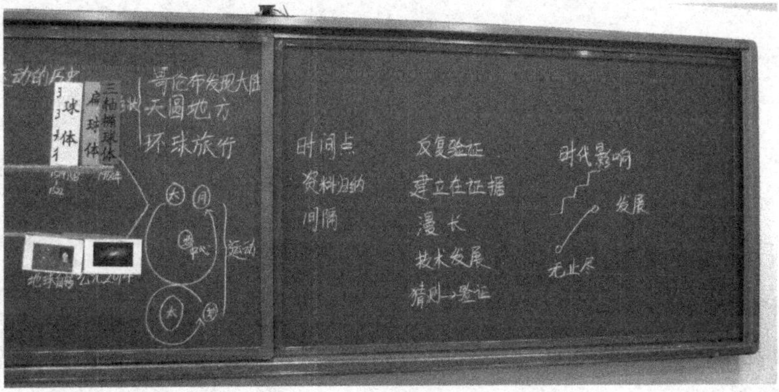

图 8-12　学生对科学史的感悟

(3)课后思考，引导探究。

教师从学生制作的时光轴以及产生的感受中引出新的问题——为什么人们这么关注地球的形状和运动？以此激发学生探究“昼夜交替的原因”的欲望。

【分析】这是一节典型的搜集和处理资料信息的科学探究课。学生在占有一定的学习资料后，能够发表那么多的感受，我们有些出乎预料，没有了以往类似内容的教学中我们熟悉的情景——学生的体会和感受多是照本宣科的摘录。笔者将学生的表达与教师提供给学生的阅读资料相比照，结果发现，学生们的感悟确实是他们自己真实的思考。我想这源于学生在课堂上的经历——阅读历史资料(教师提供的阅读资料)，择取重要信息编制时光轴，集体汇总、加工整理时光轴上的所有信息，解读这些信息之间的联系。这一系列学习经历始终伴随着学生不断深刻的思考，因此，他们才能有感悟、有归纳、有概括，使自己的认识不断深刻，实现既定的学习目标，形成新的学习动机。

总结优秀课例，笔者以为，有效的科学教学，学生的主动学习是根本，而这种主动的核心是思维，基于思维的教与学才是有效的教学。

第九章

有效科学教学与科学课程资源开发

引言：有效利用课程资源

《科学课程标准》指出："为了使小学生的科学学习具有广阔的智力背景，科学教育不能局限于传统意义上的教材，必须利用与开发多种多样的课程资源。"

什么是课程资源？吴刚平在《课程资源的开发与利用》一文中指出，课程资源的概念有广义和狭义之分。"广义的课程资源指有利于实现课程目标的各种因素，狭义的课程资源仅指形成课程的直接因素来源。"同时，他还提出了相对广义的课程资源概念："(它)指的是形成课程的因素来源与必要而直接的实施条件。"①

徐继存等人认为："课程资源是课程设计、实施和评价等整个课程编制过程中可资利用的一切人力、物力以及自然资源的总和。包括教材及学校、家庭和社会中所有有助于提高学生素质的各种资源。课程资源既是知识、信息和经验的载体，也是课程实施的媒介。"② 这个概念不仅说明了课程资源的组成，而且展示了课程资源的作用。

刘克健将课程资源定义为："课程资源是指在实现课程目标的过程中，一切可资利用的一切人力、物力以及自然资源的总和。"③ 笔者认为这个定义更简单明了，便于一线教师理解。

---

① 吴刚平．课程资源的开发与利用．全球教育展望，2001(8)：24

② 徐继存，等．论课程资源及其开发与利用．学科教育，2002(2)：1

③ 刘克健．小学科学课程资源的开发与利用．[学位论文]．南京：南京师范大学，2004：9

人们根据不同的标准，对课程资源进行了分类。根据课程资源的性质不同，课程资源可分为自然课程资源和社会课程资源。《科学课程标准》根据课程资源分布空间上的不同，将课程资源分为学校课程资源、家庭课程资源和社区课程资源三类。学校课程资源主要包括教师、学生、教材与教学参考书、实验室、科学教室、图书馆、花草树木、生物角等；家庭课程资源主要包括家庭成员、家庭饲养的动物与种植的植物、家庭科技藏书等；社区课程资源主要包括科技工作者、工厂、农场、田园、科技实验基地、植物园、动物园、科技场馆(博物馆、科技馆等)、科研院所等。在本书中，我们主要探讨社区课程资源的开发与利用。从当地的动植物资源、博物馆、科技馆、工厂等几个方面，通过实际案例解读怎样有效利用课程资源。

一、有效利用植物资源

科学课中探索植物知识的内容很多，学生们在教室里很难感受到大自然的神奇。置身于花草树木的植物世界里，学生才容易成为科学学习的主人。

案例指引一：票选家乡明星植物

新城子镇中心小学位于密云县东北部的深山区，植物资源丰富。新城子云岫牌苹果不仅个大、味甜，而且通过了有机食品认证，是拉动当地经济的“拳头”产品。镇上还有一棵大柏树——“九搂十八杈”，是北京市的柏树王，距今已有上千年的历史。附近的雾灵山上能治病的药材数量众多。学生们虽然离这些植物很近，但大多数学生并没有真正地了解它们，也并没有觉得这些植物其实是家乡的一笔宝贵财富。

2006年，我交流到新城子镇中心小学任教。作为一名科学教师，我觉得我应该利用当地丰富的植物资源做点“文章”。于是，我组织学生开展了“票选家乡明星植物”的活动。我希望通过这个活动帮助学生在知识、技能、情感三个方面得到不同程度的发展。

知识目标：通过“票选家乡明星植物”的活动，增强学生对家乡的环境因素之一——植物种类及特点的了解，初步感悟家乡生物环境的变化与自己日常生活的联系。

技能目标：在活动中培养学生搜集资料、分析资料的能力；培养学生的演说能力。

情感目标：通过调查，了解家乡的植物种类及特点，培养学生珍爱家乡植物资源的情感。

为了组织好这个活动，我特意准备了“票选家乡明星植物”的视频资料。

学生也对家乡的植物进行了调查，并收集了照片、图片、文字等资料。

活动第一部分：初选家乡明星植物

师：各位同学，我们家乡有着各种各样的花草树木，你们能说出哪些植物的名字？

生：我们家乡有松树。

生：我们家乡有柳树。

生：我们家乡有杨树。

生：我们家乡有玉米。

师：看来大家对于家乡的植物了解得很多，如果让大家推荐家乡的明星植物，你会推荐谁？

生：我会推荐家乡的苹果，因为它是我们新城子的特产。

生：我会推荐家乡的柏树，因为这棵柏树的历史非常悠久，有近3000年了。

师：你说的是不是咱们新城子的柏树王呀？

生：是！

生：我推荐柳树，它既能挡风沙，还能遮阳。

生：我推荐家乡的杨树，因为每家盖房子都要用到杨树。

师：特别有用。

生：我想推荐荆条，因为荆条的生命力特别顽强。

师：大家的看法还真不一样，不如咱们开展一次“票选家乡明星植物”的活动。好不好？

生：好！

师：咱们要“票选家乡明星植物”，肯定要制定一个标准，你觉得家乡的明星植物应该符合哪些条件呢？

生：要和我们的生活有密切关系。

生：既然是家乡的明星植物，那就应该是咱们家乡有的。

生：我觉得还必须有一定特点。

师：就像大家说的，树龄特别长是大柏树的特点；又大、又好吃是苹果的特点。

生：要有突出特色。

师：综合大家所说的——明星植物应该是咱们家乡有的；有突出的特点，有特色；跟咱们生活有密切的关系。下面，4～6个同学组成一个小组，每个小组选择一种植物作为你们组推荐的家乡明星植物。然后，大家可以通过拍照、收集实物等形式搜集相关材料，为这种植物准备一份推荐词。推荐词的目的就是让大家把选票都投给你。接下来，我们就分头准备吧！

活动第二部分：票选家乡明星植物

师：同学们，大家通过一个月的努力，对我们家乡的植物有了更多的了解。今天，我们就来投票选举家乡的明星植物吧！

师：请大家根据我们共同制定的标准，开始评选的第一环节——陈述推荐理由。

（学生分小组坐好，桌上摆着预选明星植物的牌子：大柏树、苹果、荆条、牛蒡子。各小组分别到讲台上介绍自己搜集到的植物，可以利用实物投影，也可以利用 PPT 演示。）

师：哪一组愿意说说，你们组推荐的植物是什么？推荐的理由是什么？

（各组纷纷举手。）

师：好，王昆，你们组先来吧！

生：我们组推荐的明星植物是大柏树。大柏树又叫“九搂十八杈”，据柏树旁的石碑介绍，大柏树的树龄近 3000 年，而且它非常粗。我们数树杈的时候，一共数出 18 个大杈。

（王昆介绍大屏幕上他们去大柏树处实地考察时拍摄的照片，见图 9-1。）

图 9-1　新城子镇的古柏“九搂十八杈”

师：难怪人们管它叫“九搂十八杈”。

生：人们还非常喜欢这棵树，在树上挂了红布条，作为祈福的东西。

师：大家都听清楚了吗？你会把选票投给他们吗？

（学生有的说“会”，有的说“不会”。）

师：下面哪一组愿意来呢？你们组来吧！

（学生拿着搜集来的实物向讲台上走。）

师：蔡子健，你们组拿的是什么？

生：这是牛蒡的叶子，这是牛蒡的根(见图 9-2)。我们组推荐的家乡明星植物是牛蒡。我们推荐的第一个理由是它营养很丰富。第二个理由是它能做药：内用可以清除体内垃圾；外用可以消炎。你们都知道孟老师吧？她有一个孩子胳膊上起了荨麻疹，去了北京好多医院都没有治好，最后用牛蒡的叶子沏水洗，好了！这就是我们推荐的家乡明星植物。

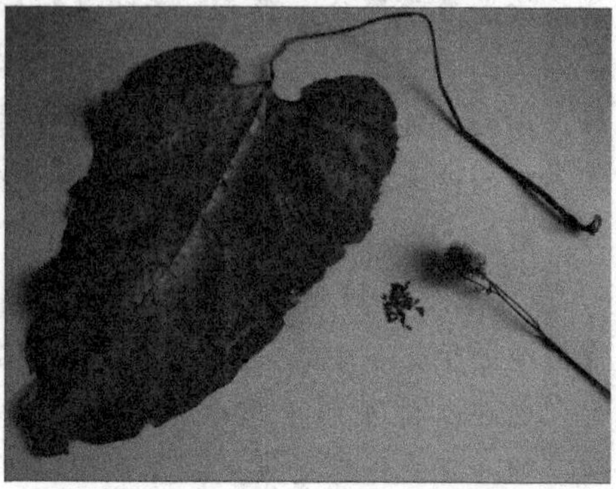

图 9-2　学生采集的牛蒡叶子及果实

师：所以你们推荐牛蒡为家乡的明星植物。

生：对。

师：据我所知，牛蒡的根能长到直径两厘米的比较少见，它的营养的确非常丰富。下面哪一组来呢？

师：魏曹君，她们组也给咱们带来了一些实物，咱们一起来看一看。

生：同学们，你们知道这是什么吗？(学生举着一根荆条说。)

其他学生：荆稍子。

生：我们都管它叫荆稍子，其实它真正的名字叫荆条。推荐它的理由：一是它能治病。它的荆、叶能治拉肚子，它的种子可以当镇痛药。理由二是它能吃，荆条花是特别好的蜜源，用它酿的蜜是“四大名蜜”之一。大家可以看一下。

师：他们还把“四大名蜜”列出来了。

生：对，有荆条蜜、枣花蜜、槐花蜜、荔枝蜜。

(一名学生拿塑料瓶让另外的学生闻。)

师：魏曹君，这是什么？

生：这就是荆条蜜。

师：王丽，好闻吗？

生：有一股特别甜的香味。

生：理由三是它能用来编筐，能编好多好多的工具，比如，篓子、筐、笼子。

生：大家看，这就是用荆条编的笼子。理由四是它特别好活。这里特别干旱，但荆条却长得郁郁葱葱(见图 9-3 和图 9-4)。

图 9-3　荆条生长的环境

图 9-4　荆条的花与果实

师：大家看能把票投给他们吗？

生：能。

师：荆条组的同学都说“能”。

（学生笑了。）

师：下面哪一个组来？

（推荐苹果为家乡明星植物的组的两位学生拿着几张照片上来了。）

生：大家知道这是在干什么吗？

其他学生：我知道，这是在疏花。

生1：对，这就是在疏花(见图 9-5)。在苹果的管理过程中，有一个非常重要的过程就是疏花。苹果开花的时候，有很多很多的花，人们就会把一部分花掐掉，使另一部分得到更多的营养，苹果就能长得更大(见图 9-6)。

图 9-5　果农在疏花

图 9-6　成熟的苹果

生 2：这就是苹果需要的第二个重要工作——疏果。苹果树在生长过程中会结出很多小苹果，这时就要摘去一部分苹果，把营养留给剩下的苹果，这样留下的苹果就会长得大、长得好。

生 1：每年疏果之后，人们在树皮上割两道口子，把树皮剥去，再贴上一层纸，这样就可以阻断筛管，免得营养流失到根部而导致苹果长得不大。

师：这个筛管，老师是不是在科学课上讲过？它负责把养料输送到植物全身。割断它，营养就能更多地留在果实那儿。

生 2：同学们知道这是在干吗？

其他学生：这是在贴字。

生 2：对，贴字可以使苹果更好看，可以增加苹果的售出率。

生 1：这是反光膜，在苹果摘袋以后，阴面和树底下的苹果不能完全被阳光照到。有了反光膜，底下的苹果就能被阳光照到，苹果就能更甜了。

生 2：经过科学地种植，我们的苹果就成熟了。这么好吃的苹果能不当选为家乡的明星植物吗？

师：有的说"能"，有的说"不能"。怎么办？

学生一起回答：投票。

师：对，"票选家乡明星植物"嘛！咱们投票解决，好不好？

生：好！

师：待会儿，老师发给每位同学一张选票，每位同学只能写一种植物。可以不写自己的名字，只写植物的名字就可以了，然后到前面投出你庄严的一票。

（学生投票。）

师：咱们让李思颖唱票，蔡子健监督，我负责往黑板上画票，行吗？

生：行。

（学生唱票，老师画票。）

师：好了，我们来看一看结果：苹果组 8 票，荆条组 4 票，大柏树组 4 票，牛蒡组 5 票。那你们认为谁应该当选咱们家乡的明星植物呢？

生：苹果！

师：有没有不同的意见？

生：我还是觉得应该是荆条。

生：我觉得应该是牛蒡。

生：我认为应该是荆条。

师：看来虽然选票出来了，大家还是觉得本组推荐的植物应该当选，是吗？

生：是！

师：那大家想想怎么办呢？

生：我觉得可以评不同的家乡明星植物。

师：能具体说说吗？

生：比如说有营养的，有经济实惠的。

师：也就是根据每组推荐植物的特点单评，对吗？

（提建议的学生点头默认。）

师：大家同意吗？

生：同意。

师：想想你们组的推荐植物应该被评为什么明星植物，加上一个词，让明星植物成为单项的。

生：我觉得我们组的大柏树应该是“历史悠久的明星植物”。

师：“历史悠久明星”行不行？

生：我们组的苹果应该是“最有经济价值的明星植物”。

生：我觉得我们的荆条应该被评为“生命力最顽强的明星植物”。

师：牛蒡组呢？

生：我觉得牛蒡应该被评为“药用明星植物”。

师：有道理！刚才郝树阳说了，牛蒡的药用价值非常突出。大家现在发现我们每组推荐的都是明星植物，每种植物都有它的特点。如果我们像今天这样仔细地观察、认真地发现，我们就能有很多收获。

二、有效利用动物资源

“种植和饲养是小学生乐于从事的实践性活动。科学课应给学生提供机会，让他们从事力所能及的种植、饲养活动，从中获得直接感知和技能、乐趣方面的发展。”[①]

案例指引二：护蛙行动[②]

北京市密云县的东南部山清水秀，到处都是绿色，河中鱼虾特别多。夏秋季节，青蛙总在水塘中叫个不停，而如今，河里的鱼虾少了，青蛙的叫声也少了。青蛙属于两栖动物，这里的科学老师在研究两栖动物时针对“保护青蛙，保护人类的朋友”这个主题展开了讨论，学生们一致认为保护青蛙不应是一句空话，这便激发了他们成立“护蛙小队”的想法。于是，在2002年3月中下旬，学校组成了“护蛙小队”，并开始活动。

---

① 教育部．全日制义务教育科学（3～6年级）课程标准（实验稿）．北京：北京师范大学出版社，2001

② 本案例由北京市密云县大城子中心小学吴井平老师提供

1. 学生们进行了合理分工，并确定了活动开展的方向。

“护蛙小队”的队员首先调查了全校学生对“保护青蛙”的认识情况。学生们都知道青蛙保护庄稼，但是生活中依然存在不少伤害青蛙的现象。保护青蛙不是说一说的事，也不是某一个人的事，需要大家的共同努力。学生们以班为单位成立了小组，并确立了组长及队员，这样，大自然便成了他们广阔的课堂。学生们找到了活动的方向：研究、探索青蛙的生活史及现状，保护青蛙。最重要的是，他们觉得自己做的是一件有意义的事。

2. 大家一起座谈、商讨，并确立了“护蛙小队”的活动计划，以使活动有目的、有顺序地进行。

经过思考、讨论，大家认为这项活动的内容包括以下几项。

(1)查资料，掌握青蛙的生活史，整理出保护青蛙的意义的宣传材料。

(2)找到破坏青蛙生存环境、危害青蛙生命的根源，以制定解决办法。

(3)为被拯救的小蝌蚪、小青蛙修建池塘，进行饲养，确定教育基地。

(4)行动起来，阻止身边伤害青蛙的事情发生。

(5)走进村镇宣传，让人们更深地理解保护青蛙的意义。

有了合理的分工与计划，活动开展起来很顺利。

3. 在活动过程中，学生们既学到了知识，又体会到了快乐。

经过讨论及外出考察，他们认为影响青蛙生存的因素有以下几个。

(1)人为捕杀。一些小朋友捉青蛙，给它们拴上绳子，当作玩具，而因为蟾蜍长得丑，让人害怕，就用石块砸死它们；有的大人捉青蛙做野味品尝；还有人捞青蛙卵、捉蝌蚪。这些都造成了青蛙数量的减少。

(2)垃圾污染。以前清澈见底的河水不见了，河边、河中到处是居民倾倒的生活垃圾。时间一长，留给青蛙的生活空间越来越小。夏季炎热，河水更加污浊，以前雨水多，涨水时垃圾会被冲走，将河道冲洗干净。而现在连年干旱，几年未涨过水，河道中垃圾越堆越多。

(3)旱涝等自然灾害。本来就干旱的天气，河水减少，加上农民们抽水灌溉农田，河水经常干枯，这严重影响了青蛙及蝌蚪的生存。

(4)用电、农药等悲惨的捕鱼方式。村民经常到河中“电鱼”，“电”过之处的鱼虾、青蛙、蝌蚪都成了牺牲品。最残酷的是用农药“除草剂”等捕鱼，将农药往河中一洒，凡是河中有生命的动物都逃不掉，农药过后，河里一点儿生气都没有了。另外，给果树喷洒完农药的农具都是到河水中清洗，那些残留的农药污染着河水的水质。这些也影响了青蛙的生存。

“护蛙小队”的队员们将青蛙从大人、小朋友的手中救回来，从恶劣的环境中救回来。每个“护蛙小队”的成员都会讲出许多营救小蝌蚪或小青蛙的故事。小队成员每天给学校池塘中的小蝌蚪喂食，并认真地做好记录。与学校食堂联系，每天收集废菜叶、剩馒头，弄碎了喂给它们，在饲养过程中也常遇到问题。例如，他们发现学校池塘中的蝌蚪比野外的蝌蚪长势缓慢，瘦了许多。老师便和他们一起查阅了资料，寻找原因及解决办法。《亿万个为什么》上说："青蛙吃害虫，蝌蚪也吃害虫。"学生只给它们吃植物性食物，所以长势缓慢。"蝌蚪吃杂食，动物性食物与植物性食物搭配起来喂养才好。可以捉一些小鱼、蚯蚓和菜叶一起切碎了喂养。"学生对蝌蚪的食物进行了改良，小蝌蚪们开始长出了后腿、前腿，尾变短、消失，最后变成了青蛙(或蟾蜍)。

4. 以学校为教育基地，积极开展"护蛙"宣传，形成庞大的护蛙人群。

"护蛙小队"印刷了上千份宣传资料，并召开了"护蛙"主题的班会、校会，邀请校长参加活动，在校内形成了"护蛙热潮"。以学校为"护蛙"教育基地，学生分两条主线宣传"护蛙"：一是由学生向家长宣传，再向各村居民宣传；二是由"护蛙小队"走出校园到各村、单位、集市等人群密集地进行宣传，收到了很好的效果。

三、有效利用博物馆资源

"博物馆和学校的教育是相辅相成的。一方面，博物馆通过与学校合作，将学生视为必要的教育对象，使教育活动更为具体、实际，可以充分发挥博物馆资源的效用，更好地完成博物馆为社会服务的任务；另一方面，学校通过与博物馆合作，使教学环境更能吸引学生，扩大学生活动空间，提升学生的学习动机，补充学校在教学资源上的不足。"①

北京自然博物馆是新中国成立后第一座大型自然博物馆。其中，古爬行动物厅向观众展示了生物界2亿多年前的景观，并以总鳍鱼、鱼石螈、蛹螈和异齿龙为代表，演示了脊椎动物从水域向陆地发展的复杂过程；始祖鸟化石的触摸也让人们感受到了动物进化的神奇。博物馆既有展品模型的陈列，也有相应文字、图画的介绍；多媒体电脑中还模拟了地层沧海变良田的重大地质变化过程……

案例指引三：脊椎动物的进化②

为了让学生更好地了解脊椎动物的进化过程，一位教师准备带自己的学生到自然博物馆上一节科学课。教师与学生首先进入自然博物馆三层教室，

---

① 孟庆金."利用北京自然博物馆资源进行教学设计"优秀课例及优秀教学设计．北京：北京科学技术出版社，2012：序言

② 本案例由北京市朝阳区酒仙桥中心小学芮莉老师提供

利用多媒体资源展示出表9-1这样一张表格，并引导学生填写。

表9-1 脊椎动物的特征

脊椎动物	体表特征	呼吸方式	繁殖方式	运动方式	栖息环境
鸟类	有羽毛	肺	卵生	飞行	陆地、空中
两栖类	皮肤裸露	肺（皮肤）	卵生	爬、跳……	水边
鱼类	有鳞	鳃	卵生	游	水中
哺乳类	有毛	肺	胎生	走、跑……	陆地
爬行类	有鳞、甲、壳等	肺	卵生	爬、跑……	陆地

填写表格的目的是引导学生准确把握这几类动物的基本特征，为研究动物的进化过程做铺垫。根据以往的教学经验，学生确实需要补上这一课，尤其是对两栖动物和爬行动物的特征，有许多学生至今还不清楚，这也是本课探究中的一个难点。

在表格交流的基础上，教师将各类动物的特征及代表动物的画面演示在大屏幕上，并提出疑问，聚焦本节课的研究主题——这些我们所熟知的动物是地球上本来就有的吗？如果按照它们在地球上出现的先后顺序，应该怎样排列顺序呢？

问题的提出引发了学生的积极猜想，学生出现了各式各样的排序结果。

猜想1：

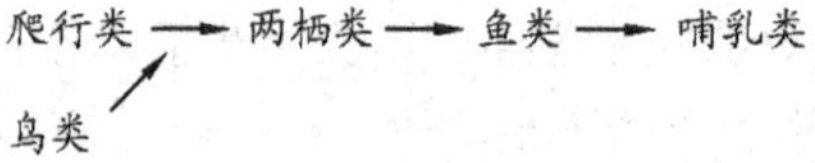

原因：恐龙是爬行类，翼龙是鸟类。

猜想2：鱼类→两栖类→爬行类→哺乳类→鸟类

原因：动物最早是从鱼类进化来的，然后进化成在陆地和水边生活的两栖类，适应各种环境，最后还能飞到天空中。

猜想3：

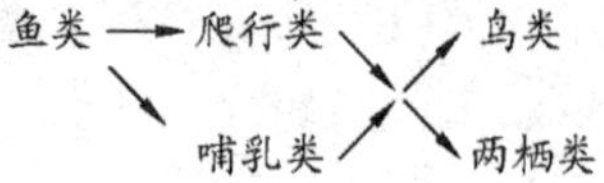

原因：先出现的是在水中活动的鱼类，然后它们慢慢地走向陆地，最后有一部分变成鸟类，有一部分继续生活在水边或水中。

猜想4：爬行类→鸟类→鱼类→两栖类→哺乳类

原因：爬行类是最早的恐龙，有些翼龙变成鸟类，水中有鱼类，可以向陆地延伸，最后是哺乳类。

猜想 5：鱼类→两栖类→爬行类→哺乳类
　　　　　　　　　　　　　　↘鸟类

原因：先是鱼类，然后它的鳍进化成四肢，变成了两栖类，并没有完全离开水中。完全离开水中时变成了爬行类，最后爬行类进化，同时进化成了哺乳类和鸟类。

教师将学生的这些排序书写在黑板上，并引导学生对为什么这样排序进行交流。可见，这些排序并不是胡乱的。有的学生按照各类动物栖息的环境排序，有的学生按照各类动物的运动方式排序，还有的学生按照自然环境的变化排序。这是学生在自定义的标准下进行的，也是学生对于脊椎动物进化原有认知的表现。他们不断为自己找来各种各样的论据，试图说服别人。此时，教学进入第一个小高潮。

教师通过聚焦的问题，充分调动学生的已知经验，并引发学生在交流过程中产生认知冲突，有效地调动了学生的探究热情。从现场的实施效果看，学生们已经展开了交流，并利用屏幕上各类动物的基本知识加以解释，试图将其作为证据证明自己的想法。

当学生争论激烈之时，教师示意学生冷静下来，用科学的方法及身边的资源来解决问题。置身于自然博物馆中的学生意识到可以借助自然博物馆中的资源来解决问题，可以进行场馆考察或资料查询。

教师肯定了学生实证的科学想法，并进一步明确了实证要求，建议学生主要在自然博物馆一层古哺乳动物厅、古爬行动物厅进行搜集证据的活动，建议利用照相机、摄像机、记录等形式将搜集到的证据转化成有力的证据。

学生纷纷行动起来，三五成群地进入展厅开始现场考察。有的学生在始祖鸟化石旁拍起了照片；有的在总鳍鱼→鱼石螈→蚓螈→异齿龙的进化场景前认真阅读；有的在文字资料旁记录；还有的在多媒体展示台前查阅……他们将重要的信息资料搜集起来，形成了有力的科学证据。

博物馆的资源丰富、珍贵，但并不是所有资源都与学习内容有关联。教师有选择地将学生集中到古爬行动物馆，有利于学生有针对性地收集事实资料，为解决问题提供了有效支持。

考察活动结束后，学生们陆续回到博物馆三层的教室，将自己收集到的照片、文字记录等资料进行整理，还将一部分内容传输到电脑中进行交流展示。

在博物馆的教室上课，能够及时进行学习信息的交流，促使学生的知识建构过程及时、完整，使学生的探究性体验更加深刻，学习更有效益。

当学生对搜集到的资料进行初步整理后，教师引导学生运用多媒体进行表达与交流。这时，教师组织学生合理地表达与有效地倾听，以促进新知识的构建。

学生在表达与交流的过程中形成了一致的意见，即这几类动物在历史上出现的先后顺序是：鱼类→两栖类→爬行类，之后同时出现了鸟类和哺乳类。

至此，教师以博物馆为课程资源，初步完成了教学任务。但他并没有就此停住，而是引导学生向更深层次的概念迈进。

教师按照学生的讨论结果，展示调整好顺序的脊椎动物特征表格(见表 9-2)。引导学生按动物进化的历程，有顺序地观察与思考这些动物在体表特征、呼吸方式、繁殖方式、运动方式与栖息环境方面的差异，分析脊椎动物在历史进化过程中的规律与真正原因。

表 9-2　调整后的脊椎动物特征表

脊椎动物	体表特征	呼吸方式	繁殖方式	运动方式	栖息环境
鱼类	有鳞	鳃	卵生	游	水中
两栖类	皮肤裸露	肺(皮肤)	卵生	爬、跳……	水边
爬行类	有鳞、甲、壳等	肺	卵生	爬、跑……	陆地
鸟类	有羽毛	肺	卵生	飞行	陆地、空中
哺乳类	有毛	肺	胎生	走、跑……	陆地

联系历史的发展变化，学生发现这些动物的生活环境是从水生环境逐步过渡到陆生环境的，这与地球的沧海桑田变化是息息相关的，是造成动物进化的根本原因——动物为了适应自然环境的变化而变化。教师还引导学生发现这些动物在进化过程中，在体表特征、呼吸方式、繁殖方式、运动方式等方面都呈现出从简单到复杂、从低级到高级的进化趋势。

教师利用自然博物馆三层的教室先和学生讨论脊椎动物进化的问题，在充分调动学生已有经验乃至发生激烈的认知冲突时，再引导学生进行博物馆资源考察。这些栩栩如生的模型、化石，极具科学权威的文字和图片资料，都会使学生尽快地建构起脊椎动物进化的历程框架，并最终感悟出动物进化的规律与根本原因。教师有效利用博物馆这个课程资源，达到了良好的教学效果。

四、有效利用科技馆资源

小学光学课历来是实验教学中的难点，学生在探究光学知识的过程中不仅需要许多适用的光学仪器，还需要可控制的周围环境。例如，光学实验有时需要暗室操作环境，有时需要在晴天进行实验，课前准备很费功夫。

索尼探梦科技馆很好地解决了这些问题。索尼探梦科技馆是一家主要面向青少年、儿童的公益性科技乐园，位于北京市朝阳公园内。大约 2 800 m^2 的展馆将“光与声音”作为主题，分为错觉、声音、折射、反射、光色、现场表演和数码工作室七大主题，展示科学的奥秘。

尤其是其中光学知识的两个展品——“彩色的影子”“光线小岛”，能够解决教学中“光的传播”“光的反射”“光的折射”“透镜”“光和色”等教学内容中的知识点，让学生了解光的直线传播现象；了解平面镜或放大镜可以改变光的传播路线；知道光是有颜色的，了解日光的色散现象，为做彩虹实验活动提供有效的支持。

案例指引四：到索尼探梦科技馆上光学课①

教学准备阶段，老师首先选择了两个教学班，两个班的学生均对光学知识有了初步的了解，产生了一定的研究兴趣。在此基础上，教师对两个班的学生分别展开课前教学。

其中一个班的问题是：你对光的传播、光的反射、光的折射有怎样的理解？如果去索尼探梦科技馆研究光学，你最想解决的两个问题是什么？

另一个班的问题是：你对光的颜色、光的反射、光的折射有怎样的理解？如果去索尼探梦科技馆研究光学，你最想解决的两个问题是什么？

从学生的记录中可以发现，学生对光的知识有所了解，但认识上有很大偏差，尤其是对光的反射与折射现象的区分很不明确。还有许多问题可能需要教师在实践过程中引导学生边参观、边动手、边动脑才能解决的。

为了探明太阳光的颜色，在“彩色的影子”展品前，教师将学生带到光的三原色投出的光柱下，请学生说说太阳光是什么颜色。其中，学生对太阳光是白色还是七彩色的争议最大。这时，教师就请学生观察，发现红光、绿光和蓝光在墙面混合处形成了白色，教师告知学生太阳光也是这样由七种色光(红、橙、黄、绿、蓝、靛、紫)混合而成的。而其中的红、绿、蓝是光里的三原色，少了任何一种颜色，阳光都会发生变化。这时，教师将红色光线挡住，发现“蓝＋绿＝青；红＋蓝＝品红；红＋绿＝黄”。

学生好像明白了，却又心存疑惑，还有人问彩虹是怎么回事。教师引导学生：“既然我们看见色光混合形成白色光，那么白色光要是也能分开变成七色光，就能完全证明白色光和七色光的关系了吧?”教师又带着学生来到“光线

① 本案例由北京市朝阳区酒仙桥中心小学芮莉老师提供

小岛”，演示白色光通过三棱镜被分散成七色光的实验。“噢，真的是这样!”“彩虹就是这么形成的!”学生在一正一反的实验过程中，不仅对光和色有了更深的认识，还与生活实际有了较好的联系。

而对于光的传播、光的反射、光的折射现象，也可以通过“光线小岛”观察清楚。通过后测，学生学习这部分教学内容的效果更好。

通过这个案例，我们不难发现，教师能分析科技场馆的课程资源优势，找准科技场馆内科普展品与科学内容教学的结合点，有针对性地解决教学中的重点、难点问题，是有效利用科技馆资源的关键。

第十章

有效的科学课堂教学与课外科技活动

引言：基于课堂教学的课外活动

不管是大自然中翩翩起舞的花椒凤蝶还是它栖息、停留的花椒树，不管是仰头看到的星空还是每天刷牙的牙膏，都蕴含着科学知识。我们的生活离不开科学，学生们的成长更离不开科学。科学知识不仅可以在课堂中学习，也可以在课外学习，科学无处不在。

课外科技活动是根据一定的活动目的，在学校组织下由学生运用所学的知识和技能，在课外从事学习、研讨、实践、创造等的科技活动。[①] 它深受学生喜爱，是小学科学教育的一个组成部分，是学生们获得科学知识和技能的途径之一，是科学课堂教学的延伸与发展，是培养学生个性发展的沃土。

一、有效的科学课堂教学点亮孩子的科学之路

《科学课程标准》指出，科学课以培养小学生的科学素养为宗旨，积极倡导学生亲身经历以探究为主的学习活动，培养他们的好奇心和探究欲，发展他们对科学本质的理解，使他们学会探究解决问题的策略，为他们的终身学习和生活打好基础。我们发现，趣味盎然的科学课堂教学可以有效地激发学生科学探究的兴趣和爱好。此外，学生的探究能力在课外科技活动中有更充分的体现。

(一)牢抓课堂普及知识，夯实科学基础

科学课堂教学以全体学生为主体，以课堂教育为主阵地，以自然科学教

---

① 熊言林，郑东影．课外科技活动由“短板”变“长板”的思考．中国教育学刊，2009(11)：61～63

育为主要内容，并涉及科学技术、科学史、科学哲学、科学文化学、科学社会学等多种学科。儿童从幼儿时期到小学阶段，学习“生命世界”“物质世界”“地球与宇宙”三大领域中与生活紧密相关的科学知识。其中，“生命世界”领域包括动物、植物、生命特征、生物与环境、生理健康；“物质世界”领域包括声音、光、电、热、磁、机械、力、运动、材料等；“地球与宇宙”领域包括太阳、月球、地球物质与概貌、地球运动引起的天气变化、地球运动引起的四季变化等方面的内容。虽然小学科学教育仅仅属于科学启蒙教育，但能激发学生从小爱科学、学科学的兴趣，从而引导学生自主地走进科学的大门，培养其主动探索、主动质疑、主动解疑的习惯。

案例指引一：化学实验与成分比例

在学习“醋和小苏打”一课时，老师为学生准备了一定量的醋和小苏打做实验，看看混合后的小苏打和醋是什么样的。这个简单的实验引起了六年级梦轩同学的兴趣。每次实验后，他发现都剩下一点儿小苏打没有和醋完全反应，他急忙问老师：“白醋和小苏打的比例为多少，才能让它们恰好反应完?”老师听了之后心想：这小伙子爱动脑筋，给他出点难题看看他是否能够解决。“你觉得该怎样做才能知道白醋和小苏打的比例呢?”“您借给我一个电子秤，我来试试。”这小家伙真有办法！下课铃响了，梦轩的研究还没有结果。老师以为他也就是说说而已。没想到中午刚吃完饭，他就跑到实验室。经过一个中午的反复实验，他告诉老师，使用的白醋和小苏打完全反应的比例是 4∶1，和老师实验的结果完全一致。

有效的科学教学会为学生在某个科技领域的进一步学习奠定基础。学生对科学知识的掌握、理解和运用的能力增强，在一定程度的积累后，就可能实现个人认识的飞跃。

(二)培养探究能力，让课外科技活动起航

《科学课程标准》指出：科学探究是科学学习的中心环节。科学探究不仅可以使小学生体验到探究的乐趣，形成正确的思维方式，而且可以使他们了解科学的本质，识别什么是科学，什么不是科学。

科学探究不仅涉及观察、实验、制作、搜集证据、解释、表达与交流等活动，还涉及对科学探究的认识。科学探究能力的形成依赖于学生的学习内容和探究活动，必须紧密结合科学知识的学习，通过动手动脑、亲自实践，在体验的基础上，内化为概念和自身能力的一部分。探究型课堂模式构建了“提出问题→猜想和预测→设计方案→寻求证据→数据收集和分析→结论和表

达→生成新的概念”[1]的课堂学习模式。这样的学习模式从三年级开始，教师由扶到放，逐步培养，学生到高年级就可以独立运用了。一个问题结束又产生新的问题，学生继续新的探究。学生在亲身经历中体验科学研究的方法，将宝贵的经验和收获应用于实践，解决问题的能力逐步增强。

案例指引二：化学实验与喷泉制作

梦轩从此成了科学教室的常客。每天中午吃完饭，他都会光顾科学教室。小家伙不满足，看着白醋和小苏打产生的气泡又冒出了新的想法：要做一个喷泉。他找来吸管、矿泉水瓶，把矿泉水瓶顶用螺丝刀扎了个洞，洞口插上吸管插，然后用胶条缠好，再把等比例的白醋和小苏打放进去。喷泉真的喷出来了，有 20 cm 高。他不满意这个高度，不停地一次次实验。这可怎么办?老师鼓励他好好想想可能是什么原因。一种可能是密封不好；另一种可能就是两种物质反应时没有产生足够多的气体。他又找来橡皮泥密封，买来了醋精。没想到这一次竟然发生了质的飞跃，醋精和小苏打制成的喷泉竟然喷到了教室的顶上，他兴奋地跳跃着，把研究成果展示给老师看。

课堂上的时间是有限的，教师要鼓励学生把研究的问题继续下去，延伸到课下。学生在反复实践过程中学会科学地思考问题，科学地解决身边的问题。

学生在课下研究问题时，没有教师的指导，没有时间、空间及材料的局限性，思想可以自由地驰骋，这时学生解决问题的方式也会有些不同，大多是采用研究性学习的方法。

研究性学习有三个基本特征：(1)目的指向性。学生学习是有目的的过程，最终要达到某个状态。(2)认知操作。学生的学习依赖于一定的学习和思维策略，并以此进行一系列认知操作。(3)操作序列。学习活动包括一系列心理活动。[2] 课堂上的探究活动和课下的研究活动(科技活动)中的研究性学习方法既有相似之处，又略有不同(见表 10-1)。

表 10-1 探究性学习与研究性学习的比较

	探究性学习	研究性学习
相同点	来源相同：都是由英文“Inquiry Learning”翻译而来的，是以学生自主探究为主的学习方式 学法相同：都强调学生的主动性、活动性，是一种以学生为主体的学习方式	

① 韦钰，[加]P. Rowell. 探究式科学教育教学指导 . 北京：教育科学出版社，2005：43

② 张筱玮 . 教学方式与学习方式的变革——透视研究性学习 . 北京：北京理工大学出版社，2004：39

		探究性学习	研究性学习
相同点		目的相同：都是解决问题的学习，以问题为载体，以探究问题为目的，强调学生通过亲身实践增强探究和创新的意识，学习科学的研究方法，发展综合运用知识的能力 性质相同：都具有开放性，让学生走出教室，走出校门，走上社会 过程相同：注重探究的过程，体现尊重个性发展和适应合作学习，强调结果，但更强调过程，强调学生的体验和感悟，注重探究的过程	
不同点	含义	探究是多层面的活动，包括：观察；提出问题；通过浏览书籍和其他信息资源发现什么是已经知道的结论，制订调查研究计划；根据实验证据对已有的结论做出评价；用工具收集、分析、解释数据；提出解答，解释和预测；交流结果。探究要求确定假设，进行批判性地、逻辑性地思考，并且考虑其他可以替代的解释	亦称发现学习，是指学生在学习情境中通过观察、阅读，发现问题，收集数据，形成解释，获得答案，并进行交流、检验
	教师作用	以教师为主导、学生为主体的教学过程，教师对学习过程是可操纵的，对学习成绩的评定具有绝对的权威	学生是研究学习的主体，教师是以平等参与者的身份介入的，教师是组织者、参与者和指导者
	选题及结果	课题是教师选定，结果是预知的	学习过程和结果无法事先预料
	培养目标	思维能力、创新精神和实践能力	独立思考能力和自主学习的能力
	学习过程	提出问题→猜想和预测→设计方案→寻求证据→数据收集和分析→结论和表达→生成新的概念	问题分析→信息收集→综合研究→成果展示→反思
	根本特征	重视过程和结果	重视过程

(三)延伸课堂教学，激发孩子课外研究的兴趣

1. 课堂学习知识、方法，课外延伸能力

案例指引三：滑轮与晾衣架

课上孩子们知道了滑轮是一个周边有槽、能够绕轴转动的小轮。使用滑轮时，轴的位置固定不动的滑轮称为定滑轮。定滑轮不省力也不费力，但可以改变力的方向。孩子们联想到了升国旗的场面，并制作了升国旗的装置。课下老师留了一个作业：小柯的妈妈每次洗完衣服都要用一根撑衣竿，把衣服挂到晾衣架上，每挂一件衣服就要举起一次撑衣竿很麻烦。大家能否利用自己学过的简单机械制作一个方便的晾衣架呢?

善于思考和动手的小航同学，下课就找老师借了一个滑轮、一根绳子、一根吸管做了起来。小航先用了一个滑轮，可是很难把一根竿子拉起来。小航增加了一个滑轮，这次可以把晾衣架拉起来了。可是问题来了，这个晾衣架需要两边同时拉绳子才能把晾衣架拉起来，在生活中很不现实。爱动脑筋的小航把绳子加长，再把绳子从一个滑轮中穿过，在另外一个滑轮一边与绳子合并，这样在一边拉绳子就可以把它拉起，但是手松开，衣竿就掉下来了。小航想起了刚刚学过的轮轴和杠杆，10 分钟后，晾衣架做成了(见图 10-1)。

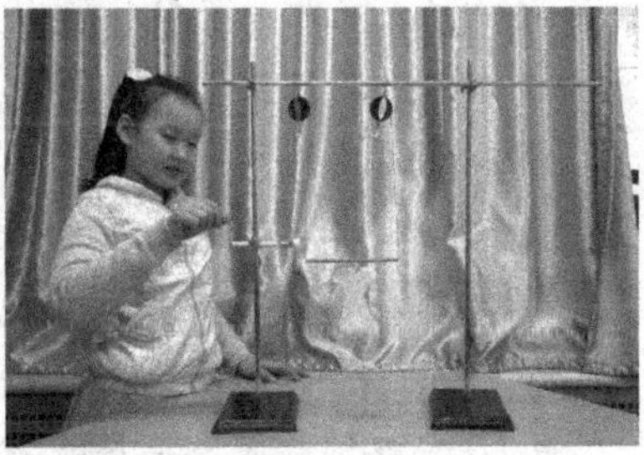
图 10-1　小航在制作晾衣架

爱动手的小航把课内学习延伸到课外，经历了“否定之否定”“实践再实践”的探究过程，把学习过的科学知识综合利用，动手能力、思考能力、解决问题的能力同时得到了全面提升。

2. 联系生活，学以致用

学生在课堂积累了知识和技能的经验，把思考付诸实践，距离科学之路就会越来越近。

案例指引四：研究日志——《废旧电池再利用充电装置》①

8 月 20 日至 8 月 30 日　文献资料调研

1. 废电池的环境污染及防治。

环卫科技网首页＞技术中心＞特种垃圾＞废旧电池＞文章正文

……

① 北京市海淀区中关村第一小学丑瑞华

2. 废电池的类型、产生量及流向。

废电池实际包含着多种类型，并随所使用的电池种类的增多不断增加。就民用废电池而言，可以将其分为废一次干电池、废二次干电池和废铅酸蓄电池三大类。废一次干电池主要有锌—二氧化锰干电池、碱性锌—二氧化锰干电池、锌—氧化汞干电池和锌—氧化银等纽扣电池；废二次干电池主要包括镍镉电池、镍氢电池和锂离子(含锂聚合物)电池。

……

(来自环卫科技网，http://www.cn-hw.net/html/sort070/201206/34045.html。)

3. 废电池的有害成分。

一般地讲，电池中的有害物质主要有汞、镉、铅、镍和锌等重金属物质，以及其中的电解质溶液。

汞是常温下唯一的液态金属，汞及其化合物，特别是有机汞化物，具有极强的生物毒性、较快的生物富集速率和较长的脑器官生物半衰期。

镉易在动植物体内富集，影响动植物的生长，具有很强的毒性。

铅可对人的胸、肾脏、生殖、心血管等器官和系统产生不良影响，表现为智力下降、肾损伤、不育及高血压等。

镍和锌的毒性相对较小，也是人体必需的微量元素之一，但超过一定范围时，会对人体产生不良影响和危害。

(来自环卫科技网：http：//www.cn-hw.net/html/sort070/201206/34045.html。)

4. 废电池的危害及其环境污染风险分析。

……

5. 国内外废旧电池回收的处理现状及对策。

目前我国废旧电池回收处理中存在回收率低和处理难度大两个突出问题。

……

北京是从1998年开始回收废旧电池的，回收箱大多是由一些环保组织或者回收中心在学校或小区零星设置的，辐射面并不大。北京“绿色之星”废电池志愿者服务队总指挥王自新说：当时(回收废旧电池工作)是交给北京市环卫局的一个部门，但因为它没有处理技术，仅仅只是存放在库房里。

从以上资料看，大家分类回收废旧电池的意识还不是很强，废旧电池的回收和利用是亟待解决的难题之一。

通过以上分析，我想：能否设计一个装置，将这些还有余电的废旧电池集中到一起，成为具有一定电量的充电装置，放置于公共场合，为小型电子设备(手机等)充电？这样不仅可充分利用废旧电池里的余电，节约能源，符合绿色环保和可持续的理念，而且可以调动人们对分类投放废旧电池的积极性，从而减少废旧电池的不合理丢弃，保护环境及人类的健康。

9月1日至9月5日　学习家用干电池原理

干电池是把化学能转换为电能的一种装置，人人都使用过它。通常使用的干电池是锌锰干电池。碳棒为正极，锌筒为负极。

电池的容量：在一定的放电条件(温湿度、电流等)下，电池所放出的电量一般用“mAh”表示。即某一恒定电流下，电池放电至某一电压所持续的时间。一般情况下，电池容量越高，在同一恒定电流下放电持续时间就越长。

干电池的标码含义：为了表达干电池的性能特征，电池的包装上有：LR6、LR03、R6P、R6C、R6S、R14S、R20S等这样一些标码代号。它们的含义是：“L”表示高能量碱性锌锰电池，即该电池适合高功率、大电流放电器；“P”表示高功率碳性纸板电池；“C”表示高容量碳性纸板电池；“S”表示糊式电池，通常被省略；“R”表示圆柱形电池；“6”表示5号电池；“14”表示2号电池；“20”表示1号电池；“03”表示7号电池。

9月6日至9月8日　学习欧姆定律

欧姆是德国物理学家，他在物理学中的主要贡献是发现了后来以他的名字命名的欧姆定律。

欧姆定律：一段导体中的电流，跟这段导体两端的电压成正比，跟这段导体的电阻成反比。

欧姆定律的公式形式：电流＝电压/电阻

9月9日至9月10日　学习干电池的串联原理

把一节电池的负极和另一节电池的正极连在一起，余下的一节正极和另一节负极就是这个电池组的正极和负极。用这样的办法可以把两节、三节或更多的电池串联起来。

干电池组的工作原理从能量转化的观点来看，就是干电池组对外供电时，电池内部了发生化学变化，化学能转化为电能。

干电池组在向外界供电时，每节电池自身对电流都有阻碍作用(即每节电池都有电阻)，不同牌子或不同型号的电池的电阻不同，同一型号的新、旧干电池的电阻也不同。

9月11日至9月15日　学习使用电压表和电流表

我所用的是数字式万用表，可测电压和电流。电压表需要并联在所测电路两端，电流表需要串联在所测电路中。

9 月 16 日至 9 月 18 日　测量旧电池的电动势和内阻

废旧电池和正常电池的区别就是电动势下降，内阻增大。到底差别多大呢？需要试验测量。

……

9 月 19 日至 9 月 21 日　测量旧电池的功耗

……

9 月 22 日　处理实验数据

把前几天的实验记录的数据输入计算机，用 MATLAB 软件画出曲线。

……

9 月 23 日至 9 月 28 日　充电装置设计与制作

……

9 月 29 日至 9 月 30 日　充电装置测试

用图 10-2 的装置测试。

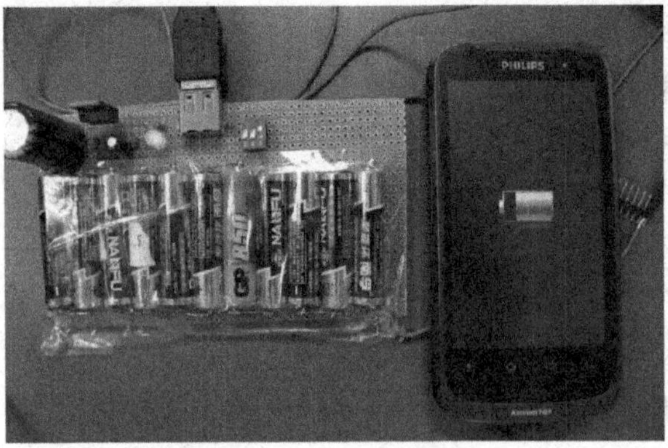

图 10-2　飞利浦手机充电测试

换一个手机试试，充电也正常！

10 月 1 日至 10 月 7 日　撰写研究报告

经过前期紧张的实验和测试，我的想法终于从一个念头成了实际可应用的样机。回顾这一过程，有许多值得回忆和总结的内容。利用“十一”放假，在老师的指导下，我把研究报告写了出来。

丑瑞华同学在近 3 个月的课余时间里经历了自主提出问题→调查文献→学习相关知识→研究制作→撰写报告几个阶段的实验研究过程，她自己可能并不知道所经历的研究过程与课堂上的探究过程的差异，但教师不难从中发现孩子的学习动机从被动到主动，研究方法也接近课堂上的实践方式。丑瑞华同学在自己的研究报告中指出：首先看到废旧电池回收现状有了一个“念头”，然后在网上查找事实信息和文献，提出自己的设想，在解决问题的过程中经历了学习、制作模型、重复试验的“实践再实践”的经历中，无意识地应用了探究实验的过程和方法，并形成了自己解决问题的策略和理念，即研究性学习方法。学生在反思中升华了自己的研究过程和学习行为，形成了自己的研究性报告。

这个孩子的念头来源于生活的想法，也解决了生活中的问题，向环保事业迈进了一大步！未来的发明家、科研工作者已经在这里起航。

3. 科学课堂学习，影响孩子专业发展

“老师，您还认识我吗?”看着孩子的模样，我依稀记得，但是真的叫不出他的全名。另一位学生说：“您猜猜他上哪所大学了？什么专业?”老师央求说：“快告诉我，再猜头发都白了!”“保送北大物理系!”“哇，你好棒!”“就是因为您把我带进有趣的科学课，上课做的串联、并联电路，玩过的动滑轮和定滑轮，让我喜欢上了电学和机械部分。高中我选择了理科，又一直喜欢物理，毕业时我被保送进大学学这个专业。”被保送的孩子解释说。

老师有些感动，陷入了沉思：有趣的科学课真的能为孩子开启通向科学殿堂的大门吗？真的会影响孩子一生专业的发展吗？

二、课外科技活动是孩子成长的沃土

在小学里，学生最热衷两大类活动：一类是体育活动；另一类就是科技活动。科技活动是小学科学教育中一个重要组成部分，是科学素质教育的重要阵地之一。如果说课堂上的科学课注重学生科学素养三维目标的培养，那么科技活动就会深化科学课的三维目标，因为它是小学生在课堂之外由学校、社会及其他机构监督，在教师、家长及社会各方面人员帮助下有目的、有计划地完成有关教育的活动。[①]

(一)面向全体学生，提高科学素养

科技部、教育部等在《2001—2005 年中国青少年科学技术普及活动指导纲要》中指出：“科学技术普及活动必须面向全体青少年，提高他们的科学素养，使每一个人在其原有的基础上都能够得到一定程度的发展，帮助每一个人获得步入现代经济和社会活动所必需的科技能力。无论是在校内，还是在校外，

① 陈华彬，梁玲．小学科学教育概论．北京：高等教育出版社，2009：174

科学技术普及活动要尊重、爱护和关心每一个青少年，要采取适当的方式，来满足不同地区、不同知识背景、不同接受水平的青少年的需要，使全体青少年都能够参加科学技术普及活动。”[①] 有的人认为这只是一个文件，其实不然。各学校的老师们带着各种科技活动，有航模、海模、空模，有机器人、天文、创新大赛、金鹏论坛，还有无线电测向、植物培植、目的地想象等。这些活动由区、市、全国的科技管理中心、科协、教育部门等组织比赛，有些项目甚至有全国性和国际性比赛，学生在活动中能体会到成功和收获的快乐。

北京市把每年的 9 月下旬到 12 月上旬定为本市科技节的开展时间，推动科技活动的发展和学生科技素养的提高。有些学校的教师在科技节组织学生读科普读物、看科普电影、参观科技场馆、开展科普讲座、制作科技手抄报，参加各级各类比赛，还有些学校组织一些别出心裁的体验活动。

社会科普机构对青少年科技素养的提升也很关注。乐高机器人俱乐部等为学生提供了兴趣场所；自然博物馆、首都博物馆、中国科技馆、中国科学院青少年科普部等对社会免费开放，还有定期的科普讲座、小实验、夏令营等；北京市青少年活动管理中心是一所综合性的科技培养基地，也是引领市区学校科技工作的部门，它们经常组织长期的科普培训活动和比赛。从校内到校外，从办学机构到社会，它们都在关注着科普事业的发展，关注青少年乃至成人科学素养的提高。

学生可以在学校参加课外科技活动，也可以在校外的教育机构参与。各种科技活动都有共性之处：学生在参加活动时要处理好课堂活动和课外活动之间的时间关系，要学会选择的能力和处理复杂问题的能力；每种课外活动都会遇到困难，学生在克服困难的过程中锻炼自己的意志品质；每种课外活动都可以提高自己的一项技能，提升自己解决问题的综合能力。

(二)科技教育是孩子个性成长的沃土

科技素质是由科学知识、科技能力和心理因素三部分构成的。但是，由于人与人之间存在着差异，学生在成长的过程中各方面的发展不平衡，个人在不同时期的科学素质也存在着明显不同，课外科技教育为学生的差异成长提供了平台。学生主体的个性、特长、兴趣是培养其素质的内在动力。当学生在内在动力驱使下找到适合自己个性需求的土地时，他就会在科技的沃土上脱颖而出。

---

① 转引自陈华彬，梁玲．小学科学教育概论．北京：高等教育出版社，2009：176

1. 磨炼学生的意志，树立团队意识

案例指引五：在活动中学会坚持

无线电测向是一项理论与实践、动手与动脑、室内与户外、体能与智力相结合的活动。孩子们手持短 2 m 测向机或者短 80 m 测向机，在校园、公园、田野寻觅信号源，接受陌生环境、身体素质、测向技术的挑战。小陶同学从四年级暑假开始参加这项活动，这项活动的参加让她学会了坚持。

刚刚参加这项活动的时候，小陶同学听信号能力很强，是个不错的苗子。可是到了场地训练就出现了一些问题：小陶一跑步就满脸红一块青一块，把教练吓坏了，担心孩子心脏有问题；到了人少的地方或者没有人的地方，小陶就吓得不敢找信号了，总是让教练陪着。教练与家长沟通后，家长特意带着孩子到医院，医生说心脏没有问题，多锻炼。家长还说小陶胆子从小就小，见到陌生人就躲到大人的后面；外出时总是走在爸爸妈妈的前面，担心被弄丢了。

但是小陶同学无论寒冬还是酷暑，从没有无故缺少训练，就在这一天一天的磨炼中成长。六年级开学，体育老师就表扬了小陶同学的体能状态已经达到优秀水平。小陶同学在测向活动中还有哪些变化呢？我们看看她在小学最后一次比赛时写的日记。

坚持，再坚持[①]

2014 年 8 月 2 日

……

就要进行“短 2 m”这个项目的比赛了，这将是我在小学阶段的最后一次“短 2 m”团体赛，我要继承师哥师姐留下的测向队名言——竭尽全力。我是第一棒出发，随着裁判的枪声，我像箭一样冲了出去，没跑多远就听到 4 号台的声音越来越大，跟着大音点直接冲了过去，这对于我来说是个好兆头。可恶，肚子痛起来好难受！我鼓励自己——加油，一会儿就没事了！我告诉自己：“坚持，坚持，为了我们的团队坚持到底！”这时我已经来到 9 号台附近，我毫不犹豫地跑过去，打了台，撒腿就往交接点跑，一边跑一边在大脑里搜索最近路线，一心想着为后面的同学节约时间。顺利地交接完毕，成绩单显示 2 分 31 秒，我竟然是第一棒第一名。望着成绩单，我忘了肚子痛，笑着向教练跑过去。

……

---

① 北京大学附属小学程湜

这是小陶同学在小学的最后一场比赛，教练问小陶："你在这项活动中最大的收获是什么？"孩子毫不犹豫地说："我胆子变大了，还学会了坚持。跑步跑不动时告诉自己坚持到底就是胜利，每次训练虽然很累，我告诉自己：坚持就会有进步；找台的时候坚持快速做出判断。面对团体赛时，无论如何都要坚持跑出自己的最高水平。"

两年很快就过去了，孩子们在活动的过程中锻炼了身体，增强了意志，提高了技能，还体验到了成功的快乐和关爱带来的成长。每次团体赛，小陶的成绩都比个人赛成绩好；每次团体赛，她的成绩都是全队最好的，团队意识深深地埋在她的脑海里。

DI(Destination Imagination，目的地想象)、机器人等项目都能有效地培养学生的团队精神。心理学研究表明，人们对客观事物的认识，既有认识成分，也有情感成分。在一个还未完全成熟的孩子身上，情感成分占的比例或许更大些。因此，喜闻乐见的课外科技活动，既发展他们的个性，又健全他们的团队情感。

2. 鼓励奇思妙想，培养学生的创造性思维

创新思维的本质在于将创新意识的感性愿望提升到理性的探索上，实现创新活动由感性认识到理性思考的飞跃。DI、机器人、单片机等科技活动越来越注重孩子创新思维的培养。

案例指引六：敢想是创新的开始[①]

创造性思维怎么来的，用北大附小何立新老师的话说："敢想是创新的开始，看似不可能的事情，通过努力会变为现实！"

2011 年暑假前，何老师带领智能机器人小组的同学一起讨论参加全国青少年机器人竞赛的创意作品。做汽车，太简单了；做动物，没有什么技术含量……做什么才有挑战性呢？小虎想到了一个创意：做双足直立行走的机器人。这是一个大胆的想法，因为双足直立行走的机器人在科研领域都是个难题——如何能够让机器人具有像人的神经系统一样的功能，既能直立行走又不摔倒？孩子们积极思考，坚信办法要比困难多，经过一个多月的尝试，在多次失败之后，一个具有 13 个关节、能够直立行走的机器人终于完成了，孩子们的想法变成现实。

"不积跬步，无以至千里。"上面这个案例给我们一些启示：学生创新能力的培养，需要教育者多给学生一点时间和空间，多给学生一些畅想和探索的机会。

---

① 何立新．信息技术教学与创新思维培养．北京：北京大学出版社，2012：167

3. 在团队科技活动中发展学生的领导力

DI是英文“Destination Imagination”的缩写，原意是“目的地想象”，寓意无限的想象力和创造力。它关注从幼儿到大学生群体的三个至关重要的生活技能：创意、团队合作和问题解决。全国有几百所学校参与此项活动，全球更是数不胜数，可见此项活动的魅力。

笔者曾经与几位拿过全球赛冠军的教练聊天，其中一位讲了这样一个故事：有个学生性格内向，学习成绩中下，家长急得不得了，班主任把他推荐到DI小组，尝试让他找找自信。DI活动以团队为单位活动，每队最多7个人，半年过去后，这个学生在7个人中找到了自己的位置——做活动组织者。每次有问题要解决时，他都能够把任务很好地分配给大家，督促大家在有效的时间内完成，把组内同学组织得井然有序。三年的实践活动中，他逐渐找到了信心，由一个羞涩、不敢发言的学生成了班级活动的主持人，由一个不会安排时间、成绩马马虎虎的学生成了活动的领导者；到了中学，他成功地组织了班级一次又一次活动，成为一名优秀班干部。

课外活动是课堂教学内容的补充，课外科技教育在提高学生科学素质方面有课堂教学无可替代的特殊功能。它为学生心智历练提供了平台，为学生走向专业搭建了阶梯。课外科技教育不仅丰富了学生的精神世界，也为学生展示才华、获得成功架起了五彩桥。

（二）社会资源能拓展学生视野，帮助学生树立理想

北京是全国的文化中心，博物馆、科研院校云集于此。“科学家讲学团”免费为中小学开设进校园讲座，讲授科技前沿发展状况。中关村第一小学与中国科学院等科研机构开展“手拉手”活动，开设了特色课程“美丽的地球日记”，为学生课外知识增添新鲜血液。北大附小因地处北京大学等高校周边，家长资源丰厚，学校把这些“大博士”请进学校，成立了“北大附小科技教育专家顾问团”。家长们大都是某个领域的专家、学者，或者各学科的精英。他们的到来开阔了学生在地质、航天、生物、气象等领域的知识视野。

孩子们聆听科学家、教授们、博士的讲座，解决了心中的疑问，也从他们那里领略到了科学工作者的人格魅力，甚至从中树立了自己的人生理想。

三、有效的科学课堂教学与课外科技教育相互促进

课外科技教育是培养现代化人才的重要方法。现代化人才需要各级各类人才，有些人才可以通过课外活动脱颖而出。与此同时，我们也发现，那些培养出高素养科技学子的教师们，专业素养在随着辅导的科技项目不断提高。

有些数学老师、科学老师成为机器人方面的专家，有些科学老师成为天文、测向、DI方面的带头人，原因就是一个字：“爱”。爱学生，爱这项活动，爱钻研，爱这个团队。

案例指引七：合作与分工结出胜利果实

北大附小2003年成立无线电测向社团，至今十年有余。十余年中经过教练和学生的努力，北大附小在北京市、全国竞赛中取得了令人瞩目的好成绩。有很多老师经常问北大附小的无线电测向教练员石老师：你们是怎样保持这样好的成绩的？要求教练介绍经验。每当这个时候，石老师毫不犹豫地告诉大家：我有一个很好的合作伙伴——张老师，我们有强大的后方——校领导的支持，我们有情同手足的战友——同事。

这是怎么回事呢？原来在日常训练中，两位老师根据自己的特长分工：一个擅长想点子，另一个做事缜密周到，训练时两人计划周密，相互启发，相互提示；一个擅长布置场地，另一个善于指导和组织学生，在训练场上一个在“前线”，一个在“后方”，很少耽误时间。训练中用车、资金等方面得到领导的全力支持；身体素质得到体育组老师的指点；集训繁忙时，同事们提供友情支持。合作、和谐之花屡屡结出胜利的果实。

案例指引八：天文观测专家朱老师

中关村第二小学的朱老师是海淀区科学教师队伍中的一员，由于爱好天文，天天和她的粉丝们一起“啃天书”。在微信上与孩子们进行每日一答等活动。积极回答问题、参加观测、努力学习的孩子可以得到朱老师创造的银河币，攒够200个就可以加入星云社。天文现象变幻莫测，有时候出现在白天，有时候出现在夜晚；有时候出现在前半夜，有时候出现在后半夜。观测天文现象找不到伙伴时，朱老师就请自己的父母陪伴，现在她的老爸老妈都成了天文观测爱好者。寒冷的冬天也没能阻挡朱老师观测，她把能穿的衣服都穿在身上，把棉被放到车里，坚持观测天文现象。无论是在工作时间还是在业余时间，无论是在国内还是到国外旅游，她都会带着装备出行，不放过任何一次天文观测和拍摄的机会。她不仅自己观测，还带上学生、动员家长一起开展活动。有一次，她从美国带学生比赛回来，还没有倒时差就跑到学校带着孩子们观测日食。就这样，带着这份执着与热爱，经过几年的实践，她已经成为科学教师中的天文专家。

课外科技教育是开发学生潜能的有效途径，它发展了学生的自学能力、动手能力、观察能力、分析问题和解决问题的能力、处理信息的能力、社交能力、应变能力、创造能力等。有目的的课外活动，会促进教师专业化；爱学生的本能会促使教师发挥其专业性、能动性，设计精彩的课堂，激发学生的求知欲和主动性。抓住科技活动与课堂教学的契合点，二者互为补充，有效融合，无疑给学生插上了梦想的翅膀。

第十一章

小学科学有效教学评价

引言：回到评价的原点

现代社会，互联网、各种理论性专著、学术期刊上关于评价的信息极其丰富，教师想应用国际上先进的理念，运用先进的评价方法，然而，在课堂上还是出现了为评价而评价，甚至不知道怎么评价的现象。解决这些纷繁复杂的问题的最简单的办法就是抛开一切形式化的外衣，回归到课堂教学评价的本质和源头，将课堂教学评价追溯到评价这一概念。

评价是一个非常复杂的过程。它本质上是一个判断的处理过程。布卢姆将评价作为人类思考和认知过程的结构模型中最基本的因素。根据他的模型，在人类认知过程的模型中，思考和评价是最复杂的两项认知活动。他认为："评价就是对一定的想法、方法和材料等做出价值判断的过程。"①

科学课堂的教学评价，是评价处于科学课堂这一特殊情境中产生的，其功能应与评价功能高度一致，是指导再实践非常重要的指标。教学评价是指对课堂教学实施过程中出现的客体对象所进行的评价活动。课堂教学评价是促进学生成长、教师专业发展和提高课堂教学质量的重要手段。

评价教师的教不仅要诊断教师的教，还要确定正确的、能激发教师的潜能，从而指导教师未来的教；评价学生的学也不仅要诊断学生的学习成果，还要确定学生在学习过程中正确的、能激发学生的潜能，从而指导学生未来的学。这两方面的评价殊途同归，最终指向课堂教学的有效性。只有科学、

---

① [美]洛林·安德森．布卢姆教育目标分类学．蒋小平，张琴美，罗晶晶，译．北京：外语教学与研究出版社，2009

有效的课堂教学评价才能指导实践，才能提升教师的教、学生的学和科学课堂的有效性。

面对复杂的课堂教学体系，面对动态的学生发展情况，在课堂评价时应该遵循什么样的原则？应该使用什么样的方法？在实施中又应当注意什么？本章将从实施的角度对小学科学有效的课堂评价进行探索。

一、小学科学课堂教学评价概述

(一)小学科学课堂教学评价的概念

《科学课程标准》指出：小学科学课程是以培养学生科学素养为宗旨的科学启蒙课程。

小学科学课程的总目标勾画了科学素养的大致轮廓，将整体的科学素养分为科学知识、科学探究、情感态度与价值观三个领域。科学素养的形成是一个动态过程，这就需要科学课程的评价具备动态性，也意味着仅仅关注学习结果是不够的。

对于小学科学课堂评价来说，发现价值和判断价值并不是目的，其最终目的在于提高课堂教学质量，促使学生身心全面发展。基于此，小学科学课堂教学评价就要关注学生科学素养的形成。

课堂教学评价是评价放在课堂教学这一特殊情境中发生的，小学科学课堂教学评价的功能应与评价的功能高度一致。这具体表现在以下四个方面。

第一，诊断功能。诊断小学科学课堂教学的现象、结果，做出价值判断，同时诊断正、反两个方面，及时发现教与学的问题。

第二，鉴定功能。针对教学活动的过程和结果进行鉴定，评出等级。

第三，激励功能。促进学生学习兴趣的形成，促进良好的课堂教学氛围的生成，强化成功体验，使学生变得自尊、自信。

第四，导向功能。为教学活动指明方向，为教学策略的制定提供依据，为教师的教和学生的学提供改进方向，弥补教学过程的不足。

小学科学课堂教学评价要以小学科学课程教学目标为依据，制定科学的标准，运用一切有效的技术手段，对科学课堂教学活动的过程及其结果进行测定、衡量，并给予价值判断，从而调整课堂教学策略、学生学习方式，促进学生科学素养的形成，提升小学科学课堂的教育价值。

(二)小学科学课堂教学评价的理论基础及现实意义

1. 小学科学课堂教学评价的理论基础

第一，马克思主义认识论。马克思主义认识论认为：人的认识来源于实践，认识的形成要完成两次飞跃，即从感性认识到理性认识，再从理性认识到实践。这提示我们：评价的最终意义要指向再实践。

第二，建构主义学习理论。建构主义关注如何以原有的经验、心理结构和信念为基础来建构知识，强调学习的主动性。这给课堂教学评价带来的启示是：在课堂教学评价时，引入学习者参与评价，能提升评价效果。

第三，加德纳的多元智能理论。心理学家霍华德·加德纳认为，我们每个人都拥有八种主要智能：语言智能、逻辑—数理智能、空间智能、运动智能、音乐智能、人际交往智能、内省智能、自然观察智能。[①] 多元智能理论为小学科学课堂教学评价提供了新的研究视角。

第一，发展地评价。评价促使学生的各种智能在原有基础上有所发展，用发展的眼光来看待学生的过去、现在和未来，用发展的眼光指导学生的学习过程。

第二，全面地评价。指导学生综合应用智能组合来解决实际问题，将优势智能领域的特点迁移到弱势智能领域中去。

第三，差异地评价。评价要关注学生先天的智能优势和劣势，不同年龄阶段、性格的学生具备不同的特点，评价时要关注这些差异，避免“一刀切”式的评价，促进学生科学素养的形成。

2. 小学科学课堂教学评价理论的现实意义

教育学、教育心理学及相关理论对小学科学课堂教学评价具有很重要的指导意义。第一，转变评价方法单一的现状，从以纸笔测验为主的评价转向多种形式的评价；第二，转变评价内容单一的现状，从评价重点侧重于科学知识和科学技能的评价，转向同时关注科学知识技能、科学探究、情感态度和价值观方面的动态性评价；第三，转变评价主体单一的现状，从以教师评价为主转向学生、教师、家长等多主体共同积极参与的评价。

二、小学科学课堂教学评价的有效实施

(一)小学科学课堂教学评价的原则

教育评价原则是在实施教育评价活动时必须遵循的基本要求和基本准则，是教育评价活动成功与否的主要因素之一，对教育评价活动具有普遍的指导意义。

《科学课程标准》在“评价建议”部分指出，评价应以课程标准为依据，从

---

① [美]霍华德·加德纳．智能的结构(经典版)．沈致隆，译．杭州：浙江人民出版社，2013

全面培养学生的科学素质出发，建立评价主体多元、评价内容全面、评价方式多样的评价体系。

小学科学课堂教学评价是课堂教学活动的一部分或延伸，这就需要评价为教学活动服务，实现其在课堂教学中的功能。

1. 评价活动的目标性原则

在进行科学课堂教学评价时，科学教师要回到科学课堂评价活动的功能上思考，评价活动实现了诊断、鉴别、导向、激励、导向的哪一项或哪几项功能，评价活动要与课堂教学目标一致。

2. 评价主体的多元性原则

评价主体的多元性是指参与评价活动的主角可以由多种人或多个人组成。互评可以激发学生之间互帮互学，在学习中共同成长；自评能帮助学习者更好地做元认知，具有监控、反思学习过程的功能。

3. 评价方法的灵活性原则

科学素养的形成是一个动态的过程，而个体差异又造成了此动态过程更复杂。教师要了解各种评价方法，在不同情况下灵活运用不同的评价方法，才能够促教、促学，提升课堂教育价值。

4. 评价过程的全程性原则

小学科学课堂评价应处理好过程与结果的关系，重视过程，兼顾结果。在科学课堂评价时要重视对学生活动过程的评价，注重评价学生在活动过程中的表现，以及他们解决问题的方法、态度和体验，要将评价贯穿在活动的全过程之中。

5. 评价内容的全面性原则

从促进人的全面发展来说，评价不仅要关注学生的学业成就，而且要关注学生的全面成长，包括方法论、价值观的形成。在这里要特别指出，全面成长不等于全面优秀，要辩证地看待全面性的原则，既要求评价内容体现共性，更要关注学生的个性，以多维视角的评价内容和评价结果来综合评价学生的发展状况。

(二)小学科学课堂教学评价的类型

课堂教学活动是复杂的，评价工作亦如此。根据不同的划分标准，可以将教学评价分为不同的类型。

1. 广义评价和狭义评价

课堂教学评价活动按评价范围的不同，可以分为广义评价和狭义评价。

广义的教学评价是就较长的时间和较大的空间而言的，所涉及的往往不是具体的科学课堂教学细节问题。它对学生的学习活动的评价是间接的。

案例指引一：学生课堂日志

G教师任教四年级，他组织学生设计了如下课堂日志(见图11-1)。

图11-1　四年级学生设计的课堂日志

每个小组都有若干这样的评价表，学生们自行设计。每次科学课结束时，轮换产生小组组长，组长组织本组组员进行讨论、评议，并给予一定分值。G教师在学期末对学生进行总评，小组间排名，小组内排名。为期一个学期的评价关注了学生方方面面的表现，间接提高了课堂实效，也让G教师在课堂管理上轻松了许多。

狭义的教学评价主要是指以教师和学生为评价对象的评价，即以教师的教和学生的学为主要内容的评价。

2. 相对评价和绝对评价

按评价标准的不同，评价可以分为相对评价和绝对评价。

相对评价也叫常模参照评价，是在被评价对象的集合中选取一个或若干个体为基准，然后把各个评价对象与基准进行比较，确定每个评价对象在集合中所处的相对位置，例如，市级、区级质量抽测、监测等。

绝对评价也叫目标参照评价，是以教学目标为基准，对每个评价对象达到目标的程度做出判断。评价时把评价对象与客观标准进行比较，从而判断其优劣。它是以某项测验应达到的目标为参照点的考试或测验，用来测量学生的实际水平。例如，一次科学测试，满分为110分，那么制定的客观标准是：85～110分为优秀，75～84分为良好，60～74分为达标，60分以下为待达标。评价某一学生的科学成绩就以此为标准，评价某一班就以此班级的平均分来衡量。教师可以通过得到的反馈信息了解教学情况。

3. 自我评价和他人评价

根据评价主体的不同，评价可以划分为自我评价和他人评价。

自我评价就是评价者根据一定的标准自我认识、自我分析、自我提高。

学生通过学习目标，自己检查目标的达成度，反思学习中存在的问题，促进自我元认知，采取措施调整与改进学习。

他人评价是指评价者由教师、家长和关联方等与被评价者之外的人参与的评价。它包括学生之间的相互评价、家长的评价、教师的评价等。这种评价可以激发学生之间的互帮互助，以及教师、家长等利益相关者对学生的全面关注。

4. 诊断性评价、形成性评价和总结性评价

按照评价的功能不同，评价可以分为诊断性评价、形成性评价和总结性评价。

诊断性评价也叫教学前评价或前置评价，即准备性评价，是在教学活动开始之前进行的准备性和预测性评价，是对评价对象的现状和存在状态做出鉴定，辨认出哪些学生已经掌握了过去所学的全部教材内容，哪些还没掌握，已达到什么程度，设计出适合不同学生学习的教学计划。

案例指引二：五年级“时间的测量”①

当教师提出“谈谈关于时间和计时仪器的想法”的问题之后，学生们各抒己见，热烈讨论。

学生 1：古代早晨公鸡叫的时候，就要起床了。

学生 2：观察太阳，日出而作，日落而息。

学生 3：为什么一天有 24 个小时，为什么 1 分钟等于 60 秒？

学生 4：我觉得可以根据心跳计时。

教师不对讨论做评价，只记录下学生的发言次数，填写在班级日志中。

这是一个典型的头脑风暴式自由讨论，在交流过程中，教师使用诊断性评价的方式，如实记录学生发言，不予以评判。这种评价方式将学生内隐的前概念外显出来，教师通过学生的发言次数可以了解学生对这一学习内容是否感兴趣；通过发言的内容可以了解学生的知识储备，为设计教学环节、制定教学策略提供有力依据。

案例指引三：五年级“光的反射”

G 教师在上课前一周设计了如下问卷，对所执教班级进行前测。

1. 太阳光是如何照到电线杆上的？请画出电线杆影子的形成过程，简单写一写为什么会形成影子。

2. 如何让手电筒发出的光同时照亮两本书？可以借助其他物体。

---

① 郁波 . STC 课程实验——基于实践的课程研究 . 北京：教育科学出版社，2013

3. 淘淘在上科学课时用手表把太阳光晃到天花板上，天花板上形成了一个亮点，全班哄笑。老师先批评了他，接着问他这种现象叫什么。

请你替淘淘来回答：________________

生活中你还见过类似的现象吗？它是怎么发生的？________________

G教师分析问卷信息和以往教学中学生的实验记录单(见图11-2)，发现学生关注入射光线与反射光线的角度，又进行了追踪访谈，了解到学生数学课上正在学习角度的相关问题，G教师判定这是一个良好的契机。

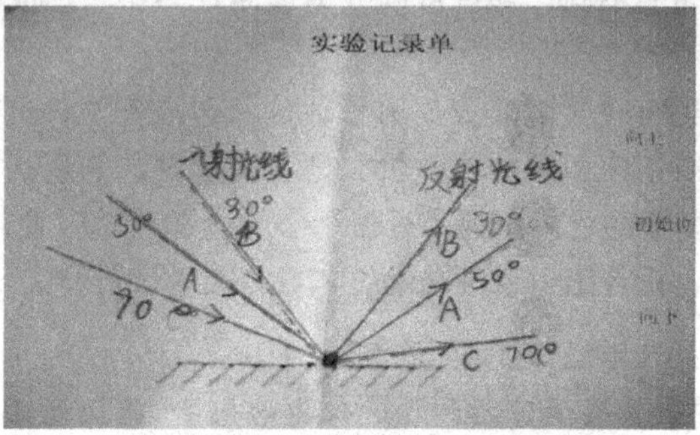

图11-2　学生的实验记录单

G教师通过诊断性评价发现，学生对于光的反射现象还是比较熟悉的，有一定的经验基础。五年级学生对光的反射的认知状态分为以下三个层次。

(1)知道。

①知道平面镜等物体能反光(生活经验)。

②知道光是沿直线传播的。

(2)不清楚。

①光的反射(名称)。

②反射光线也沿直线传播。

(3)不知道。

①入射光线与反射光线的关系。

②光(束)反射的真实过程。

G教师根据诊断性评价的结果，制定了教学重点和难点，调整了教学策略，重新设计教学活动，以突破教学重点和难点。

教师在做诊断性评价时，要关注学生的水平等级，确定学生知道的、不清楚的和不知道的内容。只有不清楚和不知道的内容才可能进入课堂，成为教学内容。教师在做前测时要注意：紧密围绕教学目标；符合学生认知特点；问题设计有一定开放性。

形成性评价又称过程性评价，是在教学过程中进行的评价，是为引导教学过程正确、完善地前进而对学生学习结果和教师教学效果采取的评价。形成性评价的主要目的不是选拔少数优秀学生，而是发现每个学生的潜质，强化、改进学生的学习，为教师提供反馈。

案例指引四：四年级“分离混合物”

教师：如果你来到海边，你会干什么？

学生：欣赏大海美景。

学生：捉鱼虾、捡贝壳。

学生：每天和大人一起游泳；听海的声音……

其中一位学生突然说：我要把很脏的海水变成干净的海水。

教师没有进行及时评价，继续听其他学生的回答，按照自己预定的教学设计进行上课。

案例中，教师的提问意图是通过这个问题的讨论暴露学生的前概念，但这个问题本身太宽泛，没有针对性，学生的答案不能聚焦，教师就无法通过学生的答案了解学生的真实前概念水平。

除此之外，教师针对学生的答案也没有适时做出评价。当学生说到“把很脏的海水变成干净的海水”时，教师要继续让这位学生说下去，听听他的意图。教师可以给学生出个问题：如果舀一杯很脏的海水，你会用什么方法让这杯浑浊的海水变得干净些？这样的评价就能很好地引导学生聚焦问题，促成教育契机的生成。

总结性评价又称事后评价，一般是在教学活动告一段落时，为把握最终的活动成果而进行的评价。这种评价的目的是评定一段时期以来学生的学习情况，并为学生做出证明或提供关于科学教学的方案及实施是否有效的证据。例如，学期末或学年末科学学科的考核、考试，目的是验明学生的学习是否达到了科学教学目标的要求。总结性评价注重的是教与学的结果，借此对被评价者所取得的成绩做出全面鉴定，区分等级，对整个教学方案的有效性做出评定。

案例指引五：五年级“摆的研究”

Z教师在实验记录单的背面设计了如下题目，要求学生在课堂最后两分钟作答。

根据表11-1中3个单摆在15 s内摆动次数的研究结果，如果你要制作一个15 s摆动15次的单摆，你会选择多长的摆绳？(　　)

表 11-1　3 个单摆在 15 s 内的摆动次数

摆　长	45 cm	30 cm	15 cm
摆动次数	11	13	17

A. 45 cm 以上　　B. 45～30 cm

C. 30～15 cm　　D. 15 cm 以下

写一写你这样选择的原因：________________

这道后测题主要评测学生的概念水平，了解学生的学习成果是否达成了教学目标，即“摆的快慢与摆长有关，同一个摆，摆长越长，摆动越慢；摆长越短，摆动越快”。教师在做类似评价时，注意评价的内容要紧密围绕教学目标。

传统的纸笔测验是总结性评价主要的方式，随着教学评价研究的不断深入，总结性评价也开始向多元方向发展。国外在这方面有很多成功的经验可以借鉴，在一段教学活动结束后，往往给学生布置项目式的作业，例如，一项调查研究、一段学习的总结等，要求较高，让学生应用多种智能完成一个项目，同时考察学生的多种能力。

案例指引六：五年级“虾蛄的习性”探究活动

课堂内容主要就成年虾蛄(皮皮虾)在不同温度条件下表现出来的反应进行研究。

课堂教学结束后出示需要学生完成的题目。

选择下列题目之一，完成一篇结构完整的文章，引用至少一两篇可靠的资料。

1. 想象你是政府的环境政策顾问，根据你掌握的数据和对全球气候变化情况的了解，你对环境问题将提出怎样的建议或警告？如果全球海洋变暖或变冷，将会出现怎样的后果？

2. 日本核泄漏事件对该地区的海洋生物影响如何？对这个问题加以研究，根据你的研究，请分析这一事件会不会对中国管辖的海域产生影响，说明这些生物对于环境的重要性，并对今后如何恢复或保护这些生物提出建议。

教师没有针对课上所学内容做评价，而是设计了相关的探索与调查的活动，并要求学生撰写成文，同时考察了学生的探究能力、书面表达能力、文献综述能力等。

5. 行为表现评价、纸笔测验评价和档案袋评价

按照评价方法进行分类，可以将课堂教学评价分为行为表现评价、纸笔测验评价和档案袋评价。

行为表现评价是根据学生在课堂系统中的行为表现进行评价，包括口头、书面和学生作品三种形式，具体涉及课堂观察法、访谈法、学习作品分析等方法。在行为表现评价时要注意：(1)评价紧密围绕目标，行为表现评价的形式多样，主观价值判断成分较多，评价时要紧密围绕课堂教学目标；(2)评价要分水平等级，避免评价标准模糊造成评价低效；(3)评价要关注课堂要素，关注学生的概念、探究和情感态度价值观。

(三)小学科学课堂教学评价的方法

科学课堂评价是要通过各种评价方法了解学生的学习和发展状况，改进教学，促进学习，最终实现课程宗旨：促进每个学生科学素养的形成、提升。

传统的一张试卷一评价的方式不足以了解学生动态的科学素养的形成，也不利于提升科学课堂的教育价值。教师在进行课堂评价时，需要注意以下几点。

1. 灵活使用小学科学课堂教学的评价方法

不同评价方法具有不同的优势和劣势，教师要根据不同的课堂教学类型、根据不同的学情及课堂需求，灵活采用合适的评价方法，不拘泥于一两种方法。

一是课堂观察法。在日常教学活动中观察学生学习科学时的行为表现，教师在课堂上要善于察言观色，了解学生的学习情绪和学习问题，以调控教学的节奏和调整教学策略。

课堂观察评价常用的是物质激励，例如，贴纸、红花、小奖品等。这些激励的效果立竿见影，然而从长远角度考虑，这种评价有一定的弊端，学生在不自觉中产生为了物质奖励而努力的想法，这在某种程度上有违评价的初衷——做出价值判断。教师在使用这些方法时，要注意引导学生形成正确的价值观。

采用课堂观察法进行评价的另一个比较常用的或比较直接的形式就是教师的语言评价。师生对话是小学科学课堂教学活动中非常重要的一部分，也是教师了解学生的前概念、观念转变、探究过程、情感态度与价值观等的重要方式。丰富的评价语言可以起到正面的导向作用和激励作用。

案例指引七：五年级“热是怎样传递的”

L老师在执教时，将“怎样利用桌上的实验器材设计一个‘热传导’的实验”这样有挑战性的问题，让较优秀的学生来完成。当教学环节涉及探讨“什么样的物体导热快，什么样的物体导热慢”这样相对比较简单的问题时，中上游的孩子都抢着要回答，L老师有意识地让一个从来不举手的小男孩回答。起初，他显得有些吃惊，可能没想到老师会叫到他。为了让他自信，老师鼓励他说："其实你是一个聪明的孩子，只是平时缺乏自信，你只要动动脑，肯定能把这个有'难度'的问题答上来，试试好吗?"

男孩犹豫了一下，小声地说"铁棒传热快，木筷传热慢……"老师马上又问："能说说你的想法吗?""我吃饭的时候试过，所以……"

"你不但回答得好，而且还有生活经验，以后一定要相信自己，你是最好的!"孩子的表情虽然有些不好意思，但也掩饰不住那一刻的喜悦与兴奋。

教师在评价时，对于学生的回答，无论恰当与否，都要根据不同水平的学生的情况及时做出评价。教师也可以通过问题的回答，了解学生对知识的掌握情况，这样不但可以增强学生的自信心，同时可以提高他们学习科学的兴趣，真正做到面向全体学生评价。

二是访谈法。科学教师可以利用课前或课后的时间向学生询问一些有关科学学习的问题，这些问题一般是开放性的问题，不需要学生做特别的思考和准备。让学生通过口头语言，表达对于某一问题的看法，教师从中对学生的概念掌握、对探究的理解及情感价值观做出判断，从而调整教学策略，改进教学。

案例指引八：五年级"光的反射"

G老师在执教这一课前，利用5分钟的时间与学生进行了简单的交流。

G老师创设了这样一个情境：涛涛在上课的时候用手表对着太阳晃动，结果引出一个光亮的白斑落到了墙上，全班的注意力都被吸引过去了，老师对涛涛进行了批评教育，随后询问大家这是一种什么科学现象。同学们，你们知道这种现象吗?

学生们踊跃地举起手来，G老师叫了几名学生回答，有的说是光的反射，有的说是反光，还有的给出了折射的答案。

G老师继续追问同学：那你们在生活中有过类似的经验吗?

超过3/4的学生举手表示有过类似的经验，有的说用尺子也可以，有的说用小镜子也可以……师生间展开了热烈的交流。

通过访谈，教师了解到，学生对于光的反射现象还是很熟悉的，多数学生有过类似的经验，也知道一些能够反光的物体。教师通过访谈还发现学生们对于这一话题很感兴趣。了解了学生的知识储备和情感储备，为教师调整教学策略、设计教学环节提供了很好的依据。在进行类似的诊断性评价时，不管采用问卷调查法还是访谈法或其他方法，教师都要注意评价的内容与教学目标保持一致。

三是档案袋评价，又称为"学习档案评价"或"学生成长记录袋评价"，是以档案袋为依据而对评价对象进行的客观的综合评价。档案袋是指由学生在教师的指导下收集起来的、可以反映学生的努力情况、进步情况、学习成就等一系列学习作品的汇集。它展示了学生某一段时间内、某一领域内的知识和能力的发展状况。

四是学习作品分析法。学生的科学作业、科学笔记、科学实验报告、科学调查报告、科学图画等都属于学习作品，包含着他们对科学的理解与认识。对其中优秀的作品要及时展示出来，让师生、家长等看到，鼓励学生努力学习，激发其学习科学的积极性，强化学习的动机。

案例指引九：五年级“摆的研究”

M教师在课堂教学的最后3分钟布置了一项作业：请选择适当的材料，尝试课后做一个1分钟摆动60下的单摆。在教案中，M教师做了如下注解。

评价内容：学生能否根据所学知识制作一个1分钟摆动60次的单摆。

评价方式：学生自评。

评价形式：小制作。

评价标准：见表11-2。

表11-2　单摆制作水平评价标准

水平一	没有尝试制作
水平二	完成制作，但单摆摆动次数不符合要求
水平三	制作成功

M教师通过延续性的活动，在探究层面对学生进行评价。这样的学生作品分析评价，同时能够考查学生对于知识的掌握情况、对探究活动的认识，还能考查学生是否有意愿将学习延伸到课后。

五是评议法。它是指师生、生生或学生与其他关联方通过讨论对学习者进行评定的方法。在科学学习过程中，学生的情感体验、兴趣、爱好、科学精神与态度等内容需要学生自己表达出来，通过讨论相互借鉴成功经验，改进学习方法。

案例指引十：五年级“设计保温杯”

同伴评估表，见表11-3。

表11-3　同伴评估表

项目	3分	2分	1分
设计	明显满足一些特定设计用途的创意设计	用途和设计没有完全匹配	没有提出用途或设计
保温杯信息	提供了有关保温杯的特点和功能的准确信息	提供了有关保温杯设计的一些信息	提供了有关保温杯的特点和功能的不准确的信息

续表

项目	3分	2分	1分
文字描述	语句通顺，没有错别字，用语一致，易理解	语句基本能让人理解	语句不易理解，错别字较多
交流	具有创意，并明确传达了保温杯的卖点	提供了明确但没有卖点的信息	卖点信息缺乏或无效
总分			

这是经历一段时间探究“热”的活动后的一课，学生要用身边的材料设计、制作保温杯，并举办产品发布会，教师用评价量表让学生进行互评。这里引入他人评价——学生互评的形式，学生需要对他人的研究成果进行鉴定，这加速了学习者对于课程内容的理解，同时让被评价者对自身的研究有更清晰的认识。

六是测验与考试。在学习一段时间后，在单元结束或学期中、学期末，可以对学生进行测验。科学知识的习得不是测试的唯一内容，教师还要关注学生获取信息的能力、对探究的理解、基本的价值观取向等。测验形式也可以采用笔试、口试、实验操作、辩论、汇报等多种形式。教师从测试结果的统计分析中发现一些共性的问题，改进课堂教学的一些具体做法，提升课堂教育价值。

案例指引十一：五年级科学期末试卷细目表(见表 11-4)

表 11-4　________—________学年第一学期五年级科学期末试卷细目表(节选)①

<table>
<tr><th rowspan="3">一级标题</th><th rowspan="3">题型</th><th rowspan="3">二级标题</th><th rowspan="3">考察点</th><th colspan="4">内容领域</th><th colspan="3">难度</th><th rowspan="3">答案</th><th rowspan="3">得分</th></tr>
<tr><th>生命世界</th><th colspan="2">物质世界</th><th>地球与宇宙</th><th rowspan="2">A较易</th><th rowspan="2">B中等</th><th rowspan="2">C较难</th></tr>
<tr><th>生物与环境</th><th>光</th><th>运动和力</th><th>地球表面及其变化</th></tr>
</table>

① 北京市海淀区羊坊店学区第一届命题研讨活动育鸿学校科任组提供

续表

一	选择	1	太阳与影子的关系		√			√			B	每空 2 分，共 16 分
		2	食物链的正确描述方式	√				√			C	
		3	光的反射性质		√			√			A	
		4	光源概念		√			√			C	
		9	土壤里有些什么				√		√		(1)C(2)B (3)D(4)A	

表 11-4 表示了试卷的题型、考察的概念、所处领域、难易程度、答案及得分标准，便于老师把握试卷的难易程度，以及平衡《科学课程标准》的内容分布，有一定的借鉴性。

七是评定量表法。教师根据学生在某一科学学习活动中的表现，直接对学生学习科学的行为做出评定。量表的使用可以是描述性的，也可以是数值性的。这种方法比较容易操作，但是不容易看到深层次的学习问题。

案例指引十二：二年级科学课"Color Climbers(颜色登山者)"一课[①]

S 教师在教案中呈现下面的表 11-5，并做如下说明：教师在教室里巡视，适时停止或鼓励每个小组的探究活动。

教师在执教时用表 11-5 对每个学生在科学课上的表现做记录、评价，表现了教师关注探究过程，而不仅仅是关注学生的学习结果，体现了全程评价的原则。

表 11-5　学生课堂表现记录评价表

维度	学生 1	学生 2	学生 3
明确探究问题			
预测			
理解所需探究材料			
罗列探究步骤			
观察记录			
交流(通过日志、讨论等)			

① 案例引自首届小学课改联盟国际会议展示课上美国 India Hook 小学 Stacy Bunchman 的教案

2. 科学、恰当地运用评价

在做课堂评价时，无论是用语言、肢体动作，还是通过物质奖励、活动评比等，都要注意以下几点。

第一，评价要真实。在小学科学课堂教学中，常常出现这样的情景：学生回答完问题后，老师评价说“了不起的回答”“你比科学家还棒”等过于夸张的语言。

中国人受传统的儒家思想影响很深，谦逊、内敛是中国人骨子里的美德，大可不必为了将评价外显，使用过于夸张的语言。第一，这种做法违背了中国人的传统价值观念；第二，夸张的语言降低了评价的效度。特别是一些独生子女，他们在家里被娇惯了，如果再对他们一味地表扬，这对于学生心理健康的成长容易产生消极作用，造成学生骄傲自满、盲目乐观。评价一定要真实，使用描述性语言，抓住学生的特点，掌握好尺度，把握好轻重，不能流于形式。

可以尝试使用以下语言，例如：“我很欣赏你的这种完整表达，很清晰。”“你的回答很有道理。”“我很喜欢你们小组的团队合作方式。”“你很勇敢，能说出自己真实的想法。”

第二，评价要公正。教师在评价学生时，要制定相应的评价标准，对待学优生和学困生要一视同仁。教师不能用某一评价活动全盘否定学生，要及时发现学生的闪光点，哪怕是细微的进步都要给予及时的肯定；要公正地面对学生的个体差异，公正地实施评价活动。

第三，评价要及时。在某些情况下，评价要先留白，给学生留出点时间，倾听学生的解释、反馈，然后教师要抓住时机，及时对学生进行评价。

课堂教学活动是一个极其复杂的系统，存在着很多相互制约的影响因素。课堂教学评价最终指向的是改进教师未来的教，改进学生未来的学，提升课堂教育的价值。教师在评价活动中起着很重要的调控作用，而这种调控能力需要教师在以下几个方面进行探索：(1)对课堂教学活动的认识，教师要及时、正确、全面地发现已经发生的、正在进行的或即将发生的课堂教学活动的状况和存在的问题；(2)解决课堂教学问题的知识和经验，例如，教师的学科内容知识、教育学的知识和教师的教学经验；(3)将已有知识经验与教学问题相关联，即教师能否进行合理有效的知识重组，解决课堂教学问题，提升课堂教学的教育价值。

第十二章

小学科学小组合作学习的科学功能

引言：小组合作学习的科学意义何在

小组合作学习于20世纪70年代首先在美国产生，它是以小组为基本组成单位，以小组成员之间的合作性活动为载体，以小组共同达成教学目标为目的，以小组总体成绩和个人在小组中的表现为评价依据的教学策略体系。小组合作学习活动的基本单位是小组，小组合作目标是组内成员合作的动力和方向，组内成员之间分工协作是合作学习的基本活动形式，对小组合作学习活动的评价应以整体效果为主要指标。这一教学组织形式通过讨论、问答、交流、协作等活动，在师生之间、生生之间分享教学信息。小组合作学习是新课程积极倡导“自主、探究、合作”的学习方式之一。

小组合作学习这种组织形式在科学教学中具有独特的优势和价值。首先，从小学科学研究的内容看，很多内容都适合小组合作学习。可以说，几乎每一个自然现象及其规律都充满了令学生兴奋而又富有挑战的成分，学生在科学课上非常乐于和别人(包括老师和学生)进行一番精彩的讨论和深入的探索。在成果共享的过程中，学生会更愿意用科学语言来对自然现象进行描述，用科学知识对自然现象进行解释，从而进行更有效的交流。小组合作学习的方式将使学生多一个对自己的学习行为进行反思的机会，进一步体会到学习科学的重要性和趣味性。其次，从科学的特点看，学生学习科学离不开观察、分类、查阅资料等方式。通过这些研究方式去研究自然现象，单凭个人的力量往往不能完成，需要几个人合作才能完成。小组合作学习为所有参与学习的学生提供了更多成功的机会和更广阔的思维创新空间。许多在学生当前的认知水平下凭个人的能力难以解决的问题，通过小组成员的合作，常常会被小组成员创造性地加以解决。在小组合作学习的过程中，每一个小组成员都有机会发表自己的见解，体验到自己的成功；同时又能分享别人的成果，体验到别人的成功。这对于激励学生的思维创新，增强学生学习的信心，帮助学生形成正确的科学价值观和人生观都不无裨益。因此，科学课堂教学活动中普遍采用这一教学组织方式。

在小学科学教学中，在解决新的复杂问题时，往往需要提出多种可供选择的方案，学生间的集思广益要优于个人的意见；对学习问题的合作探讨，每个学生的想法都是其他学生思考的刺激源，这会促使其更深入地思考；合作进行实验操作或科学考察，可培养学生严谨认真的科学合作态度；合作学习可使学习能力较差的学生学习如何学习、改进学习方法，可促使学习能力较强的学生乐于与人合作，发展良好个性，从而增强群体凝聚力。

案例指引一：热空气①

1. 情境导入。

师：点燃蜡烛，由近及远地接近蜡烛，手放在蜡烛周围不同的地方，手有什么感觉？

（学生操作。）

生：手放在蜡烛旁边，即使距离只有 10 cm 左右，都感觉不热；而手放在蜡烛上方，距离 20 cm 远就感觉很热。

师：蜡烛周围空气的温度有冷有热；蜡烛上方，温度高的空气是热空气，周围温度低的空气是冷空气。我们虽然看不到，但是我们能用手感觉到这一点。

2. 提出推测。

师：蜡烛上方的空气是怎样变热的？

生：是蜡烛的火焰把它周围的空气变成了热空气。

师：你认为空气变成热空气之后会有什么特点呢？

生：热空气可能会往上走。

师：你是怎么知道的？

生：在实验中，蜡烛周围的空气不热，而上方的空气很热，所以，我认为热空气会往上流动。

师：根据实验，同学们推测热空气会往上升，怎样验证你们的推测是否正确呢？今天，老师给你们准备了一些实验材料，你们想怎样进行实验？

---

① 节选自北京市大兴区团河小学高艳荣老师的课堂实录

3．实验探究。

师：老师给你们准备了材料，包括分组实验用的塑料袋、蜡烛、打火机、纸蛇、卫生香等。怎样利用这些材料证明你们的推测？首先说说你怎样得到热空气？

生：点燃蜡烛，上方就有热空气。

师：热空气虽然有了，但是我们很难看到，你们能借助其他东西观察热空气的运动方向吗？

生1：把纸蛇放在点燃的蜡烛上方，观察它有什么变化。

生2：可以用塑料袋把热空气收集起来，观察它的变化。

师：我们可以把卫生香点燃，看看它冒出的烟会怎样。

师：下面可以利用这些材料，按你们的设计进行实验。做纸蛇实验时，一定要注意从上向下逐渐接近火焰，不能离火焰太近，免得把纸蛇引燃。

（学生分组实验，教师巡视指导。）

师：实验完毕，请大家汇报实验现象。

组1：不管怎么放，卫生香冒出的烟都会往上升。

组2：把纸蛇放在点燃的蜡烛上方，可以看到纸蛇不停地旋转起来。

组3：把纸蛇放在点燃的蜡烛上方，可以看到纸蛇左右摆动。

组4：用酒精灯给开口向下的塑料袋里的空气加热，可以看到塑料袋渐渐变鼓，松开手，塑料袋向上飞了。

师：上述三个实验有什么相同之处？

生1：它们都往上升。

生2：它们都能动。

生3：它们都有空气变热了。

师：在这三个实验中有两个相同之处：一是都有热空气产生；二是热空气都能往上升。那么根据这两个相同之处，你能得出怎样的结论？

生1：热的空气能让纸蛇转动起来。

生2：热空气有力量，能推动塑料袋向上飞。

师：这是刚才说过的实验现象，结论是这些现象是否证明了你们提出的推测，即：热空气是否会上升？

生：实验证明热空气会上升。

案例指引二：学生饮用水瓶的调查研究[①]

（第一组集体汇报。）

生：我们提出问题——用塑料瓶喝水是否卫生、是否安全？

生：对我校四年级 100 名同学进行调查。在 100 人中，有 46 人使用可乐、矿泉水等饮料的瓶（宝特瓶）作为饮水瓶；7 人使用 2 号塑料杯；19 人使用太空杯；28 人使用保温杯。通过整理，我们制作了柱状图和扇形图（如图 12-1 和图 12-2 所示）。

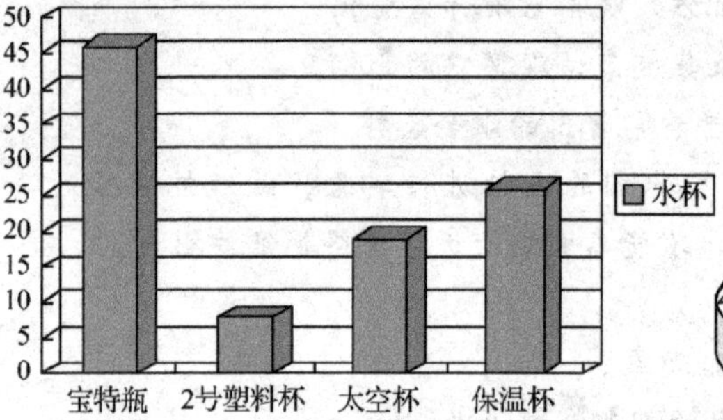

图 12-1　学生饮用水瓶的使用情况柱状图

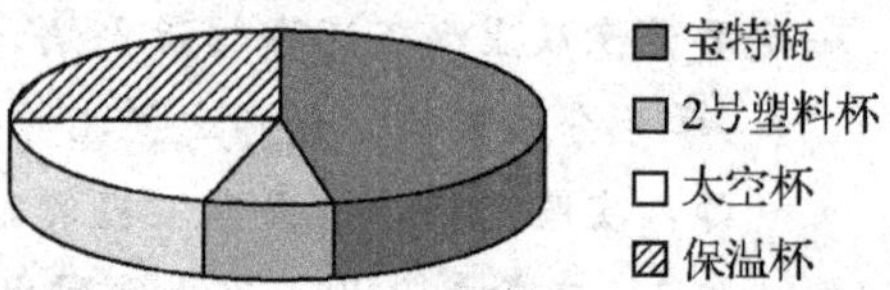

图 12-2　学生饮用水瓶的使用情况扇形图

生：从统计图中，我们很容易看出：在学校使用宝特瓶做饮水瓶的人数接近一半；还有人使用太空杯、保温杯等。于是我们又查阅书籍，上网搜集资料，对比了这几种水瓶的优、缺点。

生：太空杯的主要成分是一种高聚物，对健康并没有危害；而且比较便宜，所以它被称为“廉价的贵族”。太空杯的优点是轻便、耐用，导热性能低，广口、透明，健康、价廉。太空杯的缺点是放热水之后烫手。

生：保温杯的优点是可以重复使用。便于携带；缺点是容易摔坏，保温时间过长，水垢难去除。

生：饮料瓶（PET）又称宝特瓶，不能重复使用。因为重复使用，细菌和有毒塑料合成物的含量都超过了卫生标准。矿泉水瓶口小、肚大，难洗干净，若用洗涤剂洗水瓶，会有有毒物质溶入水中；饮料瓶装高温液体，有对人体有害的物质溶出。

生：从统计图中，我们很容易看出：学生在学校使用宝特瓶做饮水瓶的人数接近一半。这种做法危害健康，不要再使用饮料瓶了！

生：2 号塑料杯一般用作装洗发水等不能入口的东西。

生：通过研究，我们对同学们提出以下建议。

---

① 节选自北京市大兴区第一小学王玉颖老师的课堂实录

①向全校同学宣传"使用饮料瓶做饮水瓶，对我们的身体有害"；

②建议同学们使用保温瓶或太空杯做水瓶。

生：请同学们对我们的汇报提出宝贵的建议！

师：听了他们组的汇报，你们有什么想法？

生 1：我知道不可以用塑料瓶做饮水瓶，因为塑料瓶根本不能重复使用。

生 2：我觉得他们组对我们经常使用的饮料瓶、太空杯、保温杯分别做了调查，指出了每种水瓶的优、缺点，这种做法特别好。

生 3：我们的水壶不仅有这几种，还有纸杯、玻璃杯等，希望你们对其他种类的水壶也进行研究。

生 4：我觉得他们组的调查统计做得特别好，用统计图可以直观地看出饮料瓶在同学们中间用得比较多。

生 5：为了饮水健康，我要求跟你们一起到学校、社区积极宣传，让更多人了解宝特瓶不能重复使用。

师：这个组的同学不仅调查了塑料瓶、保温杯、太空杯做饮水瓶的优、缺点，还运用了统计方法来表示，可以让我们直观地观察使用水瓶的情况。对于调查内容的统计，人们经常会用这种方法来表示。哪一组继续汇报你们的研究？

(第二组汇报。)

生：我们组研究的主题是塑料瓶是否对人体有害。我们猜想"塑料瓶遇热水对人体有危害"。

为了证实我们的猜想，我们做了一个对比实验进行观察(见图 12-3)。

图 12-3　学生做对比实验

实验材料：

温度计 2 个，500 mL 容积的量筒 2 个，果粒橙瓶 2 个，矿泉水瓶 2 个，冷水 1 瓶，暖壶 1 个，直尺。

实验步骤(学生一边实验一边解说):

(1)接一壶开水和冷水。

(2)将 500 mL 的 20℃冷水和 90℃热水同时倒入果粒橙和娃哈哈瓶中观察。

(3)记录我们的实验现象。

材料	倒入 90℃的热水 500 mL	倒入 20℃的冷水 500 mL
矿泉水瓶	水瓶变矮、变小	没有变化
果粒橙瓶	水瓶变矮、变小	没有变化
观察现象	塑料瓶倒入热水后，可以闻到一股怪味，水瓶变矮、变小，瘦了一圈；倒入冷水后没有变化	

实验结论：塑料瓶倒入热水后，瓶子会变矮、缩小，因此不能循环装热水。

生：我们想，用饮料瓶装高温液体对人体是否有害呢?

生：继续查阅资料，我们知道宝特瓶使用时间长了，在光照条件下或改变温度环境会有氯化物产生。饮料瓶不能循环使用和装热水，装高温液体有对人体有害的物质溶出。

生：我们建议不要用宝特瓶装热水。我们的汇报就到这里，请提出宝贵的意见!

师：听了他们的汇报，你们有什么想法?

生 1：原来常见的饮料瓶不能装热水，如果装热水会有有害物质溶出。

生 2：我奶奶有时候就喜欢用饮料瓶装热水，带着去遛弯，如果渴了好喝点水。回家我一定告诉她，以后不要这样做了。

生 3：有一次，我在咱们学校水房接热水时，发现水瓶确实变小了，但我没有注意，原来这样做不科学。

生 4：通过以上两个组的汇报，我知道塑料瓶不仅不能重复使用，而且装热水会有有害物质析出。

师：听了他们的汇报，我觉得特别欣慰，他们不仅有自己的想法，还动手做实验证明自己的想法。哪一组继续汇报你们的研究?

(第三组汇报。)

生：我们搜集了一些瓶子(出示实物)，饮料瓶的底部都有一个带箭头的三角形，三角形里面有一个数字，大家注意看看这个。

生：饮料瓶下面的三角形与数字代表什么?

生：起初，我们的猜想如下。

第一种，饮料瓶底下的数字是代表几次循环；第二种，饮料瓶底下的数字代表它能用的最多次数。

经过资料搜集，我们也找到很多和前面同学相同的资料，但我们组还搜集到一段录像，请大家观看(播放视频)。

生：通过观看，我们发现饮料瓶不仅装水，还装醋、酱油、料酒等调味品。下面的数字不等，每个数字代表一种材料，等回收利用时就方便了。每种材料加工起来是不一样的，因此，数字是塑料的类别标记，方便塑料加工厂的分类。

生：不是所有的塑料都能装食品，有些塑料在制作过程中就会产生有害物质。1、4、5、6号塑料瓶可以装食品，常用的冰激凌盒、微波炉盒、保鲜膜就是用这几种材料做的；5号塑料是唯一耐酸碱、耐高温的塑料；2号、3号塑料一般做塑料袋和洗发水的瓶子，装不能入口的东西。

生：通过搜集、整理资料，我们发现塑料瓶底下的数字不是代表使用次数，而是塑料瓶的“身份证”。每一个数字都代表不同的材料，塑料瓶底的数字与安全性无关，是回收标志，为了方便塑料加工厂的分类。

师：通过这一组的介绍，你们有什么意见与建议？

生：原来塑料瓶下的数字代表的是制作材料，有利于回收再利用时的分类。

生：我们组也发现了这种现象，但我们发现不是所有的塑料瓶下面都有数字，我们搜集了很多塑料瓶，例如，矿泉水瓶、果粒橙瓶、可乐瓶、脉动瓶等。有的瓶子下面没有这些数字，这到底是为什么呢？

生：我知道为什么。经过搜集资料，我发现这些数字是塑料瓶材料编码系统，目的是便于分拣回收，它不是一个强制执行的系统，因此，有的产品不标注。这套标志源于美国，现在这种标志方法已经被包括我国在内的很多国家接受和引用。在我国，塑料制品标注回收标志是非强制性的，一些正规的大品牌企业为了方便塑料制品回收，近年来纷纷开始标注回收标志。

生：以后我们应该给有关部门提出建议，把所有的塑料瓶都标上数字，方便回收。

师：塑料瓶底部的数字实际上就是它们的“身份证”，表示制作的材料，便于回收。哪些同学还有不同的研究？

(第四组汇报PPT演示文件。)

生：研究主题——饮料瓶对大自然的环境有没有危害？我们猜想饮料瓶对大自然有危害。

生：塑料瓶的主要成分是聚乙烯(PE)，主要包括低密度聚乙烯(LDPE)、线性低密度聚乙烯(LLDPE)、高密度聚乙烯(HDPE)及一些具有特殊性能的产品。这种材料不能被微生物分解，放在大自然中会污染环境。

生：我们查阅了资料，了解动物死后，尸体会被细菌和微生物当作养料，这些微生物死后又会变成土地的养料，这样一直循环下去。但是塑料这种东西根本不含能被大自然界吸收和分解的营养，它不是有机物，自然界没有办法分解，因此被人们称为“白色垃圾”。

生：装水的饮料瓶好比凸透镜，能聚焦太阳光，引起森林火灾。为了防止火灾发生，应禁止在森林里乱扔饮料瓶！一个塑料瓶随便丢在地上影响美观(展示图片)。用完的塑料瓶要放到垃圾回收站，乱丢弃会污染环境。

生：我们在网上看到一个叫丁聪的孩子，通过捡矿泉水瓶卖钱，捐助湖南省古丈县完小和自己一样上小学二年级的戴娆同学，结成了一对一捐助对象。我们小组计划搜集废旧水瓶，帮助贫困地区的学生。

生：经过调查研究，我们的收获如下。

(1)装水的饮料瓶好比凸透镜，能聚焦太阳光线引起森林火灾。

(2)塑料瓶没有办法分解，乱扔会污染环境。

(3)饮料瓶可以废物利用，可以回收再利用。

师：听了四个组的同学的汇报，你们有什么想法？

生：为什么饮料瓶像一个凸透镜呢？

生：我们是通过查阅网上资料知道的，究竟是什么原理就不清楚了。

师：同学们在课下都玩过放大镜吧？如果调整放大镜与一张纸的距离，使放大镜的焦点落在纸上，纸一会儿就会被点燃。

生：(演示)将塑料瓶装满水，把手放在瓶后观察，手大了很多，这时，塑料瓶就是一个凸透镜。下雨后，被丢弃在森林里的水瓶会装一些水，如果太阳出来照在水瓶上，焦点落在干树叶上，就有可能引起火灾。

生：哦，我知道了！

生：关于“白色污染”的问题，我们上节课已经学过了塑料袋等都属于“白色污染”，原来塑料瓶也是“白色污染”。

生：你们提到丁聪同学为了帮助贫困地区的孩子捡拾塑料瓶卖钱，我建议以后我们也通过同样的方式来帮助贫困的孩子。

生：建议学校关注学生的饮水健康。学校要向学生宣传使用宝特瓶作为水壶是不科学的，建议学生使用密封瓶或金属制的水壶，这样可以更安全、更健康。

生：为了保护环境，我提出以下倡议。

(1)少用一次性塑料用品。

(2)注意垃圾分类和回收。

(3)保护环境，从我做起。

让我们行动起来，让世界变得更加美好吧！

师：通过四个组的汇报，大家从塑料瓶的制作材料、能否重复使用、能否装热水、与环境的关系等方面进行研究，并运用多种方法搜集、整理资料，并统计、分析资料，还用实验的方法进行研究，我们都得到了很大收获。关于塑料瓶的相关内容还有很多，希望同学们课下再进一步研究！

案例指引一“热空气”，不同小组做出的实验现象，各自得出具体情境下“热空气上升”的结论，最后概括出普遍性结论：“热空气上升”，体现了获得科学认识上的一种方法，即归纳法。案例指引二“学生饮用水瓶的调查研究”，采用小组为单位，对“饮用水瓶”进行研究，得出哪些“水瓶”适合小学生在学校饮水的判断。学生自己的想法多种多样，采用的方法也不同，充分体现了小组成员之间的思维碰撞和协调配合。它既用到了科学调查，也用到了科学实验，还有调查与实验相配合；用逻辑导出结论，用证据说明结论，充分体现了学生对科学性质的体验。由此可以看出，小学科学的小组合作学习，既具有其一般的教育功能，也蕴含着重要的科学意义。

一、小组合作学习的组织

真正意义上的小组合作学习是要让小组成员“一个都不能少”地参与到小组学习当中来，不能认为学生围坐在一起进行简单的讨论就会出现合作的效应。据专家分析，合作学习由以下要素构成：积极的相互支持配合；积极承担在共同任务中个人的责任；所有学生能进行沟通，小组成员之间相互信任；对于个人完成的任务进行小组加工，以及对活动成效进行评估等。要使小组合作学习成为一种有效的教学组织形式，在具体实施过程中要注意以下几点。

(一)留足时间和空间，鼓励独立思考

正如爱因斯坦所说：“学校的目标应当是培养有独立行为和独立思考的个人。”合作学习是为了让每一位学生参与学习的全过程，给每一位学生提供展示的空间，使学生能充分表达自己的观点，不断地产生新的想法，但这一切的基础是学生的独立思考。合作学习不是自己不用动脑，大家一起把问题解决，它是建立在每个学生独立思考的基础上参与小组学习，从而使每个人获得不同程度的发展。由于长期受“教知识”习惯的影响，我们的学生处于被动学习状态，他们不习惯也不善于主动地思考，不知从何想，更不知从何说。另外，学习好的学生不会等其他学生发言，而是首先把自己的意见说出来，

这样一来，那些学困生相当于走了个形式。因此，在教学中应留足够的时间让学生独立思考，而不应在合作的开始就让学生互相讨论或交流，尽可能地避免“人云亦云”的盲目从众现象。

(二)科学、合理分组，根据实际协调

合作小组的人数，国外研究一般建议4～6人，根据我国大班教学的实际，也可以考虑将7～8名学生分为一组。一般而言，在普通教室以自然座位2人配对、4人相邻为主合作学习，对空间场地的变化要求不是很高，较容易实现，也有助于老师的管理。对小班或科学实验室，6人分组可以采取马蹄形排座，8人分组可以采用双人双排课桌前后相邻等。合作学习小组一般采用异质分组，即小组内各成员间形成性别、学习成绩、能力方面的差异，成员之间存在着一定的互补性。由于每个小组都是异质的，所以就连带产生了全班各小组间的同质性，这就是合作学习的分组原则——组间同质、组内异质。组内异质为小组成员内部互相帮助提供了可能，而组间同质又为全班各小组间的公平竞争打下了基础。一般情况下，不提倡学生自愿组合合作学习小组，学生个人的意愿只能作为参考。

(三)建立合作规则，规范合作过程

为了保证小组合作有序进行，教师应事先建立一些基本的的规则：一是每个学生都有责任保证自己小组成员学会教学内容；二是所有成员都学会教学内容才算完成学习任务；三是有不懂的问题先在组内解决，还是不会再请老师帮忙；四是小组成员可以小声讨论，不仅自己要说，还要善于听别人说，不要随意打断别人的发言；五是提倡适度争论，但争论要有礼貌。例如，讨论前，小组成员先独立思考，把想法写下来，再分别说出自己的想法，其他人倾听，然后讨论，形成集体的意见。这样，每个人都有思考的机会和时间。小组汇报时，提倡学生以“我们”而不是以“我”进行表达，教师也要将“哪个同学愿意来说一说”改为“哪个小组愿意来说一说”，以有效促进小组成员间的人际交往、相互交流。教师还可以尝试设一个小组的意见为靶子，让大家对他们的意见发表见解，让学生在具有团体性质的争论中发现差异，在思维的碰撞中加深对问题的认识。小组汇报时，学生不注意听别人的发言，或者他们只顾自己的汇报，这在科学课堂上是常见的现象，因此，在讨论过程中，教师可提出这样的要求：“说别人没有说过的。”这样就可以吸引孩子注意听别人说过了什么，等一下我要说别人没有说过的。

(四)任务责任到人，人人平等参与

小组合作学习是一种集体行为，必须依赖于所有成员的共同努力，它在学习内容和学习结果上都存在很强的互赖性。但学生由于在能力、个性等方面的差异，往往存在着一些不良现象。例如，个别组员只习惯于做自己的那份任务，对于其他同学的任务不理不睬；当小组只有一项任务、一份报告时，个别能力强的组员就承担了所有任务，而另一些组员无所事事，这样那些能力差、自觉性低的同学就得不到培养。因此，合作小组学习时，必须将学习任务分给每位成员，每位同学要对自己的那块任务负责，还要依靠其余成员传授他们负责的那块的学习任务，最后进行小组讨论、加工、汇总，为全班汇报做好准备，否则会造成“一个和尚挑水喝，两个和尚抬水喝，三个和尚没水喝”的状况。一般在小组内可设组长、操作员、记录员、发言员、观察员等。每位成员有明确的职责，例如，小组组长的作用是主持制订活动计划，组织、分配、协调小组活动(实验操作)，组织、归纳实验操作的结论，让组内每位学生思考后都说出各自的想法，最后形成集体意见，并允许保留个人意见；发言员主要负责把本组实验活动的结果、现象、存在的问题等进行汇报、交流，不足时再由小组其他成员补充，这样就避免了争着说、同时说等无效学习行为的发生。由发言员代表本组成员做汇报，学生的集体意识得到了增强，提高了教学效率，同时培养了学生的交流表达能力。但小组成员角色不宜固定，组长、记录员、实验员都必须根据实际情况轮流担当，以保证全体同学积极投入，增强他们的合作意识，促进每位同学的能力发展。一种有效的方法是将小组成员编号，按编号周期性调整他们的角色。这样，通过小组合作活动的开展，每一个小组成员都成为小组中不可替代的一位。在小组角色分工出现矛盾时，教师要采取适当的教学机智。例如，有同学不愿担任实验过程中的记录员，老师在上课开始，让小组推荐其中画画最好的同学，等他们站起来后，老师说：“我想你们是各小组中的画画高手，老师希望过一会儿把你们的画画本领都施展出来，好吗?”学生就有了表现自己的欲望，虽然他们实质上还是记录员。

(五)引进竞争机制，激励合作学习

合作学习中小组活动的展开，融合了合作与竞争两个因素。集中讨论阶段，教师的提问应是随机的，每个组员都可能代表小组来展示活动成果，如果不积极参与，就可能在被提问时难以应答，使整个小组得到不如意的评价。即任何一个组员如果不积极参与到小组学习活动中，都会影响到全组。通过

组间竞争、组内合作，以“荣辱与共”的群体压力促使每个组员认真投入到小组活动中，合作学习才能成功进行，达到促进每位同学的学习能力与合作意识的目的。为了增强小组之间的竞争意识，有的教师遵循少年儿童的心理特点，让学生为自己的小组起名，[①] 例如，“牛顿组”“群英组”“创新组”“飞鱼组”“探险组”等，这是一种可取的方法。各小组之间展开竞争，主要是充分发挥各自的聪明才智，动手动脑，敢于发表自己的观点，注意吸纳别人的观点。但教师在评价时，要注意淡化个人成分，以团队为单位进行表扬、鼓励，把小组总体成绩作为评价和奖励的依据，重视小组学生的整体表现，这样也有利于培养小组间学生正确的竞争意识。

二、小组合作学习的科学功能

(一)小组合作学习可有效强化对科学研究方法的体验

小学科学课程把科学探究作为学生学习的主要方式，这种“简约复演”式的科学探究活动充分体现了科学的本质特征，以动态的观点突出了科学研究方法的重要性。

培根认为科学是实验的科学，科学定律是通过归纳得出的，这在很大程度上说明科学方法在科学发展中的重要作用以及归纳在科学方法中的重要地位。“科学是一种证实的知识，而证实是归纳的，证实追求数据的量。”这明确提出了数据的量是归纳的基本保证。归纳法是一种从个别到一般的论证方法，它通过许多个别的事例或分论点，归纳出它们所共有的特性，从而得出一个一般性的结论。因此，可供调查的事例或分论点越多、越充分，提供可靠的支持越多，结论越逼近真实。归纳法最大的困难在于不可能完全归纳，它的合理性是通过量的积累过程来减小误差，确保结论最大限度趋于可靠。

在归纳法的科学指导下，探究活动的科学结论是基于充分的证据的基础上获得的，是以“数量”为基本保证的。英国的科学课程标准提出：“做充分的观察和测量，以减少误差并得到可靠的证据。”美国的科学课程标准也写道：“收集数据所采用的技术提高了数据的精确度，使科学家能够分析调查研究结果，并使之量化。”二者都明确提出对于探究活动中相关证据的量的要求及其意义。

小组合作学习在小学科学教学中的运用，对于科学研究方法的突出作用

---

① 林未延，马洪良．科学分组·有效调控·积极评价——提高小组合作学习效率的三点做法．科学课(小学版)，2004(11)：36

主要体现在三个方面，分别是体验科学归纳法、体验科学统计规律和体验减少偶然误差的方法。

1. 体验科学归纳法

例如，“观察鱼”一课，教师提供各种实验材料，有双面胶、夹子、筷子、红墨水等，让各小组根据自己的兴趣自主探究。学生利用不同材料，发现鱼各个方面的特点，并最终在交流中建构起关于鱼的认识。有的组用双面胶粘或者用夹子夹住鱼的尾巴，发现鱼不能正常游动，得出了鱼的尾鳍与游动有关；有的组用筷子敲鱼缸，发现鱼没有什么明显反应，得出鱼的听力不是很好；有的组把红墨水滴在鱼的鳃旁边，发现红墨水被冲散，但滴在鱼嘴旁边，红墨水被吸入，得出了鱼是用嘴吸气，用鳃呼气的。每组都以组内成员的共同兴趣点为基础得出结论，在组间交流中互相补充，共同建构了该课的知识。

2. 体验科学统计规律

“抛硬币”一课是典型的统计问题。学生 4 人一组，全班共 8 组，以统计正、反面次数来说明概率问题。各组记录正、反面的次数分别为 12∶8，15∶5,10∶10，9∶11，1∶19……每一次实验结果都具有偶然性，是不确定的；无穷次结果具有必然性，是确定的，这就是概率。每组的实验记录很难得出普遍性规律，但如果把各组实验的数据累计，就会增加样本量。实验次数越多，收集数据越充分，统计的结果越能说明问题，越具有普遍性。实验 20 次、40 次……其结果仍会有很大差异，但在样本量增加的过程中，差异在缩小，趋同性逐渐增强，在“大数”原则下才能得到趋势性结论。样本量不断增加，逐步向无穷延伸，概率也越来越接近 1∶1，体现了数据趋同的过程。小组实验数据在不同规模上的应用，体现了规律过程和概率结论。从课堂教学角度来讲，小组合作学习可以提高效率，即在单位时间内增加实验次数。

3. 体验减少偶然误差的方法

在实验过程中，系统误差和偶然误差影响实验结果是不可避免的。偶然误差是由实验者的操作造成的，多次重复同一测量时，可以取算术平均值来减少偶然误差。系统误差是由仪器结构缺陷、实验方法不完善造成的，可以通过改进实验仪器精度和实验方法来减少误差。在两种方法无法改善的条件下，数据处理再次成为减少误差的关键，可通过多次测量求得平均值来获得一个逼近真实的值。这利用单摆测量周期来具体说明。学生以小组为单位进行实验，共测量 3 次周期，3 个不同的周期数是由实验者操作得出的，需利用求平均值的方法计算出最终结果。学生在合作中体验了减少偶然误差的方法。测量周期要求观察小球摆动 N 次并计时，再计算出周期，此处的 N 次是为了减少系统误差。另需说明，在实验操作中，同时存在偶然误差和系统误差。

(二)有效利用合作小组与成员交流，建构对自然界的合理认识

从认识论的角度理解，科学既是一种结果，又是一种过程，是以系统知识形态存在的，又处于不断补充、完善和修正的发展过程。科学知识的依实性、科学知识获得的建构性和科学认识的发展性，共同体现了科学的本质特征。

科学知识的依实性是首要前提。实事求是是其基本要求和核心要素。因为科学发现揭示自然界的客观规律，它不会因人的主观意识而改变。

科学知识获得的建构性与科学认识的发展性是相互渗透、相互支撑的并列要素。因为科学本身是可错的，是在旧的知识体系的不断补充、修正，甚至被颠覆的过程中发展的。科学哲学领域的权威人物英卡尔·波普尔认为，科学是在犯错误并一个一个地改正错误的过程中发展起来的。我国学者赵学漱等人也认为，科学是一种不断前进和自我矫正的探究过程。

建构主义学习理论和多元智能理论都充分论证了“合作”对于科学知识的建构和科学认识的发展的重要作用。小组合作学习提供了“情境”，使组员通过“协作”“会话”完成探究。另外，多元智能理论提出了智力的多元性、差异性及其多维度的特性。要使每个学生的理解更加丰富全面，就必须通过彼此间的充分合作和广泛讨论。

例如，“水”一课，教师准备好实验材料：水、露露牌饮料、橙汁、醋、奶、油等，让学生选择任意方法将水与其他液体进行比较，从而进一步了解水的性质。学生有的用眼睛观察，有的用鼻子闻，有的动手触摸，有的用嘴尝味道，有的不停用筷子搅动或者摇动瓶子，并及时记录。实验须是客观依实的，但个体的实验带有自身的局限性、主观性，对事物的认识难免会有不同程度的错误、片面性。通过交流，学生之间的知识互补，并弥补了个体观察的不足和实验时的失误，从而改善了学习方法。教师充分利用学生头脑中已有的经验认知去探究，经过组内和组间的交流互补，对新旧信息间及新信息的不同角度进行构建并使其内化。

(三)小组合作学习有助于科学情感态度的培养

国内外学者对科学的态度与精神的理解各有侧重，但其中一些基本内容还是持一致意见的：求实、严谨、怀疑、创新、合作等。

科学的理性得以体现是以实证为基础的，批判和创新的依据源于尊重客观事实及已有的知识体系，合作是一种承载科学精神并使其在科学活动中具体化的组织形式和必然要求。科学研究本身是一项复杂的社会活动，具有社

会性。随着科学的发展，科学研究越来越离不开科学家之间的合作。

在小学科学教学中，探究活动是小组内或小组间的学生，以尊重科学为前提，以事实为依据，互相监督，共同收获的。但在实际教学中经常会出现人云亦云或者附和书本、教师的情况，而使其失去本应有的意义和效率。究其根源，缘于学生未形成求真、依实、批评、怀疑和合作的科学精神。很多学生没有依据自己的观察或实验的结果，不尊重客观事实而盲目跟风。而以小组为单位，组内成员可以互相监督，大胆质疑，充分发挥学生的主动性及互动性，并形成一种良好的科学氛围，以促进科学情感的养成，使科学探究活动本身及其结果更具实效性和科学性。

在“水沸腾”一课中，测量“水的沸点”时，首先，5个小组汇报的结果均为“水的沸点大约是100℃”；只有一组结果为97℃，并附有详细描述：“大量气泡上升、变大，到水面破裂，温度计升温。”其次，教师给予该组充分肯定并鼓励全班同学一起找原因。再次，实验时，其他组发现该组在读数时，过早撤掉酒精灯，使温度在短时间内迅速降低。最后，教师引导学生再次使用该组的温度计重复实验，讨论、交流得出实验结论和注意事项。学生探究过程的每个阶段都渗透着实事求是的科学情感和态度的培养，组内、组间的互动都可以起到很好的借鉴与帮助作用。

第十三章

小学科学教育发展历程概览

引言：科学教育的内涵与意义

科学教育是一种关于科学技术知识、科学方法及其社会价值的教育。具体地说，它是通过一些科学实践活动将科学概念、科学思想、科学方法和科学精神内化成学生的观念和行为，培养学生的科学素质和社会责任感，形成保护自然和环境的意识，养成健康的生活方式，能够理解个人生活、工作和社会决策中可能遇到的问题。① 小学阶段的科学教育属于一种启蒙教育，当前我国小学科学教育的主要目标是：通过科学课程的学习，知道与周围常见事物有关的浅显的科学知识，并能应用于日常生活，逐渐养成科学的行为习惯和生活习惯；了解科学探究的过程和方法，尝试应用于科学探究活动，逐步学会科学地看问题、想问题和解决问题；保持和发展对周围世界的好奇心与求知欲，形成大胆想象、尊重证据、敢于创新的科学态度；亲近自然、欣赏自然、珍爱生命，积极参与资源和环境的保护，关心科技的新发展。② 纵览国际小学科学教育，可以发现在不同的历史时期、不同的国家，小学科学教育的目标和内涵也有差别。因此，追溯科学教育的起源，考察科学教育的发展，了解当代国际小学科学教育的现状，对于我们把握和理解今天的科学教学和课程改革，都具有非常重要的现实意义。

---

① 周青．科学课程教学论．北京：科学出版社，2007：12

② 教育部．全日制义务教育科学(3～6 年级)课程标准(实验稿)．北京：北京师范大学出版社，2001

一、科学教育的起源和小学科学教育的早期形态

(一)早期小学科学教育的思想及形态

早期科学教育思想产生于17世纪的英国，其主要代表人物是英国人弗兰西斯·培根(Francis Bacon)。17世纪，培根系统考察了人类知识发展的历史，提出了“知识就是力量”这一名言。在培根看来，获取知识比获取世界上任何东西都要珍贵。培根重视科学，他认为在人类社会生活中科学知识具有巨大效用。当时的欧洲学校中充斥着古典教育，儿童以研究古语、记诵古典为主，几乎没有发现和创造的可能。培根看到时弊，他在《新工具》一书中提出归纳法，认为科学实验不能仅仅依赖感官，更要依赖仪器和工具。培根宣称：“为人类服务的理想是科学事业的最终目标。”科学教育内容应当是“为人类幸福最有价值的知识”[①]。他对科学教育影响甚大，被视为“科学教育之父”。

捷克教育家夸美纽斯(Johann Amos Comenius)继承了培根的学说。他在教学内容上有一个重要原则，就是所学习的东西，一定是对生活有用的东西，不是为学习而学习，而是为生活而学习。[②] 在《大教学论》中，他反复强调：“只有那些易于指明用途的事情才应教给学生。”“一切事情除非在这个世界和未来的世界里面无疑地都有用……否则不必学习。”“一切无用的事物，一定要抛弃。”[③] 基于学习有用的事物这一思想，夸美纽斯很自然地把自然科学学习提到了一个重要的地位。他认为：“人类必须尽可能地研究天、地、橡树和山毛榉之类的东西，去学会变聪明，而不依靠书本学习；就是说他们必须学会了解事物的本身，不是别人对事物已做的观察。”[④] 他还提出：“从文艺复兴开始，人们开始独立思考，自然界也重新开始受到重视，向自然模仿是当时的时代精神……现在，自然界重新成为直接的观察对象。”

18世纪，实利主义兴盛发展，与此同时，自然主义思潮也开始兴起。自然主义的代表人物是卢梭(Jean-Jacques Rousseau)。他曾发表关于科学教育的想法，提出“以世界为唯一的书本，以事实为唯一的教师”[⑤] 的名言。他的学

---

① 丁邦平．国际科学教育导论．太原：山西教育出版社，2002：55。其内容又转引自P. D. Hund. Inventing Science Education for the New Millennium. New York：Teachers college Press，1997：24

② 戴本博．外国教育史(中)．北京：人民教育出版社，1994：48

③ [捷克] J. A. 夸美纽斯．大教学论．傅任敢，译．北京：人民教育出版社，1984：117～138

④ [捷克] J. A. 夸美纽斯．大教学论．傅任敢，译．北京：人民教育出版社，1984：126

⑤ 戴本博．外国教育史(中)．北京：人民教育出版社，1994：156

说以“回归自然”为主，在《爱弥儿》中，他开宗明义地说：“一切出于自然的创造者皆好，一经人手却变坏了。”[①] 在卢梭看来，儿童学习的知识必须是有用的、真实和易于理解的。而大自然就是这样一本大书，天上的日、月、星辰，地下的矿藏、动物、植物、山川等，都是儿童学习的对象。[②] 卢梭创建的自然主义使得教育取向开始转向注重自然，各国也把自然研究列为小学重要的教学内容。[③]

19 世纪，实利主义随工商业兴盛而日益发达。这一时期，英国教育家斯宾塞(Herbert Spencer)用进化论思想发展实利主义教育。在斯宾塞看来，教育就应当以实利或幸福为主要目标。他认为：“所谓实利或幸福，就是得完全的生活。可分为五类：一、保卫生命；二、治职业；三、教养子孙；四、在社会上、政治上尽一份义务；五、有文学及美术的趣味。”[④] 小学斯宾塞认为科学是价值最多的知识，是生命延续及生活维持最重要的知识；科学又能养成完全的教养，解释国民生活的责任，而且还能给人以艺术享受。[⑤] 1859 年，在《什么知识最有价值》一文中，斯宾塞系统地阐述了他的科学教育思想。从进化论观点出发，他比较了各种知识价值，客观地指出了近代科学对于社会进步和个人生活的价值和意义。

什么知识最有价值？一致的答案就是科学。这是从所有各方面得来的结论。为了直接保全自己或维护生命的健康，最重要的知识是科学。为了那个叫作谋生的问题保全自己，有最大价值的知识是科学。为了正当地完成父母的职责，正确的指导是科学。为了解释过去和现在的国家，使每个公民能合理地调节他的行为所必需的不可缺少的钥匙是科学。同样，为了各种艺术的完美创作和最高欣赏所需要的准备也是科学。而为了智慧、道德、宗教训练的目的，最有效的学习还是科学。[⑥]

这篇论文的重要性不仅在于他给科学教育奠定了应有的学科地位，更在于其广泛的国际影响。我国著名的比较教育学者王承绪教授这样评述道：“在 19 世纪 60 年代早期，他像闪电一样冲击了美国的大学，他的思想统治了美国

---

① [法]卢梭．爱弥儿．外国教育名著丛书．北京：人民教育出版社，2005：1

② 戴本博．外国教育史(中)．北京：人民教育出版社，1994：156

③ 甘豫源．选择小学自然科教材之我见．江苏省立第二师范学校校刊，1922(16)

④ [英]斯宾塞．斯宾塞教育论著选．胡毅，王承绪，译．北京：人民教育出版社，1997

⑤ 余尚同．科学教育之原理及其教授法．上海：商务印书馆，1925：2

⑥ 余尚同．科学教育之原理及其教授法．上海：商务印书馆，1925：92

大学30年。俄国、中国、日本和其他亚洲国家，也受到他的思想影响。”[①] 小学斯宾塞的科学教育思想发展了实利教育，促使人们从人类整体生活上着眼去看待科学教育，从而提升了科学教育的地位。

同时代的英国科学家赫胥黎(Thomas Henry Huxley)，主张以自然科学陶冶品性。他认为：科学与社会进步有着密切的关系；科学与民族的成功有着密切的关系；科学与人的心智发展有密切的关系。他还认为，对于人类心智的充分训练来说，自然科学学习是必不可少的：“不仅我们的日常生活受它的影响，千百万人的成功依赖于它；而且，我们的整个人生观早已在不知不觉地普遍受到这种宇宙观的影响。这种影响是通过自然科学而强加于我们的。”[②] 赫胥黎非常重视初等教育中的科学教育，他认为自然科学基本原理应当成为初等教育一个组成部分，“没有什么会比能引进初等学校里的初等科学和艺术教育更重要”[③]。此外，在科学教育方式上，赫胥黎也有独到见解，他认为：“第一是恰当地选择论题；第二是注重实际的教学；第三是训练一些有实际经验的教师；第四是安排充裕的时间。”[④] 没有恰当方式进行的科学教育在赫胥黎看来是毫无价值的。

这一时期自然科学主义开始兴起，其代表人物是德国的教育家洪堡(Alexander von Humboldt)。洪堡认为博物教授的最高目的，不在自然地分类，而在使知和自然统一：“自然是地球各方面反映而成的，就是一个个自然现象联络结合的有机体，自然科学就是关于自然的许多事实联络结合而成。”[⑤] 当时德国教育界赞成这个观点的人很多，其中，著名教育家罗斯美斯兰(Rossmassler)首创生态主义教学法。他提出：“如果博物教授仅仅为自然物的记载，则该教授对于地球的联络关系，和自然物间相互的关系及其和全体的关系，将没有充分明了的意识；且因使人注意外界上之事，仅与人以表面的知识，不能使人得有明了的世界观。”[⑥] 德国基尔大学教授尤盛(Junge)在所著的《村之池》一书中提出，要关注自然和生活的统一，博物教材应按照共存体

---

① [英]斯宾塞．斯宾塞教育论著选．胡毅，王承绪，译．北京：人民教育出版社，1997：1

② [英]T. H. 赫胥黎．科学与教育(第2版)．单中惠，平波，译．北京：人民教育出版社，2005：106

③ [英]T. H. 赫胥黎．科学与教育(第2版)．单中惠，平波，译．北京：人民教育出版社，2005：274

④ [英]T. H. 赫胥黎．科学与教育(第2版)．单中惠，平波，译．北京：人民教育出版社，2005：119

⑤ [英]T. H. 赫胥黎．科学与教育(第2版)．单中惠，平波，译．北京：人民教育出版社，2005：11

⑥ 杜亚泉．小学自然科教学法．上海：商务印书馆，1931：12

排列。这种主张在教育界影响很大，给博物学教学开创了一个新时代。[①]

近代的科学教育思想孕育了科学教育，促进了科学教育的诞生与发展。但是，科学课程正式进入学校课程体系中，成为学校教育内容中一个必要组成部分还是近代的事。英国著名科学社会学家贝尔纳(J. D. Bernal)在考察了近现代科学发展和科学教育后指出，在19世纪中叶以前，所有伟大的科学家所拥有的科学知识都是他们自学而来的。19世纪初，科学开始走进大学的殿堂，到19世纪中期才逐渐延伸到中小学。随着科学的发展和普及，世界各国才正式承认科学课程在中小学的学科地位。但是，不同国家由于文化教育及社会发展不同，小学科学教育的兴起也不一样。

(二)德、英、美、中的小学科学教育发展历程

1. 德国

德国是科学教育最早进入中小学的国家。德国哥达公国在1642年就颁布了学校法令，规定理科中的博物在教授时以乡土为出发点。这里的博物可算是最早的科学课程。数十年后，哥达成为欧洲教育最发达的地区。德国人弗兰克不顾神学的反对，将科学纳入他所创设的中学课程体系中。1747年，柏林出现了第一所实科中学，它大量教授科学。这种以科学课程为主的学校比其他国家早了近百年，也为以后德国科学及工业的发展做出了很大的贡献。

德国还是世界上最早实行义务教育的国家。早在1802年，德国的巴伐利亚就颁布了《初等义务教育法》。到19世纪中叶，德国的初等教育已取得相当可观的成就。据1846年的统计，普及义务教育的学校已有24044所，学生243.5万人，适龄儿童入学率达82%。[②]

德国在义务教育阶段中的小学最初只有“4R”课程，即宗教、读、算、写的课程。在裴斯泰洛齐的教育思想的影响下，德国的小学课程开始丰富起来。科学课程也出现在德国小学中，博物、生理、物理等科学课程在小学不同年级里广泛开设。19世纪初，德国小学已将科学纳入小学课程中，师范学校也开设科学课程。

1872年，德国政府颁布法令，规定只有政府才能督导学校，从而削弱了教会对学校教育的影响。在小学课程上，减少了宗教内容，加重了科学课程的比例。其中，小学阶段的博物主要包括人体解剖、生理知识以及动植物和矿物等内容；物理包括各种日常生活中自然现象，例如，比重、物体、运动、

---

① 杜亚泉．小学自然科教学法．上海：商务印书馆，1931：12

② 杜亚泉．小学自然科教学法．上海：商务印书馆，1931：477.

音响、光、热、磁、电等，也讲述简单的机械原理。按教育部长法布尔的教学改革设想，重点增加德语及自然科学知识的比重，注重实用知识技能的养成，在多方面使实科的成绩向上提升；将机械的背诵限于必不可缺的学科，而尽量使学生的理解力和判断力发达。①

在义务教育的实施和政府教育部门有关官员的推动下，到19世纪末，德国小学中科学课程已明显占有一席之地。

2. 英国

18世纪以前，英国教育的领导权一直操纵在天主教会手中，其教育的教化目的与实用目标泾渭分明，科学教育长期以来不被重视。工业革命后，生产过程越来越机械化，客观上要求工人必须接受一定水平的教育，才能成为合格的熟练工人。在这种情况下，1802年，英国政府首次颁发有关教育的法令，要求工厂主和业主担负受教育的费用。但由于当时英国的学校基本是私立的，因此在19世纪初，英国开设科学等实用课程的学校数量仍旧很少，不能满足工业革命带来的实际需求。②

1815年以后，英国新兴中产阶级势力开始壮大，重视普及教育、免费教育、强制教育、实用教育与科学教育的呼声逐渐增强，贫童教育及博雅教育成了争论重点。道尔(Richard Dawes)发现贫民为了生活，不得不将子女送到外面工作，于是办了一所贫民学校。在他所建立的学校中，课程涵盖许多科学科目，例如，机械、物理、天文、化学、自然历史、地质学等，这些科学课程皆以实用为基础，并与手工业及商业联系。为解决众多贫民素质低劣所引发的社会问题与人道争议，1870年，英国通过《初等教育法案》，政府支持各地广设小学。1876年，政府着手实施义务教育。当时的一句名言是："我们必须教育我们的新主人。"政府于1876年设立儿童强制入学规定。1870年后，英国小学课程扩充，在科学艺术部推动下，科学课程虽然名义上进入了学校课程体系中，但一直未成为主要课程。③

直到19世纪下半叶，英国学校教育仍是古典文科课程占据主导地位，科学课程地位极低。19世纪80年代的科学教学，多限于对知识的记忆。1889年后，政府推动学校科学教学的改进，广设实验室。直至1900年，小学科学课程才成为强制必学的课程。

---

① 罗廷光，张法琨．最近欧美小学教育概览．上海：商务印书馆，1948：41

② 戴本博，张法琨．外国教育史(中)．北京：人民教育出版社，1990：448.

③ 杨龙立．中西科学教育发展简史．台北：文景书局，2002：30～31

3. 美国

美国独立战争之时，正值国际资本主义迅速发展时期。年轻的美国在这场竞争中能否立足生存，能否跻身资本主义国家之林，成为富强国家，就取决于它能否尽快发展生产，提高商品的竞争力。要做到这一点，就要提高工人的文化水平。1820 年后，美国取消了选举方面的财产和阶级地位的限制，规定所有成年的工人、农民都有选举权，这样就要求所有的人，无论穷人还是富人，工人还是农民，都必须有见识、有思想，这就使人们感到普通教育的重要，它关系到国家的前途。① 与此同时，美国的工业取得高速发展，这也成了促进教育发展的重要因素。普及初等教育，成为大工业生产的客观需要，也是国际竞争的需要。

另外，民主的信念以及公立学校的要求与日俱增，这些都极大影响了美国各级学校的发展和它们的课程。18 世纪，美国的中学有许多重视古典课程的拉丁学校，但同时也有一些着眼于商业、实用的私人学校和收费的“专科学校”(Academy)。② 拉丁学校进入 19 世纪后渐趋没落，不以升学为目的的专科学校在 19 世纪初已非常兴盛，至 1830 年，在全国立案的专科学校已有 950 所。其兴盛的原因在于它们教授各项科学及实用科目，因而普遍受到欢迎。③

1825 年，美国颁布了第一部《普及义务教育法》，在全国实行初等强迫义务教育，并且在纽约州立即执行。此后，其他一些州也相继仿效，但各州对此的态度并不一致。1837 年，马萨诸塞州聘孟恩为州教育厅长，孟恩极力主张教育的非宗教性、公立性及强迫性。虽然许多人反对他的主张，但他还是顶住了压力，大力发展公共教育，并逐渐得到了更多美国人的肯定。孟恩除了主张公共教育外，还非常推崇裴斯泰洛齐的教育理念，肯定其在科学教育中的价值。19 世纪初，美国小学并未规定教授科学课程，经孟恩的努力，生理学加入学校课程体系中，并率先实行裴式实物教学。1848 年，美国科学促进会成立，开启了它在美国中学科学教育及小学科学教育方面的重要功能。1852 年，马萨诸塞州公布强制就学法令，自此，美国科学教育进入了一个新境地。④ 在随后的几十年里，初等义务教育在整个美国逐渐实施，小学科学教

---

① 戴本博，张法琨．外国教育史(中)．北京：人民教育出版社，1990：485

② 阿克德米(Academy)是相对于拉丁文法学校而产生的一种新型学校。这种学校包括文、实两科，负有升学或就业的双重任务。学生毕业后或就业，或升学，比拉丁学校灵活；教学内容注重实际，教学科目灵活，可随需要而调整。这种学校一出现就具有很强的生命力，受到人们的欢迎。参见戴本博，张法琨．外国教育史(中)．北京：人民教育出版社，1990：486～487

③ 杨龙立．中西科学教育发展简史．台北：文景书局，2002：32

④ 杨龙立．中西科学教育发展简史．台北：文景书局，2002：32～34

育也得到了重视和发展。

4. 中国

早在明末清初，一些西方传教士就把西方近代科学知识传入中国。传教士们在传教的同时，翻译并介绍了当时的西方各种先进科学文化知识。但由于当时的政府视科学为奇技淫巧，西方科学并没有得到接受和认可，所以，中国的传统私塾中一直没有科学课程。直至鸦片战争，西方列强用科学技术制造的洋枪洋炮轰开这个古老的大国的国门，让近代中国遭受奇耻大辱，清朝政府才意识到科学的重要性。

鸦片战争后，龚自珍、林则徐、魏源等一批开明的封建知识分子主张改革社会，抵御外侮。他们对清末封建教育提出了尖锐批评，提倡学习“西学”，改革传统教育。19 世纪 60 年代，曾国藩、奕䜣、李鸿章、左宗棠等一批官僚开始意识到西方科学的功用，开始兴办洋务。洋务运动中，中国创办了大量新式学堂，“中学为体，西学为用”成为洋务学堂办学的宗旨。“中学为体，西学为用”是指在传统经、史、儒家教学之外，吸取西方近代科学技术的教学内容和教学手段，引进“西学”“西艺”。这是对中国传统教育思想的一次大变革。“引进西学，传播西学”为洋务学堂的主要特点。新式洋务学堂多开设科学课程，改变传统上以文为主的教学内容。例如，同文馆八年的课程表中要求学生修格致(物理)、机器、化学、天文，授课者多半是洋教士。武备学堂设有科学课程。实业学堂的科学课程更是不可少：电气学堂传授电学知识；铁路学堂及工艺学堂讲授物理与机械；农学堂教生物知识等。洋务运动让中国人开始在自己办的西式学堂里进行科学教育，引进了西方的科学课程，打开了传统教育的缺口。但由于受“中学为体，西学为用”的思想制约，成效有限。

甲午战争后，随着民族资产阶级的出现和民族矛盾的加深，国内改革的呼声日高，出现了维新变法运动。中国民族资产阶级痛感中国的落后不仅表现在军事技术上，更主要的是中国的政治制度和教育制度等所谓“政”“教”方面不如西方。维新派认为“变法之本，在育人才；人才之兴，在开学校；学校之立，在变科举”[①]。维新派十分重视教育，竭力倡导新学，积极倡导通过办学堂开民智，把新学作为救亡之道。维新派当时创办的学堂种类繁多，形式多样，有小学堂、中学堂、大学堂，还有各种专业学堂。此时的新学堂有一个十分鲜明的特点，即逐步改变了那种单纯学习外语和技术艺能的局面，扩大了西学的范围。维新时期教育普及的思想得到广泛传播，新式学堂急增，清末新式学堂的开设为近代学校的制度化建设奠定了基础，科学课程已广泛

① 梁启超．饮冰室合集(第 1 册)．上海：中华书局，1936：10

出现在新式学堂里，但是科学课程仍未成为所有学生的必修课程。

甲午战争后建立新式学校的思想已经开始酝酿。从容闳向清政府大臣洪仁玕面呈教育计划，到陈炽、宋育仁对西方学制的介绍；从最早出访西欧的官员斌椿对西方学制的引述，到花之安、李提摩等对清政府的教育建议；从郑观应、盛宣怀对学制的倡导和实践，到康有为、梁启超、李端棻等有识之士对资本主义教育制度的具体构想……这些都使中国对西方和日本教育制度有了更深入的了解，反映出建立新式教育的思想条件已日趋成熟。[①]

清朝大臣张百熙临危受命出任管学大臣，赴日考察教育后，主持拟订中国近代第一个学制《钦定学堂章程》。光绪二十八年(1902 年)，清政府颁布了《钦定学堂章程》，亦称“壬寅学制”。它是我国教育史上正式颁布的第一个学制。“壬寅学制”规定高等小学堂开设理科。

“壬寅学制”由于在仓促中制定，存在很多不足，并没有得到推行。光绪二十九年(1903 年)，清政府命张百熙、荣庆、张之洞以日本学制为蓝本，重新拟订学堂章程，于 1904 年 1 月公布，即《奏定学堂章程》，是年为旧历癸卯年，故称“癸卯学制”。“癸卯学制”规定：初等小学堂开设格致，每周 1 小时，占总课程的比重为 3.3%；高等小学堂的格致，每周 2 小时，占总课程的比重为 5.6 %。[②]

“癸卯学制”公布后的两年，学校也没有实际推行。直到 1905 年学部成立后，全国教育行政负责人才积极举办各级学校教育，“癸卯学制”所规定的课程才得以真正实施。至此，中国的小学才有了现代意义上的科学教育。

中国的小学科学教育是随着新学制的诞生而产生，是国门被洋枪洋炮打开后，国家积贫积弱的情况下被动实施的。虽然科学课程在刚进入学校之时开展得不是很好，但是凭着科学的强大生命力，最终科学教育得以在中国的学校中落脚生根。

可以看出，世界各国科学教育制度化，走进学校课程，主要得益于科学和科学教育思想的影响，以及国家对学校教育普及的推动。早期的科学教学方法非常简单，大致经历了“实物教学”“小学科学”“自然学习”几种模式。

19 世纪 60 年代，美国教育家赖斯发表了一系列论文，积极倡导瑞士大教育家裴斯泰洛齐的教育思想，并指出科学教育的目的在于自然地发展儿童所具有的能力，即理智的、道德的和身体的能力。这一时期，裴斯泰洛齐的“实物教学”在全美教育协会的推动下，在美国小学盛行起来。实物教学的主要做

---

① 李国钧，王炳照．中国教育制度通史．济南：山东教育出版社，2000：293

② 陈侠．近代中国小学课程演变史．北京：商务印书馆，1944：13

法是教儿童详细描述各种动物、植物和矿物，使其观察和学习自然现象。人们希望通过实物教学让儿童学会观察和交流这两种基本的科学能力，但在当时的实际教学中，由于绝大多数小学教师缺乏科学教育的培训，实物教学沦为对实物的机械描述和记忆。所以，19 世纪末，实物教学在美国消亡了。

在当时与实物教学几乎并行的还有“小学科学”教学模式。由于受到美国工业主义兴起的影响和对新型工业人才的需要，美国人帕克在综合裴斯泰洛齐的教学法、福禄培尔的儿童观和赫尔巴特的学习理论的基础上，提出了“小学科学”的教学模式，希望利用科学作为小学的一个统一的主题，让小学生理解科学和利用科学解决实际问题。因此，在“小学科学”教学模式中，科学知识和科学方法都是科学学习的目标。其后，美国教育家杰克曼和哈里斯进一步丰富了这种教学模式。杰克曼更加注重科学概念的理解，把科学概念作为主要的学习目标，将科学方法作为实现这一目标的手段；哈里斯则强调科学概念及其相互关系，注重科学教学在满足学生需要方面的作用。总之，“小学科学”教学模式是适应科学技术进步和工业化的需要发展起来的，比只注重自然事实的实物教学前进了一步。

19 世纪末至 20 世纪初，美国教育开始摆脱欧洲教育传统的影响，进入教育理论和实践的创新时期。当时，美国著名心理学家霍尔的研究成果和杜威的实用主义教育思想开始对美国教育产生影响，给小学科学教育带来了较大的变化。在教学法上，“自然学习”取代了实物教学。19 世纪末自然学习的出现，也反映了美国从农业社会向工业社会过渡时期人们对工业文明导致的儿童异化的一种教育反抗。工业文明要求人服从机器和组织，导致人的个性泯灭。自然学习极力弘扬个性，注重儿童的自身，以儿童兴趣作为学习的动力，重在指导儿童探究与他们有关的周围环境，激发儿童探索自然奥秘的热情和欲望，从而为高年级学习科学做好准备。因此，“自然学习”模式并不像“小学科学”模式那样追求科学知识和对科学方法的掌握，而是在实际的教学组织上常常跨越学科，形成一种主题教学模式。这种模式可以说是 20 世纪以来综合理科课程的雏形。自然学习模式除了在美国流行外，在英国也很受欢迎，后来很快传到世界各地，成为 19 世纪末到 20 世纪中叶国际小学科学教育的主要模式。[①]

二、20 世纪小学科学教育的发展(1927—1980 年)

20 世纪 20 年代中期，自然学习运动在教育上的局限性日益明显。它的理

---

① 丁邦平．国际科学教育导论．太原：山西教育出版社，2002：50～73

论基础和新出现的教育心理学研究、哲学观和方法论都不适应，而且，这一运动也与当时的社会和经济现实不一致。工业主义的成长、科学技术的迅速发展及其对人的活动各个方面的影响，都迫切需要重新检讨小学科学教育的目标。这个时期由于受到进步主义教育思想和课程论的影响，儿童的需要和兴趣成为决定课程的重要基础。小学科学教育的课程上也反映了杜威的实用主义哲学倾向。杜威认为，教育应当以学生为中心，并反映时代的现实，强调经验是科学教学的起点。科学教学应当向学生提供作为未来公民直接而有用的知识，在教学方法上则重视所谓利用科学方法解决问题。杜威将科学方法作为科学教育的主要目标。他通过总结得出著名的五步教学法：暗示—问题—假设—推理—检验。杜威认为，科学方法如果说不是比科学知识重要的话，至少也应该与它一样重要，科学方法既是手段又是目的。

19 世纪三四十年代，世界上很多国家的小学科学课程都深深地打上了杜威的“做中学”“儿童中心”的烙印。那一时期的科学教科书很少有长篇累牍的科学知识，取而代之的是一些科学方法和实验图。如果不动手做活动或实验，仅靠阅读课本，学生很难理解科学知识。由于长期受实用主义教育思想的影响，学校的小学科学课程一味强调适合学生的兴趣和实用性，科学变成了一种实用工具，使得科学教育带有浓厚的功利主义色彩。

到了 20 世纪 50 年代，美国教育界许多人士，尤其是保守派教育家对实用的、功利的教育提出了强烈的批判，认为这种教育太注重愉悦学生，知识过于浅显，与教育传承知识的本质相背离。也就在这一时期，苏联人造卫星的发射成功(1957 年 10 月)，更是掀起了美国教育界对实用主义教育的批判，激发了他们进行大规模教育改革的决心。他们强烈意识到，军事竞争归根到底是教育的竞争，美国之所以在军事、科技方面落后于苏联，主要是因为美国教育的落后，特别是科学教育的落后。1958 年，美国颁布了《国防教育法》，政府划拨巨资，用于推行全国范围的课程改革。1959 年 9 月，美国科学院召集 30 多位科学家、学者和教育家在马萨诸塞州的伍兹霍尔集会，讨论怎样改进中小学的科学教育问题。在充分讨论的基础上，美国著名教育心理学家布鲁纳做了题为《教育过程》的总结报告，随后美国在全国范围内掀起了科学教育的课程改革运动。这次课程改革浪潮从 20 世纪 60 年代开始，到 80 年代达到高潮，涉及幼儿园至高中各个阶段，波及世界上大多数国家，其中，科学教育、教育心理学、课程理论研究等相关领域的专家、学者起到了重要作用。

在这次课程改革中，美国诞生了十多种至今仍有影响的小学科学实验课程，其中影响较大的有以下三种。

一是 SCIS 课程。这个实验课程的全称是“科学课程改进研究”(The Science Curriculum Improvement Study，SCIS）。SCIS 课程的内容分两大部分：一部分是 6 个单元的自然科学；另一部分是 6 个单元的生命科学。每个单元包括自由探索和教师指导的探索课、发明课和扩展课三种课型。SCIS 课程是根据皮亚杰和布鲁纳的认知发展理论编写的，其目标是通过理解基本概念发展学生的科学素质和科学态度，以及解决问题的能力。当时美国大约有 8%的学区使用 SCIS 课程。

二是 SAPA 课程。这个实验课程由美国科学促进协会(AAAS)的科学教育委员会编写，其全称是“科学——一种过程方式”(Science -A Process Approach，SAPA)。它也是一个完整的初等学校科学课程(幼儿园至小学 6 年级学生学习)。SAPA 课程的目标是培养儿童从事科学研究的过程技能，即进行科学研究的能力，包括：(1)观察；(2)认识并使用数字关系；(3)测量；(4)认识并使用时空关系；(5)分类；(6)交流；(7)推理；(8)预测；(9)给概念下工作定义；(10)形成假设；(11)解释资料；(12)控制变量；(13)实验。前 8 种过程技能为基本技能，一般在低年级学习；后 5 种技能较复杂，供小学高年级学生学习。SAPA 课程是根据美国著名心理学家加涅的学习理论编写的，强调目标教学和目标的递进性。当时美国大约有 9%的学区使用这一课程。

三是 ESS 课程。这个课程名为“小学科学学习”(The Elementary Science Study，ESS)，是一种综合性小学科学课程，整个课程由 56 个单元组成。与上述两种小学科学课程不同的是，ESS 课程只提供一个范围，没有一个固定的顺序。学校可以根据自己的教学目标、学生的水平等实际情况挑选一些单元，按顺序组成自己的课程。此外，ESS 课程的 56 个单元各有不同的特点，有些单元强调过程技能，有些则注重有意思的问题。美国当时有 15%的学区使用 ESS 课程。

20 世纪 60 年代到 80 年代，改革后的科学课程的共同特点是：(1)强调儿童动手实验寻找答案，而不是由教师提供现成的答案让他们接受；(2)所有的实验课程都以探究作为科学的过程；(3)给儿童提供机会理解学科的结构；(4)所有的实验课程都有助于儿童拓宽对环境的理解；(5)期望通过科学教育改革儿童的行为。

三、20 世纪 80 年代至今的小学科学教育

1981 年 8 月，面对教育质量不断下降、国际竞争日益加剧的严峻局面，美国成立了“国家教育优异委员会”，并于 1983 年发表了一份全面检讨美国教育问题的报告，题为《国家处于危机中：教育改革势在必行》。报告揭示美国当时的科学教育所存在的一些严重问题：科学课很低的选修率，测验成绩差，

教师缺乏足够的科学素养等，结论指出美国经济正在从资本密集型向知识密集型转变，需要更高技能和素质的新型劳动力。这些为即将展开的科学教育改革提供了广泛背景。

1985年，为了进一步推动科学教育发展，美国科学促进协会提出了一个跨世纪的科学教育改革计划——"2061计划"。该协会组织了由26名杰出的科学家和教育家组成的专家组，研究从幼儿园至高中的学生应该掌握的科学技术"知识、能力和思维习惯"。1989年，专家们提出了一份研究报告，即《普及科学——美国"2061计划"》。在此基础上，1994年，他们提出了《科学素质的基准》，1996年又进一步制定了《全国科学教育标准》。这一系列的科学教育改革文件指明了美国科学教育的改革方向，并在国际上产生了极大的影响。1988年，英国的《教育改革法》明确规定，11年义务教育中，科学是与语文和数学并列的三门国家核心课程，从小学一年级起开设。

2013年，美国公布了《下一代科学教育标准》。这个新的国家科学课程标准有一个引人注目的新变化，即强调了科学课程构建的三个维度：科学和工程实践、跨学科概念和学科核心概念。以"科学和工程实践"为核心，构建"跨学科概念""学科核心概念"的螺旋上升式的新三维学习目标，成为指导全美科学教育的新纲领。"科学和工程实践"的提出，把知识和技能更好地结合起来，避免把"探究"解读成一系列固定的步骤或方法。"科学和工程实践"包含了"科学探究"，同时也超越了原有的对科学探究的认识，是对科学学习本质认识的一种扩展和丰富。

由于科学发展的日新月异，20世纪90年代以来，世界上很多国家包括中国都开展了科学课程改革，而且改革频次更多，内容也更丰富。通过这些改革，各国确立了当代小学科学教育的基本框架。综观当代国际小学科学教育，其主要呈现出以下特点和趋势。

(一)提高小学科学教育的地位，重新认识小学科学教育的作用，把中小学科学教育衔接起来

20世纪90年代以来，小学科学教育尤为引人注目。英国学者歌特认为："英国国家课程最主要和最令人兴奋的地方，是它对小学科学教学的影响。"①因为小学科学教育不再像以前那样可有可无了，"科学已经成为英国每一所小学课程中稳固的一部分，并且被它们普遍接受"。英国11年义务教育中，各

---

① Gott，R. et al. Primary Science in the Mid－1990s：Grounds for Optimism，in Rita Chawla－Duggan，eds. *Reshaping on Primary Schooling*. London：the Falmer Press，1996. 33

个年级都进行科学教育，中小学科学教育完全统一起来。在美国，虽然没有全国统一的科学课程，但 1996 年出台了具有深远意义的《全国科学教育标准》，它规定了从幼儿园到高中各个年级科学教育的教学目标、教学内容和评价标准等。英、美两国科学教育改革的一个共同点是，彻底改变了以前小学科学教育与中学科学教育互不衔接的局面。现在，它们已把小学科学教育作为整个科学教育的一个组成部分。

(二)既注重科学教育的普及，又强调科学教育质量的提高

美国 20 世纪 80 年代的调查表明，90%的美国人都是“科盲”。可见，学校的科学教育尽管培养出成千上万的科学家和工程师，但绝大多数人仍然缺乏科学素质。然而，在一个科学技术高度发达且迅猛发展的时代，科学技术的普及教育是绝对必需的。鉴于此，近年来，国际上许多科学教育专家和有关国家的政府部门都提出了普及科学和提高科学教育质量的主张和措施。例如，前面提到的英国政府把科学作为义务教育期间三门核心课程之一，美国提出了全国科学课程标准等。

(三)将培养小学生的科学素质作为教学新目标

“科学素质”根据克劳普法(L. E. Klopfer)的解释，是指“每个人所应具备的对科学的基本理解”。它包括五个方面：(1)了解重要的科学事实、概念、原则和理论；(2)把有关科学知识应用于日常生活情境中的能力；(3)具有利用科学探究过程的能力；(4)理解科学性质的一般原理和关于科学、技术与社会的相互作用；(5)具有明智的对待科学的态度以及具有与科学有关的事物的兴趣。[①] 当前国际科学教育已经把科学素质作为中小学科学教育的主要目标，它在学校教育的不同层次对学生有不同的要求。

(四)重视以科学教育理论指导小学科学教育改革

近几十年来，随着教育科学的发展，科学教育作为教育科学中一个研究领域，已经在欧美等发达国家建立起来。其标志是：(1)建立了综合性的科学教育研究会，例如，美国有全国科学教学研究会、全国科学教师联合会；此外，像其他许多教育研究领域一样，科学教育领域也有国际性组织，例如，国际科学教育联合会。(2)出版了多种科学教育杂志和专著，例如，美国的

---

① Klopfer, L. E. Scientific Literacy, in Husen, T., Postlethwaite, T. N. (eds). *The International Encyclopedia of Education*, 1985(8): 4478

《科学教育》《科学教育研究杂志》《科学教师》，英国的《国际科学教育杂志》《科学教育研究》等。这些学术期刊和专著涉及科学教育理论与改革的方方面面，它们对当前的科学教学改革具有一定的指导作用。例如，建构主义理论和观念转变理论，20 世纪 80 年代以来已应用于科学教师的职前和在职培训，并对中小学科学教学发挥着指导作用。

(五)强调探究式科学教学，提高小学生进行科学研究的能力

探究性教学是当代小学科学教育的一个最突出的特点。美国科学教育学者埃尔思乐(William K. Elsler)等人在《小学科学教学》中专门探讨了探究式科学教学。他们提出了三种主要教学方法：一是理性探究法；二是发现法；三是实验法。三种方法各有不同的特点和功能。国际科学教育改革还有一些特点，例如，重视对科学教师的职前培训和在职培训，注重消除科学教育中的性别差异，从多元文化主义的观点改善少数民族学生的科学学习，强调在科学教育中进行技术教育等。[①]

综上所述，从 19 世纪下半叶欧美国家开始普及初等义务教育开始，小学科学教育的发展经历了 100 多年的历程。它由最初的实物教学形态演变为自然学习形态，再经过 20 世纪 60 年代以来发生的科学教育改革，从而终于走向真正的科学教育形态。在这 100 多年的发展中，小学科学教育的内涵也更加丰富，从最初的掌握科学知识，到注重科学知识与方法并重，再到今天的注重科学素质的培养，小学科学教育正在以一种成熟稳定的学科形态走向未来。

① 丁邦平．国际小学科学教育的发展趋势——兼谈我国小学自然课的若干问题．教育研究与实验，1998(3)：31～36

后　记

小学科学教育研究的兴起在我国是最近三十多年的事。20世纪末期，刘默耕先生率先开创了我国小学科学教育研究的先河。最近十多年来，随着基础教育新课程改革的推进，小学科学教育研究引起了更多教育学者和一线教师的关注。

本书是我们团队协作攻关完成的。成书时间虽然短促，但我们都是长期在科学教育界的探索者，尤其是新课改的实践促使我们不断学习、探索、成长，因此，也可以说本书是我们多年学习和研究的结晶。我们有来自高等师范院校的教师，更多的则来自北京市一线小学科学教研员和骨干教师，因此，本书是大学科学教育理论研究者与小学科学教育实践研究者协同合作的一次尝试。

本书作者及分工如下：首都师范大学科学教育研究中心主任丁邦平教授(第一章)；北京教育科学研究院基础教育教学研究中心科学教研室教研员贾欣(第二章)；首都师范大学初等教育学院叶宝生教授(第三章、第十二章)；北京市海淀区红英小学科学教师王少刚(第四章)；北京市朝阳区芳草地国际学校科学教师马建坤(第五章)；北京教育学院宣武分院小学科学教研员、中学高级教师金娜(第六章)；北京市海淀区小学科学教研员、中学高级教师王思锦(第七章)；北京教育科学研究院基础教育教学研究中心科学教研室教研员、特级教师彭香(第八章)；北京市密云县第六小学高级教师郭建华(第九章)；北京大学附小科学教师石润芳(第十章)；北京市海淀区翠微小学科学教师高佳颖(第十一章)；人民教育出版社理科编辑室编辑刘忠学(第十三章)。

全书由丁邦平、彭香和王思锦审定、统稿。由于成书时间仓促，本书或有错谬之处，恳请读者批评指正(电子邮件请发至 bpding2007@126.com)。丛书主编、首都师范大学历史学院赵亚夫教授和北京师范大学出版社编辑李志先生对本书的出版鼎力相助，特此致谢！

丁邦平
2015 年 4 月